城市停车产业化发展的经济学研究

李盼道　著

中国财经出版传媒集团
中国财政经济出版社
·北京·

图书在版编目（CIP）数据

城市停车产业化发展的经济学研究 / 李盼道著. --
北京：中国财政经济出版社，2024. 3
ISBN 978-7-5223-2957-4

Ⅰ. ①城… Ⅱ. ①李… Ⅲ. ①城市－停车场－发展－
研究 Ⅳ. ①U491. 7 ②F830. 593

中国国家版本馆 CIP 数据核字（2024）第 056316 号

责任编辑：彭　波　　　　责任印制：史大鹏
封面设计：孙俪铭　　　　责任校对：徐艳丽

城市停车产业化发展的经济学研究
CHENGSHI TINGCHE CHANYEHUA FAZHAN DE JINGJIXUE YANJIU

中国财政经济出版社 出版
URL：http：//www. cfeph. cn
E-mail：cfeph@ cfeph. cn

社址：北京市海淀区阜成路甲 28 号　邮政编码：100142
营销中心电话：010-88191522
天猫网店：中国财政经济出版社旗舰店
网址：https：//zgczjjcbs. tmall. com
中煤（北京）印务有限公司印刷　各地新华书店经销
成品尺寸：170mm×240mm　16 开　17. 5 印张　253 000 字
2024 年 3 月第 1 版　2024 年 3 月北京第 1 次印刷
定价：78. 00 元
ISBN 978-7-5223-2957-4
（图书出现印装问题，本社负责调换，电话：010-88190548）
本社图书质量投诉电话：010-88190744
打击盗版举报热线：010-88191661　QQ：2242791300

前　言

城市交通拥堵和停车问题是主要的城市问题之一，已引起社会各界的广泛关注。本书力图通过对停车问题的研究，深刻认识城市停车问题的发展规律，探求解决城市停车问题的相关路径。

本书采用经济学的一般均衡分析方法、制度分析方法，论述停车设施的需求和供给，在需求既定的情况下，研究停车设施的有效供给问题，进而提出促进停车供给和实现停车产业化三大动力机制，以实现停车资源的有效供给和配置。除此之外，本书还采用了一些具体的研究方法，如文献法与调查法、投入产出法、结构方程模型等。

本书按照“提出问题——分析问题——解决问题”的思路进行谋篇布局，首先提出发展停车产业、实行停车产业化的必要性，其次探讨导致停车产业化发展不足的原因，最后提出促进停车产业化发展的三大机制，即经济社会压力机制、市场价格激励机制、政府制度保障机制。

本书包括6章内容：

第1章，绪论。本章主要介绍研究背景和意义、国内外研究现状、研究方法和研究思路以及研究内容和创新之处。

第2章，停车设施与有效供给理论。本章首先界定停车设施、产业化、停车产业化等与研究对象相关的一些基本概念，然后引入公共产品理论、公共产品政府供给理论、准公共产品政府供给理论、准公共产品的市场供给机制和公共产品市场化提供模式，介绍市场机制和政府机制在提供公共产品方面的优势和不足，为分析停车设施的属性、提供主体、产权形式、定价主体等奠定良好的理论基础。

第3章，城市停车产业化发展的现状及动力机制的构成。本章主要介绍我国城市停车产业化的现状、停车产业化发展的动力机制的构成以及三种动力机制的相互关系。我国大城市停车产业化发展的基本现状是，汽车产业快速发展和停车需求急剧膨胀，停车设施供给严重不足，停车产业发展仍存短板。因此，需要为停车产业化发展注入新的动力，促进停车产业化的快速发展。这些动力机制主要包括经济社会压力机制、价格激励机制、制度保障机制。

第4章，城市停车产业化发展的经济社会压力机制。停车产业化发展的经济社会压力机制是通过交通运输业与其他产业的关联关系以及动态交通对静态交通的依赖性来体现的。本章基于投入产出法定量研究动态交通的重要性以及动态交通对静态交通的依赖性。这种重要性和依赖性正是推动政府增加停车供给和实现停车产业化的根本动力。动态交通的重要性体现在交通运输业对经济和就业的影响方面。本章以北京市为例，利用北京市投入产出表数据，综合运用投入产出模型、产值就业弹性模型、复杂网络可视化技术，分析交通运输业对就业的促进作用。同时还运用投入产出模型、增长值贡献率模型、复杂网络可视化技术，分析交通运输业对国民经济的促进作用，从而阐明动态交通对经济和社会的重要性，推论出作为动态交通派生需求的静态交通，即停车问题的重要性，表明停车供给和停车产业化的必要性，这种重要性和必要性正是推动政府增加停车供给和实现停车产业化的根本动力，即经济社会发展对停车产业发展的派生需求。

第5章，城市停车产业化发展的价格激励机制。停车收费的目的，一方面可以减少机动车出行，控制停车需求；另一方面可以提高停车设施投资者的利润，刺激停车供给，实现停车供求的动态平衡。本章主要介绍停车收费的有效机制、停车价格对停车设施的配置现状、停车定价的影响因素、停车设施的定价策略、停车价格变动对社会公平的影响等。停车定价一般按停车场的地域差别、时间差别和类型差别，采用差别化定价方法。商业性停车收费采用经济效益分析定价模型，公共性停车收费采用次优定价模型。机动车尤其是家用小轿车，已经成为人们生活的必需品，提高停车价格，除了要考虑控制停车需求和刺激停车供给外，还应考虑停车收费对物价指数和人们福利的影响。在进行停车收费决策时除了要考虑控制停车需求和刺激停车供给外，必须保证物价指数的基本稳定和社会福利不受损失。通过结构方程模型对以上影响停车价格的因素进行分析，并得出停车政策的有效性。

第 6 章，城市停车产业化发展的制度保障机制。本章主要介绍停车产业化模式、政府的停车产业化政策等。

最后，在前面各章研究的基础上，总结本书所得到的主要结论，同时提出下一步研究的方向。

李盼道

2024 年 1 月

目录

第1章 绪 论

1.1 研究背景和意义

1.1.1 研究背景

自20世纪90年代我国将汽车产业确定为支柱产业以来，我国汽车产业获得了长足发展，国内的汽车保有量逐年增加，城市汽车保有量的增长速度更为突出，汽车保有量急剧增长导致停车需求急剧膨胀，且停车问题在经济发达的大城市表现得异常突出。其停车需求急剧膨胀而停车供给却相对不足，给城市发展带来诸多问题，成为阻碍国民经济发展以及城市道路交通畅通工程的一个瓶颈。我国机动车拥有量以年均15%左右的速度快速增长，2022年年底我国汽车保有量达到3.19亿辆，39个城市超200万辆，21个城市超300万辆，其中北京、成都、重庆、上海超过500万辆，苏州、郑州、西安、武汉超过400万辆，深圳、东莞、天津、杭州、青岛、广州、佛山、宁波、石家庄、临沂、长沙、济南、南京13个城市超过300万辆。我国汽车保有量300万辆以上的城市具体见图1－1，我国2001～2023年机动车、汽车、驾驶员数辆及其增长情况见图1－2。

造成我国大城市停车难的原因包括两个方面：其一是停车供给不足，其二是停车需求膨胀。我国在停车供给方面缺乏前瞻性，在停车规划、投资、建设、管理等供给方面缺乏准确的预期，没有预期到汽车产业的快速发展，因而导致城市停车供需矛盾日益突出。导致停车供给不足的原因表现为：一是停车规划缺乏前瞻性；二是投资于停车设施的国家财政资金有限；三是缺乏民间资本投资停车设施的政策激励，民间资本投资的积极性

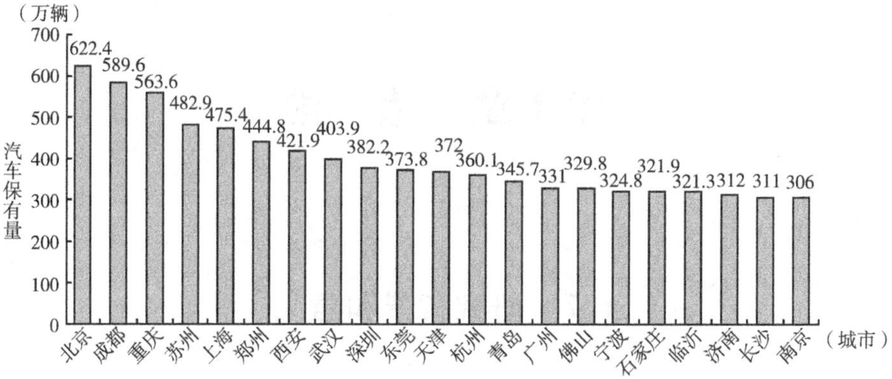

图 1－1　2022 年我国 21 个汽车保有量超过 300 万辆的城市

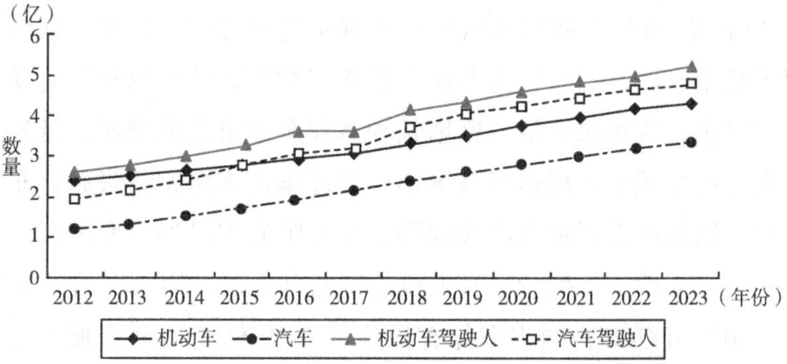

图 1－2　我国 2012～2023 年机动车、汽车、驾驶人总量增长趋势

不高，停车产业发展缓慢。

世界各国都经历过停车难的问题。世界各国为解决停车难问题，通过对停车问题的理论研究和实践，取得了明显的成效，达成了广泛的共识。我国作为发展中国家，汽车工业起步较晚，汽车步入普通家庭也较晚，停车问题出现得也相对较晚。政府和民众并没有意识到停车问题对于城市协调发展的严重性，因此对于停车问题的研究起步较晚。为了有效地解决停车问题，我国学者也进行了深入研究，取得了一些成就。目前解决停车问题的基本思路如图 1－3 所示。

解决停车问题要做好两个方面的工作，一方面是抑制停车需求，另一

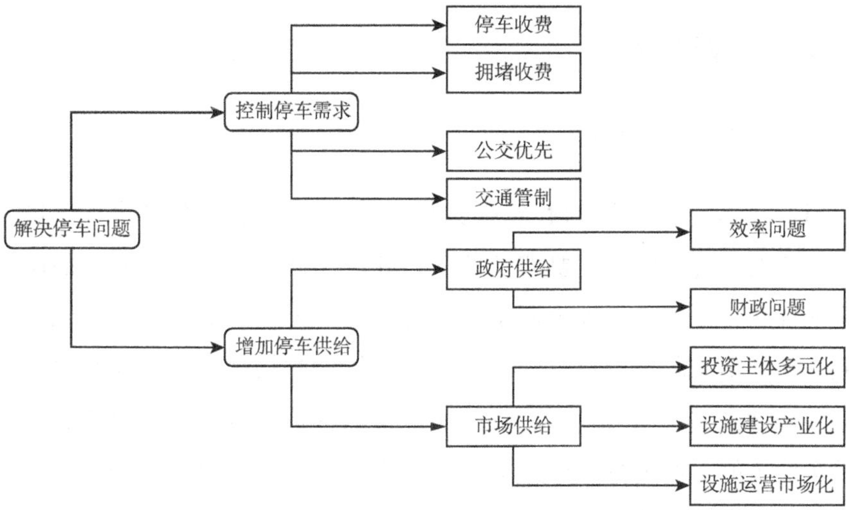

图1-3 解决停车问题的基本思路

方面是增加停车供给。我国已把汽车产业作为国民经济发展的支柱产业，若过度抑制停车需求，增加拥车成本，则必然会减少社会对汽车的需求，对汽车产业造成冲击。因此，现阶段过度抑制停车需求，实不可取；且现阶段的停车问题主要是由于历史规划不足导致的停车供给短缺造成的，因此，现阶段破解停车难的主要路径应该是合理增加停车供给。合理增加停车供给，并不意味着无限供给，供给越多越好，而是应该以满足停车需求为限，实现供求动态均衡。无限供给不仅会造成资源浪费，而且会陷入“当斯悖论”，激发新的停车需求。

合理增加停车供给，要求加大对停车设施的投资和建设力度。投资停车设施固定成本巨大，投资回收周期长，仅靠政府财政资金的投入难以为继，因此应该倡导多元化投资体制，完善相关制度和政策，吸引民间资本投资停车设施，促进停车设施的民营化和产业化，因此，研究促进停车产业发展的动力机制显得尤为重要。

因此，本书要研究的科学问题归结为两个方面，一是如何实现停车资源的有效供给，即其提供模式是什么？由谁来提供？二是如何促进停车产业化的发展，即促进停车产业化发展的动力机制是什么？

1.1.2 研究意义

1.1.2.1 理论意义

（1）丰富停车资源的有效配置理论，尤其是停车资源的有效供给理论。以往的经济学研究主要涉及抽象公共产品研究，并对公共产品附加了非排他性和非竞争性的理论假定，同时也对准公共产品的相关理论进行了研究。经济学家萨缪尔森给出了公共产品供给的均衡条件，即萨缪尔森条件；经济学家林达尔给出了公共产品定价的林达尔价格。以前的文献虽然对停车设施的属性进行了相关研究，但并没有对其供给效率进行详细研究，而是将其埋没在准公共产品这个抽象概念中。因此，本书将在前人研究的基础上，将停车设施从公共产品中单独剥离出来，提出停车设施的有效供给理论。

（2）丰富停车设施派生需求理论以及其产业地位测定理论。停车需求是交通运输业的派生需求，静态交通是动态交通互补产品。交通运输业是国民经济的基础产业，国民经济的发展依赖于交通运输业的发展，因此对停车设施需求是国民经济发展的内在要求。传统的经济理论认为交通运输业是国民经济的基础产业，但对其在国民经济中具体地位缺乏定量测定，本书将对交通运输业的产业地位进行定量测定，通过对交通运输业的产业地位测定，间接证明了其互补产品——静态交通的产业地位，并对主导产业的选择提供理论基础。

（3）丰富停车定价理论。国内外对于停车定价的研究主要集中在路外和路内停车定价模型以及停车产业不同产业组织结构所产生的不同效率和社会福利问题上。这些定价研究没有考虑停车设施的不同公共属性，很少涉及因停车属性的不同而实行差别定价。在研究目的上，停车定价也只是调整停车行为，很少涉及停车价格对于停车供给和停车产业化的影响。而且有关停车定价问题的研究也仅仅停留在构建模型阶段，很多模型缺乏可操作性和实用性，离实际应用尚有距离；停车收费对社会福利的影响到目前为止尚无研究。本书将在对停车设施公共属性分类的基础上，运用经济学的基本原理和结构方程模型研究影响停车定价的因素，分别对偏准公共产品性质的路外停车、偏纯公共产品性质的路内停车、偏私人产品性质的配建停车制定合理的价格，使该价格既能调节停车需求，又能促进停车供给和停车产业发展，并能有效调节停车设施的时空需求。同时研究停车定价对社会福利的影响，进一步丰富和发展停车定价理论。

1.1.2.2 现实意义

停车难是新型城市化进程中的“城市病”之一，是阻碍国民经济进一步发展以及城市道路交通“畅通工程”的瓶颈问题。停车产业化是当前阶段解决停车难问题的主要途径。因此，研究停车产业化发展的动力机制，促进停车产业健康、快速发展，具有重要的现实意义。

1.2 国内外研究现状

1.2.1 停车设施属性研究

关于停车设施属性的研究，相关文献不多，但大多数学者，包括吴涛、沈党云、关宏志、莫秀丽、牛学勤、刘雪莲、魏幼芳等都认为它是一种城市基础设施，是公用设施，是一种准公共产品，具有公共属性和公益性[1-5]。刘雪莲等认为停车设施根据不同情况具有不同属性，不能一概而论，路内停车设施具有较强的公共物品属性，公建配建停车设施偏公共物品属性，住宅配建停车设施具有较强的私人物品属性，路外停车设施偏公共物品属性，但也具有私人属性，是一种混合物品。

学者们认为停车设施属于准公共物品（混合物品），那么对停车设施的属性进行分类，将有助于研究停车设施由谁来提供和生产的问题。但是这方面的研究，大多立足于产品的分类，因为产品的分类关系到产品的提供主体和提供方式，即由政府提供，还是市场提供。但是传统的经济学在产品分类中很少提及停车设施的属性问题。

美国经济学家萨瓦斯（Savas）把私人物品和公共物品分别称为“个人物品”和“集体物品”，并依据物品消费的排他性和共同性将现实生活中的物品划分为个人物品、可收费物品、共用资源和集体物品四类，首次指明了停车场在其分类维度谱系中所处的位置，认为其具有准公共物品的性质[6]。同时认为停车场在维度上更偏向于私人产品，而且可通过收费实现排他，如图1－4所示。

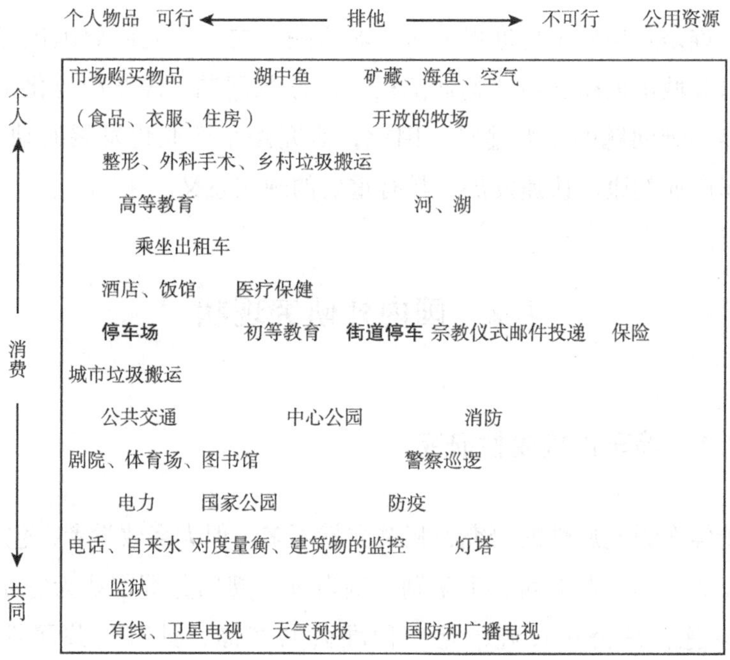

图1－4 萨瓦斯的物品分类

停车设施具有准公共产品的性质，它的提供和其他准公共产品具有某种共性，因此有必要进一步研究所有准公共产品的供给机制和生产方式。本书沿用刘雪莲的说法，认为停车设施的属性不能一概而论，应该视具体情况而定，路内停车设施具有较强的公共物品属性，公建配建停车设施偏公共物品属性，住宅配建停车设施具有较强的私人物品属性。路外停车设施偏公共物品属性，但也具有私人属性，是一种混合物品。在公共产品与私人产品的分类谱系中，按照从公共性到私人性的强度依次为路内停车设施、公建配建停车设施、路外停车设施、住宅配建停车设施，路内停车设施和住宅配建停车设施构成了分类的两极。

国内外学者认为停车设施属于公共基础设施，是准公共产品，其提供方式可根据停车设施的不同产品属性分别由市场机制和政府机制来提供，以实现停车设施的配置和供给效率。由于停车设施属于准公共产品，同时具有公共产品属性和部分私人产品属性，以往的研究对于每一类停车场的公共属性只作了粗略的划分，并指出了每类停车场的提供主体，缺乏定量指标或标准来界定停车设施的公共属性。只有明晰停车设施的公共产品属性，才能更好地确定停车设施的提供主体和提供方式，实现停车设施的有效供给。相关文献还介绍了公共产品的供给的主体，即政府提供、市场提供、非营利组织提供，认为市场提供存在“市场失灵”的问题，政府提供存在“政府失灵”的问题，因此在公共产品的提供问题上，政府机制和市场机制应该互为补充，才能有效促进公共产品的提供。文献还研究了公共产品如何提供、具体生产方式，以及公共产品引入市场机制的方法，包括合同外包和特许经营。

1.2.2 停车产业化研究

1.2.2.1 停车产业化文献统计分析

以中国知网文献为统计分析对象，输入关键词“停车产业化”，从中国知网共搜索到82篇相关文献，2001年之前对该问题没有研究，年度分布情况如表1-1所示。

表1-1　停车产业化相关文献分布情况　单位：篇

年份	文献数量	年份	文献数量	年份	文献数量
2001	1	2004	2	2007	3
2002	0	2005	7	2008	0
2003	3	2006	6	2009	2

续表

年份	文献数量	年份	文献数量	年份	文献数量
2010	0	2015	9	2020	2
2011	0	2016	6	2021	7
2012	2	2017	5	2022	0
2013	0	2018	7	2023	3
2014	3	2019	2	总计	82

为了直观起见，特绘制了停车产业化研究文献数量柱状图，见图 1－5。

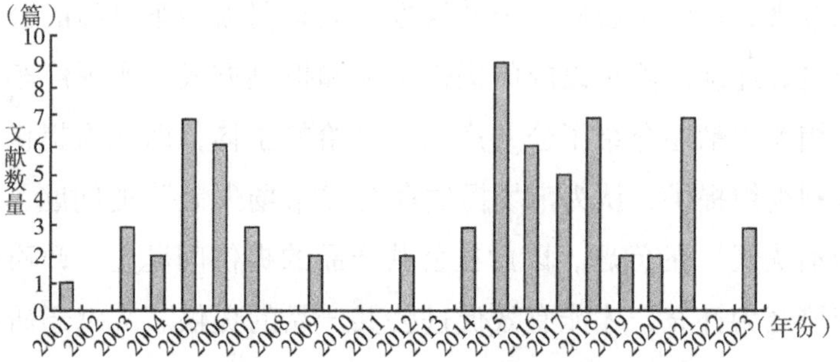

图 1－5　停车产业化文献数量走势

从表 1－1 和图 1－5 可见，国内对于停车产业化的研究文献数量很少，共涉及文献 82 篇，对此问题的研究明显不足，留下了很大的研究空间。

1.2.2.2　停车产业化研究综述

1992 年，国家明确将汽车产业列为国民经济的支柱产业，停车问题开始凸显，与停车相关的研究也逐渐增多。我国的停车产业化可以分为倡导阶段、探索阶段和全面实施阶段。

（1）倡导阶段。由于发达国家停车问题出现的相对较早，因此在停车产业化研究方面起步也相对较早，积累了丰富的经验。美国较早地开展了对停车问题的理论研究，并将理论研究的成果付诸实践，极大地推动了停车产业化的发展。1925 年美国高速公路研究委员会在《街道交通控制》一书中，指出应对路边停车进行控制和管理[7]；20 世纪 50 年代，学者们开始以社会调查为研究手段，以停车特性和城市规模为研究基础，研究美国

70个城市的相关情况，出版了《城市停车指南》[8]，同期还出版了《停车》一书，在该书中他们对停车设施进行了粗略的划分，将停车设施划分为私有停车设施和市政停车设施，并对停车泊位的产权性质进行了相应的界定[9]；源于美国国内汽车产业的迅猛发展以及汽车保有数量的增加，许多城市中心区的停车问题愈加突出，城市中心区的停车问题研究日渐兴起。其间，Smith 出版了《城市中心区停车》一书[10]；美国高速路研究委员会出版了《停车原则》一书，强调政府应加强静态交通管理，并应出台专门的管理政策，缓解停车难题[11]；在上述对大城市进行研究的同时，20世纪80年代，美国也加强了对小城市停车问题的研究，美国学者 Scully 指出，应该依靠停车需求管理政策来克服小城市的停车问题[12]；20世纪90年代，Arnott 以均衡分析为基础，以环境和资金为约束，构建模型分析三种情况下停车供求均衡[13]。在此期间，还出版了由迈耶（Michael D. Meyer）博士牵头、美国交通运输工程师学会（ITE）组织编写的《交通规划手册》一书，其中一章涉及了停车规划和停车管理问题。日本政府为缓解交通拥堵问题，结合自身土地资源短缺的特点，从20世纪60年代开始着力于建设大规模停车场。日本学者通过大量理论研究，并将研究成果付诸实践，促进停车产业民营化和市场化，促进停车供给，促进停车产业的健康发展，以此协调动静交通发展，减少城市无效交通，缓解动态交通拥堵。日本为了解决停车问题还实行拥车者自备车位的制度，导致了停车需求的增加，进一步拉动了停车的供给，促进了停车供给的产业化和民营化，促进了停车产业的发展。

国内学者积极倡导实施停车产业化，并主张借鉴发达国家停车产业化经验。沈党云等也认为，政府应该在促进停车产业发展的过程中扮演主要角色，通过政府政策激励引导停车产业的健康发展，通过这些优惠政策，降低投资者的投资成本，以确保投资者获得稳定的经济利润[2]。朱忠裕认为，在停车产业化过程中应协调好十大关系，这些关系涉及停车供需、行和停、财政拨款和社会投资、公共管制与市场机制、地上和地下、单一经营和多元经营等诸多方面的关系[14]。

（2）探索阶段。随着停车供求矛盾的进一步加剧，人们开始探索通过市场化手段增加停车供给，于是停车产业化的概念便应运而生。对停车产业化给出明确定义的当属何峻岭，他阐释了停车产业化的相关概念，论述了停车产业化的必要性，分析了停车产业发展所面临的外部环境和内部环境，并用 SWOT 法分析了停车产业所面临内外环境的利弊，建议消除停车产业进入壁垒，提出促进停车产业化发展的发展策略和保障体系[15]。学者们还阐释了实施停车产业化的必要性。刘雪莲和焦新龙在对城市机动车停车产业化发展存在的主要问题进行分析的基础上，基于城市化和机动化进程的需要、静态交通与动态交通相互协调的要求，全面而深入地探究了实施停车产业化和民营化的原因，给出了停车产业化发展的短期愿景和长期愿景以及加强立法和完善市场规则、协调衔接停车规划与停车设施建设、制定停车设施建设投资优惠政策、规模经济，完善诱导信息系统等城市机动车停车产业发展对策[4]，为城市静态交通的进一步发展和整改提供了理论依据和可操作性决策支持。刘雪莲认为，停车设施投资数额巨大，管理体制复杂，克服停车设施供给不足，仅靠政府财政投资捉襟见肘，解决问题的根本出路是推进停车设施的民营化和产业化，吸引民间资本介入停车设施建设领域，发挥市场机制配置停车资源的优势，做大做强民间停车供给。同时她还分析了停车产业化所处的制度环境、制度激励的欠缺，以及保障停车产业化发展的理论策略和制度基础[16][2]。

在实践上，由于我国停车产业化尚处于起步阶段，因此在初期存在诸多问题，影响停车供给和停车产业化的发展进程。其中影响停车供给和停车产业化的主要因素是停车企业的利润问题，利润问题是激励停车供给的核心问题，而影响利润的两个关键因素分别是停车收费价格和停车设施建设运营成本。因此，学者们除了建议放开停车市场价格外，还测算了停车设施的建设和运营成本。关宏志和严海等将研究重点聚焦于停车设施的民营化和产业化，认为民营化和产业化是推动城市停车设施协调发展的重要手段，分析了影响停车产业发展的因素，并分析了停车设施建设成本对停车供给的影响，经过对实际数据的计算，发现在现行的条件下，若想提高停车利润，只有降低停车设施的建设成本，而降低土地成本是最行之有效的措施，也是促进停车产业化发展的首要激励措施。根据定量、定性分析结果，他们提出促进停车产业化发展的政策建议，这些建议包括补贴路外停车设施建设，并将其纳入城市基础设施范畴，调整现行停车收费价格体系，推广简易式、机械式停车库建设，对部分项目实行容积率奖励和其他优惠扶持政策[17]。高宁、沈党云等以北京市为研究对象，描述了北京市停车供求现状以及停车产业发展所面临的主要问题，分析了停车产业发展滞后的主要原因，认为制约停车产业化发展的主要原因涉及以下几个方面，即政府优惠政策支持力度不够，土地使用成本过高，审批程序复杂，停车价格政府管制不能获得较高利润等[18]。

为了促进停车产业化的快速发展，必须营造良好的停车产业化环境，建立健全相关的制度保障机制。文德力倡导必须为停车产业的发展营造良好的市场环境，并设计出富有动力的激励机制，促进停车产业的发展[19][24-38]。魏幼芳、刘雪莲、焦新龙、李传志等在对城市机动车停车产业化发展的必要性和紧迫性分析的基础上，从停车文明程度等非正式约束的缺失、停车设施属性界定的不明、产权界定的缺乏法定基础、管理体制混乱等诸多方面，深入探讨了城市机动车停车产业化发展存在的关键问题；并提出了降低投资成本的停车设施建设投资优惠政策、提高停车收益的自由市场主导的停车定价政策、保障停车需求管理政策调节交通流顺利实施的停车违章处罚政策；同时鼓励建设高技术的机械式立体车库，建立完善的停车诱导信息系统，完善咪表停车管理系统等技术保障，为城市静态交通的发展和整改提供了理论依据和可操作性决策支持[5]。

（3）全面实施阶段。通过前期的讨论和探索，对停车领域相关问题的认识更加明晰，在理论上逐步达成共识，在实践上也设计了相关制度和出台了相关政策。在理论上，中国城市规划设计研究院的李长波等认为明确各类停车设施的经济属性，是解决停车问题的理论基础，并将配建停车和路内停车设施归结为公共产品和准公共产品，认为城市公共停车设施更偏向私人产品范畴，具有商品的可交易属性，建议尽可能通过市场化、企业化推进城市公共停车场的建设和发展。他们提出实现发展模式的转向，即从政府主导模式转化为市场主导模式，强调以停车设施的经济属性为基础制定相应的土地出让政策、收费政策以及后续的建设政策[20]。国家发改委综合运输研究所的程世东等认为，目前无论是中央还是地方，有关停车领域的顶层设计已基本完善，其短板在于如何进一步吸引社会资本进入、进一步推进居住小区的停车设施建设，建议应进一步细化相关政策、加大停车执法力度、改进老旧小区停车条件、积极推进经验交流、健全停车管理体制机制，进一步推进顶层设计实施落地[21]。

在实践上，中央和地方积极推进停车产业化政策的实施落地。2015 年 8 月，国家发改委等七部委联合发布《关于加强城市停车设施建设的指导意见》（以下简称《意见》），《意见》提出为有效促进停车资源的有效供给，应积极吸收社会资本参与停车设施建设。《意见》还强调了市场价格机制的重要性，以市场价格逐步取代政府定价，有效发挥价格机制的重要作用，全面吸引社会资本投资新建停车设施。自此，我国停车产业化进入了全面实施阶段，进入了从局部试点到全面推广的新阶段。期间，国家发改委综合运输研究所的程世东还对 2015 年以来中央和地方出台的有关停车问题的相关政策进行了汇编，出版了《中国城市停车政策发展报告 2017》和《中国城市停车政策发展报告 2018》，表明停车问题已引起了中央和地方政府的高度关注，正在努力推动停车问题的解决。2021 年 5 月，发改委、住建部、公安部、自然资源部联合出台了《关于推动城市停车设施发展的意见》，提出规范运用政府和社会资本合作（PPP）等模式推动共同投资运营停车设施，停车产业化又向前迈进了一步。

总之，目前停车产业化的研究主要集中在以下领域，即从经济学的角度定义停车产业和停车产业化、停车产业化过程中应处理好十大关系、明晰停车设施产权、鼓励社会资本参与停车场的建设、市场化和规模化经营、停车产业发展不足的原因以及促进停车产业化的制度保障等。

1.2.3 停车收费定价研究

1.2.3.1 国内外停车定价研究

（1）停车收费和定价研究文献统计分析。

以中国知网文献作为统计分析对象，分别输入“停车价格”“停车定价”“停车收费”三个关键词，搜索范围从1999年至2023年12月，从中国知网共搜索到3657篇相关文献，其中与停车价格有关的文献19篇，与停车定价有关的论文31篇，与停车收费有关的文献3607篇，这其中包括与“不停车收费”技术的相关文献。具体情况如表1－2所示。

表1－2 停车收费和定价研究相关文献分布情况 单位：篇

年份	停车价格	停车定价	停车收费	年份	停车价格	停车定价	停车收费
1999	0	0	16	2012	3	0	361
2000	0	0	41	2013	0	1	349
2001	0	1	62	2014	0	2	9
2002	0	0	58	2015	1	0	41
2003	0	0	92	2016	3	1	52
2004	0	0	105	2017	1	1	53
2005	0	0	152	2018	0	1	49
2006	1	1	229	2019	2	1	43
2007	0	0	282	2020	1	6	32
2008	1	0	282	2021	2	6	34
2009	0	1	306	2022	2	3	32
2010	1	0	438	2023	1	6	30
2011	0	0	459	总计	19	31	3607

为了直观起见，特绘制了停车收费和定价研究文献数量走势图，见图1－6。

从表1－2和图1－6发现，对于停车收费和定价的研究文献数量很多，共涉及文献3656篇。从总趋势来看，对于停车价格和停车定价研究的文献数量很少，其中与停车价格有关的文献6篇，与停车定价有关的文献6篇；与停车收费有关的文献很多，共涉及3644篇。关于停车收费方面的研究，总体呈先上升后下降的趋势，而对于停车价格和停车定价的研究始终较少，总体增长趋势不明显。

（2）停车定价研究。

目前，按照国家相关政策的规定，停车设施的定价由政府进行管制，尤其是对于路内公共停车设施完全执行政府定价，对于路外公共停车设施，

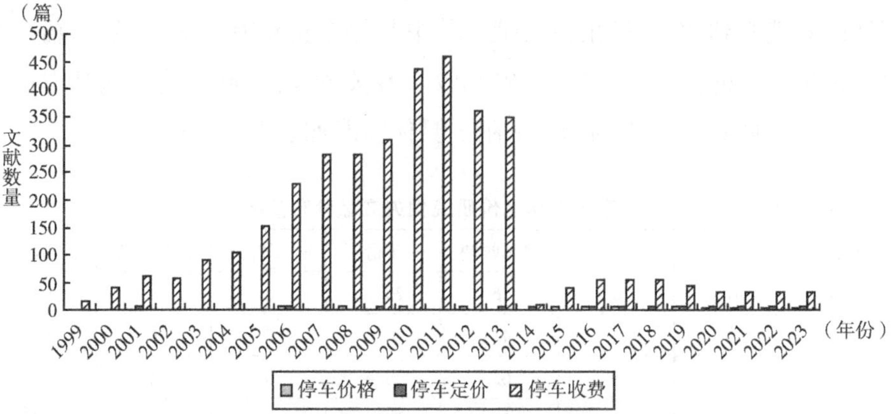

图1-6　停车收费和定价研究文献数量走势

到2012年才开始倡导实行市场价格，即由市场机制通过供求关系自发形成。在进行停车定价时，考虑的因素主要是居民的消费承受能力，很少考虑路网容量、交通需求管理等因素，因此较低的路边停车价格不仅使区域内汇集了大量的车流，使周边动态交通严重受阻，而且使区域内的作为替代品的路外停车场门庭冷落，利用率大大降低[22-23]。为了减少区域内交通拥挤，从长远角度考虑，如何促进停车产业的发展，如何合理地平衡停车需求在路外和路内停车场之间的分布，发挥停车价格调节停车供需平衡的作用，在此基础上，制定合理的路外、路内停车价格体系已迫在眉睫[24]。有关停车定价的研究主要涉及以下几个方面。

其一，路外停车定价研究。停车设施根据其所处位置可以分为路外停车设施和路内停车设施。与之相对应，停车定价也主要集中于路外停车定价和路内停车定价两个方面。路外停车设施的经营主体一般为企业，其追求的目标为利润最大化，故多采用边际成本定价法和成本收益分析法确定其理想价格[25]。基于此，吴涛、晏克非等设计了一种路外公共停车收费定价的方法，此方法称为“两阶段法”或“两步法”。第一步，根据平均成本定价理论，估算出路外公共停车设施的建设、运营、维护成本及合理报酬等，依此估算出停车泊位的平均成本，将停车泊位的平均成本作为收费的主要依据；第二步，将停车需求的时间差异因素考虑进去，以平均成本为基础，通过加成的方法确定高峰时段与非高峰时段路外公共停车收费价格[26]。更进一步地，王富、殷燕芳等首先运用现值折算的方法估算了停车设施的投资时间价值，还运用同样的方法预测了投资回收期，在此基础上构建了路外公共停车设施停车定价的理论模型，通过该模型来指导路外公共停车设施的收费定价[27]。上述路外停车定价研究主要涉及停车供给方面，停车定价主要以停车场的建设和运营成本为依据，并视不同时段的具体情况进行定价决策，而对停车需求方面考虑不足，如停车需求价格弹性以及区域内路边停车对路外停车的替代效应。

其二，路内停车定价研究。路内停车定价研究成果颇丰，Edward 等认为路内停车定价应该参照路外停车定价。从供给的角度来看，当路外停车设施提供一个边际泊位时，会产生一定的边际成本，此边际成本应该等于路内停车设施提供一个边际泊位的边际成本。按照边际成本定价法，路内停车价格应等于路内停车设施的边际成本，也等于路外停车设施边际成本[28]。Andrew 等从需求的角度来考虑路内停车定价问题，认为路边停车定价应考虑需求价格弹性[29]。其他国外学者如 Andrew 等、Edward 等、Simon 等、Arnott 等、Calthrop 等也分别对路内停车定价进行了研究，并给出了相应的定价模型[30-34]。路内停车管理也是国内学者研究的重点之一。章亚南等研究了路内停车存在的诸多问题，如乱停乱放、管理混乱等问题，通过对停车者路内停车存在的陋习、政府管理和政策的缺失等方面的研究，为政府停车管理科学化、条理化、制度化提供有益的参考[35][1-5]。安实、王健重点分析了城市路边停车的企业定价模式，应用次优定价理论，建立企业定价模式下的两层优化非线性决策分析模型，但模型求解过程复杂，而且没有考虑区域内路外停车价格对路内停车价格的竞争[36]。冯焕焕、朱从坤通过对城市中心区交通运行状况和路内停车实地调查，以及对调查数据的统计分析，在考虑停车者对路边停车收费的容忍度函数基础上，建立了以调节道路交通量、调节停车位供求关系及规范停车行为为目的的城市中心区路边停车收费定价模型[37]。该模型试图从不同角度对路内停车价格进行讨论，涉及因素比较全面，但仍然没有涉及区域内路外停车价格对路内停车价格的影响。

其三，不同停车设施协同定价研究。首先，有关路内和路外停车场协同定价研究。为了加强停车需求管理，通过价格机制引导停车资源合理使用。李进龙等以路外停车统一定价为基础，基于传统两阶段定价模型，构建了与路外停车价格相协同的路内停车定价模型，以此确定合理的路内停车价格，实现路内停车的优化配置[38]。其次，换乘停车场与工作区中心停车场的定价研究。肖玲、张小宁、王华以需求不确定性为假设前提，对换乘停车场与工作区中心停车场竞合经营问题进行了探讨，利用双层规划模型描述停车场经营者与停车者之间的相互作用。该模型的上层规划依据博弈论，探讨两类停车场在竞争与合作时的定价决策问题；下层规划引入需求的不确定性，构建多方式交通网络均衡配流模型，并通过蒙特卡罗仿真推导出博弈模型的得益函数、模拟需求的不确定性，利用对角化算法和相继平均法对模型进行求解[39]。范文博研究了三类停车设施的收费定价及对出行者行为的影响，构建了以用户均衡条件为基础的路外公共停车设施、路内公共停车设施和交通枢纽停车换乘设施 3 类停车设施的停车收费定价模型。模型分为两层：上层优化模型描述运营者以利润最大为目标实施的停车收费定价决策；下层用户均衡条件刻画出行者以出行成本最小为原则实施的出行选择行为，出行选择包括出行方式、出行路径和停车设施的选择[40]。

其四，考虑三方利益的停车定价研究。为了实现价格机制调控停车供求的目的，为政府部门和项目公司提供停车定价借鉴，张鸣昊、朱建君、袁竞峰等综合考虑企业、政府和公众利益，构建了停车设施 PPP 项目收费定价模型，在深入分析停车项目的投资构成与经营成本的基础上，计算出理论价格，以理论价格为基础，确定潜在停车者的价格承受能力以及初始价格，在此基础上依据初始价格并结合经营成本的增长，计算出阶段价格，通过敏感性分析，确定定价调控应干预的关键因素。其研究结论认为，对停车定价调控最明显的因素依次为投资收益率、总投资额、经营成本、贷款利率和成本增长率[41]。胡晓伟认为公私部门的合作伙伴关系能否维持，其关键在于停车定价是否合理，他通过构建目标规划模型，分析了合作关系中各方利益主体的利益诉求，认为政府的目的在于追求社会效益的最大化，而项目公司的利益诉求在于合理的投资回报，停车者的目的在于价格的合理性和可承受性，停车者的支付意愿随收入的增加而增加，并求出停车者实际支付额度和政府补贴额度[42]。李聪颖从多目标停车收费出发，基于 Stackelberg 博弈构建上中下三层博弈定价模型，兼顾停车者、停车场运营者、交通管理者三方目标。模型下层停车者的目标是出行成本最小化，模型中层停车场经营者目标是利润最大化，模型上层交通管理者目标是社会负效用最小化。以效用理论为基础，构建停车行为选择模型、停车场经营者利润模型和交通管理者社会负效用模型。并以停放饱和度和道路饱和度作为新参照标准，从而确定公共停车场在多个约束条件下实现三方效用最大化的定价方案[43]。

其五，关于停车设施的两种经营模式，即市场模式和政府模式下公共停车设施的定价研究。郑士源研究了信息不完全情况下公共停车设施的费率和规模，构建了政府规制和市场竞争两种管理模式下公共停车设施停车收费和规模优化模型；以二度逆向选择模型和动态博弈方法推演出公共停车设施最优收费定价和规模的实施标准；进一步分析了各因素对最优停车定价及其规模的影响，研究认为，经营模式对停车收费的影响具有不确定性；市场竞争模式下停车设施的规模比政府规制模式下大；并且市场竞争模式下的私人停车管理公司的利润比政府规制经营模式下高；市场竞争模式下的停车服务需求比政府规制模式下大，社会福利比政府规制模式下高，认为竞争经营模式对公共停车场的经营管理和社会福利较为有利，证实了停车市场引入市场竞争机制的可能性和必要性[44]。

其六，关于停车产业不同产业组织结构所产生的不同效率和社会福利问题。李志纯、李炤坤基于网络均衡理论，首先从不同的类别分析了出行者对交通方式的选择，又从交通流的角度描述了出行者对出行路径的选择，并以停车者偏好行为理论为基础分析了对停车设施的选择，在上述分析的基础上，建立了不同市场结构（包括垄断、寡头竞争和社会最优 3 种类型）下市区内的路外停车设施和市区边缘的停车换乘设施的定价模型；对所提出模型进行了实际应用，同时比较了不同市场均衡解的效果；研究结果表明，垄断经营机制会导致最高的垄断价格、最低的停车供给、最高的社会福利损失以及最高的垄断利润，也就是说，垄断经营机制是缺乏效率的，是有悖于竞争原则的，是有损于社会总体福利的；而社会最优状态所体现出来的社会福利与其相反，是最优的，是社会福利最大化的，寡头竞争状态则介于两者之间[45]。王健、洪麟琳、何建平在分析路内外停车泊位容量变化的基础上，分别以社会效益最大化为目标，财务盈利和满足社会需求为约束条件，建立了基于可变泊位容量的路内停车定价模型；以经济利润最大化为目标，采用平均成本定价法，建立了基于可变泊位容量的路外停车定价模型，分别通过拉格朗日算法和平均值算法，以广州市和上海市停车场为例计算停车收费价格，证明了模型的可靠性[46]。

总之，上述研究的主要目的在于通过价格杠杆、科学定价引导停车行为，实现停车资源的合理配置，研究内容主要集中在路外停车定价、路内停车定价、不同停车场的协同定价、协调各方主体利益的定价以及停车产业不同产业组织结构所产生的不同效率和社会福利问题。

1.2.3.2 停车收费对出行方式选择的研究

(1) 国外研究现状。

①非集计模型的提出。20 世纪中期，美国经济学家 Vickrey 为解决交通拥堵问题，首先提出停车付费原则，试图通过停车收费调节交通流量，实现道路供需平衡。1970 年，McFadden 等将效用理论引入出行行为分析，通过出行方式发生概率判断出行行为的选择，此后，Moshe Ben 对非集计模型的应用范畴加以扩展，用于解决行为预测等具有同类行为选择的诸多领域，并用于对出行行为的预测领域，开辟了行为选择预测的新纪元[47]。

②非集计模型应用于停车收费研究的理论与实践。该领域的研究主要涉及以下几个方面。

其一，单位支付与自身支付对出行方式选择的影响研究。1992 年，Richard 调研了洛杉矶中心区的通勤者，利用多项 Logit 离散选择模型，比较了单位支付方式和停车者自身支付方式分别对出行方式选择以及停车需求的影响。研究结果表明，若雇员自身支付停车费用，前往中心区的自驾出行比例将会减少25%～34%，部分自驾车出行方式将被公共交通出行方式所替代[48][35-52]。

其二，停车收费与提高公交服务水平对出行方式选择的影响。20世纪90年代末，美国为了解决交通拥堵问题，开展了旨在提高公共交通利用率的研究，该研究的对象涉及美国20个都市区以及波特兰市，该项研究剖析了提高停车收费或者改善公交服务水平对公众出行方式选择的影响。对美国20个都市区的研究结果表明，相较于改善公交服务水平而言，停车收费是一种既能有效抑制自驾通勤又能有效增加公交通勤的较好办法；相较于提高公交的可达性而言，提高公交车的发车次数显得更为重要，可以有效降低自驾通勤，转向其替代品公共交通方式；若采取提高公交的发车频率和停车收费综合策略，将会在更大程度上影响居民对出行方式的选择[49]。Daniel使用多项式Logit离散选择模型，研究停车收费政策对通勤者出行方式（采取自驾、合乘、公共交通）选择的影响，研究表明，若停车免费，则有更多通勤者选择自驾出行方式，部分通勤者会选择合乘出行方式，另有部分通勤者会选择公共交通方式，并比较了不同停车费率对三种出行方式选择的影响[50]。有学者还研究了停车收费和提高公交水平两种政策替代性的大小。2007年，Raquel等采用嵌套的Logit模型，用经济学中的交叉弹性分析方法估算出了公交特性与小汽车特性的交叉弹性值，其中公交特性包括出行时间、出行费用和发车频率等，小汽车特性包括出行时间、停车费用、路上费用等，研究发现小汽车特性对公交特性交叉弹性较小。此后又进一步分析了改善公交服务水平或者提高停车收费对停车需求的影响，研究结果显示，相对于改善公交服务水平而言，政府若采取两种措施，即提高停车收费价格，或者开征更多的燃油税，将对出行者出行方式的选择产生更为深远的影响，也就是说，此项研究更加肯定了停车收费在控制自驾出行方面要优于提高公交水平[51]。

其三，停车收费对居民出行方式选择与中心商务区经济活力影响的研究。2001年，David等对美国部分城市进行了一系列的停车调查，构建了嵌入式的非集计模型，用以研究停车约束政策的实施效果，该项研究结果显示，实施时段限制政策会使中心商务区的停车减少3%，而提高停车收费将会使停车减少 97%。从分析结果来看，这些限制政策对中心商务区的经济活力有一定影响，但影响不大。从短期来说，以中心商务区为目的地的出行者可以将车辆停放至换乘枢纽，然后转乘公共交通抵达目的地，而前往中心商务区的人员总量并不会因此而减少[52]。Ben 和 David 通过研究发现，停车收费政策在短期不会影响区域的经济活力，而长期则会影响区域的经济活力，并会影响土地的开发强度。其原因在于，对于以购物、就餐和娱乐为出行目的出行者而言，停车是否便利会构成出行行为选择的重要影响因素。因为公共交通是自驾出行的替代品，两者之间存在很强的竞争性，在公共交通服务水平尚未达到足够高度的情况下，提高中心区的停车收费往往会使出行者改变对目的地的选择，使车辆远离中心区，因而会对中心区的经济产生一定影响[53]。

其四，停车收费与提倡不同停车区域对出行方式选择的影响研究。2001 年，著名学者 Dimitrios 对雅典中心商业区的出行行为进行了调研，研究提倡停车位置的改变或者停车收费的增加如何影响人们的交通行为，认为路内停车势必会影响动态交通，并产生拥堵的负外部性，这种负外部性成本构成了停车价格的一部分；同时停车者为寻找泊位而产生的无效交通，必然会使其付出相应的成本，这种成本也构成了停车价格的一部分，这两种成本共同构成了停车价格，他以这两种成本为基础，构建了路内停车定价模型，同时还研究了提倡停车区域的不同所导致的出行方式选择的不同，鼓励路内停车，自驾车出行就会增加，鼓励路外停车，自驾车出行就会减少[54]。

其五，停车收费与拥堵收费的效果比较研究。2006 年，著名学者 Gila 等对出行者在考虑停车收费以及拥挤收费两种约束条件下，是如何对四种交通方式作出决策的，四种交通方式包括自驾车、公共交通、停车换乘以及改变出行时间等。研究发现，拥挤收费对自驾车者的出行方式选择影响更为显著，这种影响的大小用弹性系数来表示。拥挤收费影响出行时间的选择，停车收费影响出行方式的选择[55]。

其六，区域差别定价对出行方式选择效果的研究。学者们还对停车收费的区域差别定价所产生的效果进行了分析。2008 年，Papacostas 将北京市调查数据付诸多项Logit模型，并对模型进行了拟合，同时还进行了相关的显著性检验，研究了差别化停车收费对出行者停车行为的影响。研究发现，由于出行者对停车收费极其敏感，因此，若将城市边缘地区的停车费定得远低于城市中心地区，则出行者会选择将车停放于城市边缘地区并换乘公共交通工具前往中心区目的地[56]。

总之，以上研究的研究方法多采用Logit模型，研究对象限定在停车收费对出行方式选择的影响，普遍得出的研究结论认为，停车收费对停车需求影响较大，并比较了停车收费和其他政策的效果，其他政策包括提高公交水平、停车限制等，结果显示停车收费政策更加有效。在公共交通未得到充分发展的情况下，停车收费对中心商务区的经济活力有一定影响。

（2）国内研究现状。

国内的研究大多沿袭了国外的研究方法和研究技术，承袭了国外的研究对象和研究问题，所不同的只是将国外该领域的研究移植到国内，就本国国内城市的停车收费对出行者的出行行为的影响进行了研究。国内研究主要涉及以下几大研究主题。

其一，停车收费对汽车保有量和出行方式选择影响的研究。罗良鑫分析了停车收费对机动车拥有率增长及出行方式选择的影响。他以深圳市为例，通过相关分析，分析了不同群组、不同收入层次以及不同车辆拥有等四个指标之间所存在的数量依存关系，探讨了停车收费这一自变量的连续变化对出行者出行方式选择这一离散变量所产生的作用。他认为停车收费可以改变自驾车出行成本，因此会影响汽车保有量和出行方式的选择[57]。吴涛构建了出行行为选择模型，基于不同停车收费价格，研究停车收费价格的制定如何影响居民对出行方式的选择，并定义了出行者的效用函数，此效用函数涉及四种出行选择方式，即自驾车、公共交通、步行和自行车，通过该模型定量分析了停车收费对出行者出行方式选择的影响[58]。刘学军对我国停车收费政策进行分析，探讨了停车需求管理在补偿交通拥挤外部成本及停车社会成本、削减交通量、缓解交通拥挤等方面的机理和效果，研究了提高停车收费导致车辆全成本的增加对城市居民购买小汽车和对城市道路交通流量分布的影响[59][6-7]。

其二，停车收费对交通需求结构影响的研究。首先是关于停车收费对交通需求结构影响机理的研究。姜涛建议，为了实现不同的管理目标，应采取不同的停车收费策略，为了评价不同停车收费策略的实施效果，构建了具体的评价指标体系；同时，阐述了停车收费对动态交通需求结构的影响机理，认为停车收费通过影响出行产生、出行目的、出行方式以及机动车拥有量四个方面，而对交通需求结构产生影响[60][7]。其次是将非集计模型引入交通行为的研究。赵路敏利用北京市 2005 年居民出行的实地调查数据，并配合以停车收费需求弹性，将非集计模型引入停车收费对出行方式选择影响的分析中，探寻了停车收费价格的不同对以通勤或购物为出行目的的出行者，由于其需求弹性的不同，导致对出行方式的不同选择。他在研究中进一步揭示了较高的停车收费可以通过公共交通与自驾出行的竞争性，实现公共交通对自驾出行的较大替代，有效减少自驾出行的数量。在此基础上若同时提高公交水平，则公共交通的替代效应将会更加大，对于缓解交通拥堵将更为有效[61][54]。李珊珊将昆明市作为其研究对象，探讨了停车价格的变动对出行者诸多交通方式选择所产生的其他方法所不具有的重要作用。其在研究中进行了大量的数据分析，并将出行方式划分为小汽车出行与公交出行两种，构建了居民出行单位时间成本函数以及广义费用函数。该项研究的结果认为，提高停车收费可以增加小汽车出行的广义费用，迫使部分自驾者以公交出行替代自驾出行，减少小汽车通行量，抑制停车需求，使停车需求适应停车供给这一短板，促进停车需求与停车供给的均衡发展，保障城市动态交通运行的顺利和顺畅[62][64-65]。

其三，科学合理的停车价格制定的研究。首先是对停车收费的敏感性及收费标准制定的研究。关宏志、李洋等对北京市部分繁华地区停车者的出行意愿进行了调查，其研究揭示了停车者在不同停车收费政策水平下对于出行方式的选择意愿，用一般描述统计的方法分析了停车者对于停车收费价格反应的弹性程度，以停车者的支付意愿为调查对象，透析停车者的真实支付偏好，为城市停车收费价格的制定提供了较为科学的理论依据[63]。其次是确定合理的停车收费价格以调节自驾车向公共交通的转移的研究。符韦苇以广州市为研究对象，借助于非集计模型构建了停车收费影响模型，并在此基础上，对比分析了不同停车收费方案对私家车出行意愿选择的影响，推导出合理的停车收费价格，以实现私家车向公共交通的转移[64][64-65]。田琼、黄海军以瓶颈模型为基础，基于出行者的三种出行方式，构建了Logit随机均衡出行方式选择模型，这三种备选出行方式包括全程驾车、地铁直达和停车换乘，探寻了在两种收益最大化情况下，即整体的系统收益或者地铁收益两者最大化情况下，如何通过合理的方法，依据一定的政策目的，制定出合理的有益于社会和公众的地铁票价以及停车收费价格，虽然做了有益的尝试，但做到这一点并非易事[65]。再次是浮动停车收费对寻位与出行意向影响的研究。秦焕美等认为，可以通过浮动式停车收费动态调整停车需求的时空分布，合理配置停车资源，提高停车资源的使用效率，减少无效的寻位交通，实现区域停车资源的均衡利用。他们分析了停车寻位行为，探讨了浮动的路侧停车价格对停车和出行意向的影响，计算了停车寻位所产生的停车成本，研究了停车收费价格、停车设施利用率和寻位之间的关系，揭示了浮动价格对停车行为产生的影响，并给出了浮动式路侧停车收费方案[66]。最后是以解决交通拥堵为目的的停车收费区域协同或差别定价的研究。王建等提出，通过城市各区域停车收费协同定价，实施区域差异化停车收费价格，以调节交通流时空分布，实现均衡交通负荷，提高出行者的出行效率。他们通过构建双层优化模型，以达到上层提高路网用户盈余、下层考虑停车收费与出行时间的用户均衡分配的目的，并基于该模型分析了停车收费对出行需求和路网流量分布的影响。研究发现，停车收费价格的提高可以指数级地降低私家车的出行需求。该协同定价方法不仅可以改善局部交通拥堵，也有利于提高路网的总体运行效率[67]。吴娇蓉、朱启政、林子旸依据辐射范围、居民出行距离以及公共水平等城市特征，利用聚类分析方法，将城市综合体区分为市域型和区域型两种类型，构建评价停车收费政策在不同类型综合体中产生差异性的Logit模型，以分析停车收费价格上涨与公交服务水平改善对两种综合体居民出行方式选择的影响，为城市综合体区域差别化停车收费提供有益参考，对平衡区域交通具有重要作用[68]。

其四，需求管理与交通均衡的研究。首先是以市民出行方式选择行为的成本评价模型，研究城市中心区停车供给与停车需求的特点及曲线形式，并通过均衡分析，求得停车行业短期和长期均衡价格、均衡状态的社会效率问题。薛松研究了居民出行成本的各个组成要素，分别估算出居民选择不同出行方式时所承担的出行成本，通过对不同出行方式所承担的出行成本进行比较，导出了居民不同出行方式的成本评价模型；研究了停车供给与停车需求的长期和短期的特点及曲线形式，并通过供求均衡分析，求得了停车行业短期和长期均衡价格、均衡状态的社会效率问题[69][54-56]。其次是车辆全成本对小汽车购买和城市交通流量分布影响的研究。王伟以北京市为研究对象，研究了停车收费的作用，以经济分析为基础，结合统计分析的方法，多角度、多界面分析了停车价格对于出行目标的确定、出发时点的遴选或是交通方式的决策、出行路径的取舍以及汽车的购买等诸多因变量所产生的重要作用。他认为停车收费是调节城市道路交通流量的重要手段，该手段与其他方法比较起来，是一种更为有效的手段。通过控制静态交通，实现对动态交通的控制，缓解城市交通拥堵的现状，破解动态交通拥堵的难题[70][4-6]。最后是停车收费对路网影响的系统动力学分析。楼齐峰等运用系统动力学方法，构建停车政策影响出行成本、继而影响出行行为的停车政策评估模型，其先通过 Logit 模型预测停车收费引致的出行行为方式的选择，并结合路阻函数预测路网车速所产生的新的出行成本，新的出行成本通过系统反馈实现整个系统的稳态。该研究表明，系统动力学模型能够很好地模拟停车收费对路网车速的影响，并能准确预测停车收费对出行方式选择的影响以及减少核心区停车供给所导致的路网拥堵程度[71]。

以上研究的领域包括停车收费对出行方式选择的影响、停车者对停车收费的敏感性及收费标准的制定、停车收费对机动车拥有率和出行方式选择的影响、车辆全成本对小汽车购买和城市交通流量分布的影响、停车收费对交通需求结构的影响机理、停车收费的区域协同或差别定价、浮动停车收费对寻位与出行意向的影响、停车收费对路网影响的系统动力学分析，相关文献还以市民出行方式选择行为的成本评价模型，研究城市中心区停车供给与停车需求的特点及曲线形式，通过均衡分析，解决城市中心区的停车行业短期和长期均衡价格、均衡状态的社会效率问题。

1.2.4 文献评价

关于停车产业化的研究文献散见于其他各种文献中，由于文献本身的数量相对较少，为后期研究留下了很大的空间。

（1）停车设施属性的研究。国内外学者认为停车设施属于公共基础设施，是准公共产品，其提供方式可根据停车设施的不同属性分别由市场机制和政府机制来提供，以实现停车设施的配置和供给效率。由于停车设施属于准公共产品，同时具有公共产品属性和部分私人产品属性，以往的研究对于每一类停车场的公共属性只作了粗略的划分，并指出了每类停车场的提供主体，缺乏一个定量指标或标准来界定停车设施的公共属性。只有明晰停车设施的公共产品属性，才能更好地确定停车设施的提供主体和提供方式，实现停车设施的有效供给。

（2）停车产业化的研究。目前停车产业化的研究主要集中在以下领域，即从经济学的角度定义停车产业和停车产业化，停车产业化过程中要处理好十大关系，同时要明晰停车设施的产权，鼓励社会资本参与停车场的建设，实现停车设施市场化和规模化经营。同时还研究了停车产业发展不足的原因，以及促进停车产业化的制度保障等。相关文献虽然给出一些实现停车产业化的制度保障体系，但是并未说明这些制度安排的作用孰大孰小，缺乏必要的定量排序研究。

（3）停车收费和定价研究。国内外对于停车定价的研究主要集中在路外和路内停车定价模型以及停车产业不同产业组织结构所产生的不同效率和社会福利问题上，并认为竞争型的市场产业组织结构比政府规制型的产业组织结构更富有效率，更能增加社会福利。现有文献涉及的路外停车定价方法包括成本加成路外停车定价理论与模型、考虑资金时间价值和投资回收期的路外停车定价理论与模型。路内停车定价方法包括非线性决策方法下的路内停车定价模型、以调节道路交通量为目的的路内停车收费定价模型、以调节停车位的供求关系为目的的路内停车收费定价模型、以规范停车行为为目的的路内停车收费定价模型。

对于停车收费的研究，多采用Logit模型研究停车收费对出行方式选择的影响，认为停车收费对停车需求影响较大，并比较了停车收费和其他政策的效果，认为停车收费政策更加有效，同时认为在公共交通未得到充分发展的情况下，停车收费对中心商务区的经济活力有一定影响。另外还研究了停车者对停车收费的敏感性和收费标准的制定、停车收费对机动车拥有率和出行方式选择的影响、车辆全成本对小汽车购买和城市交通流量分布的影响、通过均衡分析解决城市中心区的停车行业短期和长期均衡价格、均衡状态的社会效率问题。但是，这些定价研究没有考虑停车设施的不同公共属性，很少涉及因停车属性的不同而实行差别定价。在研究目的上，停车定价也只是调整停车行为，很少涉及停车价格对于停车供给和停车产业化的影响。而且有关停车定价问题的研究也仅仅停留在构建模型阶段，很多模型缺乏可操作性和实用性，离实际应用尚有距离；停车收费对社会福利的影响到目前为止尚无研究。

鉴于以上研究的不足，本书从以下几个方面进行深入研究。

（1）界定不同类型停车设施的经济属性，分析市场机制和政府机制在供给公共产品方面的优势和不足，进而界定不同类型停车设施的产权属性、提供主体，分析实现产业化和民营化的可能性，探讨实现停车资源有效供给的模式，即由市场机制提供还是政府机制提供，实现停车资源的有效供给，即回答谁来供给更有效的问题。

（2）根据停车产业化发展的现状，即停车需求急剧膨胀，停车供给严重不足，停车产业化发展严重滞后，提出促进停车产业化发展的三大动力机制，即经济社会压力机制、价格激励机制和制度保障机制。

（3）在经济社会压力机制方面，主要运用投入产出法和产业关联理论研究停车产业发展对于经济和社会发展的促进作用，从两个方面进行分析，一方面是停车产业发展对于就业的促进作用，另一方面是停车产业发展对于国民经济的促进作用。

（4）在价格激励机制方面，本书将研究停车收费的基本原理、停车收费的作用、我国现行的停车收费政策以及停车定价的影响因素，探求停车收费的合理价格对于抑制停车需求和促进停车供给的作用，并探讨了停车收费的转嫁和归宿问题以及对社会公平的影响。

（5）在制度保障机制方面，本书将研究停车产业化的模式，以及政府在促进停车产业化方面所实施的政策，主要包括提高停车收益的政策和降低投资成本的政策。

1.3 研究方法与研究思路

1.3.1 研究方法

本书采用经济学的一般均衡分析方法、制度分析方法，论述停车设施的需求和供给，在需求既定的情况下，研究停车设施的有效供给问题，进而提出促进停车供给和实现停车产业化三大动力机制，以实现停车资源的有效供给和配置。除此之外，本书还采用一些具体的研究方法，如文献法与调查法、投入产出法、结构方程模型等。

1.3.2 研究思路

本书按照“提出问题——分析问题——解决问题”的思路进行谋篇布局，首先提出发展停车产业、实行停车产业化的必要性，其次探讨导致停车产业化发展不足的原因，最后提出促进停车产业化发展的三大机制，即经济社会压力机制、市场价格激励机制、政府制度保障机制。具体研究思路如图 1－7 所示。

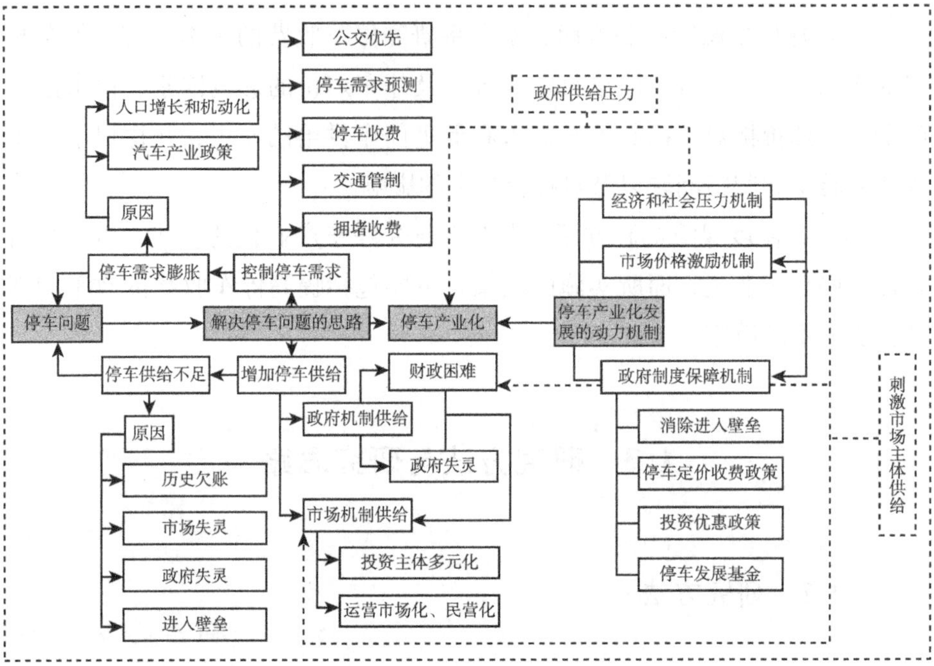

图 1-7 本书的研究思路

1.4 研究内容与创新之处

1.4.1 研究内容

本书涵盖了以下 6 章研究内容，分别为：

第 1 章，绪论。本章主要介绍研究背景和意义、国内外研究现状、研究方法和研究思路以及研究内容和创新之处。

第 2 章，停车设施与有效供给理论。本章首先界定停车设施、产业化、停车产业化等与研究对象相关的一些基本概念，然后引入公共产品理论、公共产品政府供给理论、准公共产品政府供给理论、准公共产品的市场供给机制和公共产品市场化提供模式，介绍市场机制和政府机制在提供公共产品方面的优势和不足，为分析停车设施的属性、提供主体、产权形式、定价主体等奠定良好的理论基础。

第 3 章，城市停车产业化发展的现状及动力机制的构成。本章主要介绍我国城市停车产业化的现状、停车产业化发展的动力机制的构成以及三种动力机制的相互关系。我国大城市停车产业化发展的基本现状是，汽车产业快速发展和停车需求急剧膨胀，停车设施供给严重不足，停车产业发展仍存短板。因此，需要为停车产业化发展注入新的动力，促进停车产业化的快速发展。这些动力机制主要包括经济社会压力机制、价格激励机制、制度保障机制。

第 4 章，城市停车产业化发展的经济社会压力机制。停车产业化发展的经济社会压力机制是通过交通运输业与其他产业的关联关系以及动态交通对静态交通的依赖性来体现的。本章基于投入产出法定量研究动态交通的重要性以及动态交通对静态交通的依赖性。这种重要性和依赖性正是推动政府增加停车供给和实现停车产业化的根本动力。动态交通的重要性体现在交通运输业对经济和就业的影响方面。本章以北京市为例，利用北京市投入产出表数据，综合运用投入产出模型、产值就业弹性模型、复杂网络可视化技术，分析交通运输业对就业的促进作用。同时还运用投入产出模型、增长值贡献率模型、复杂网络可视化技术，分析交通运输业对国民经济的促进作用，从而阐明动态交通对经济和社会的重要性，推论出作为动态交通派生需求的静态交通，即停车问题的重要性，表明停车供给和停车产业化的必要性，这种重要性和必要性正是推动政府增加停车供给和实现停车产业化的根本动力，即经济社会发展对停车产业发展的派生需求。

第 5 章，城市停车产业化发展的价格激励机制。停车收费的目的，一方面可以减少机动车出行，控制停车需求；另一方面可以提高停车设施投资者的利润，刺激停车供给，实现停车供求的动态平衡。本章主要介绍停车收费的有效机制、停车价格对停车设施的配置现状、停车定价的影响因素、停车设施的定价策略、停车价格变动对社会公平的影响等。停车定价一般按停车场的地域差别、时间差别和类型差别，采用差别化定价方法。商业性停车收费采用经济效益分析定价模型，公共性停车收费采用次优定价模型。机动车尤其是家用小轿车，已经成为人们生活的必需品，提高停车价格，除了要考虑控制停车需求和刺激停车供给外，还应考虑停车收费对物价指数和人们福利的影响。在进行停车收费决策时除了要考虑控制停车需求和刺激停车供给外，必须保证物价指数的基本稳定和社会福利不受损失。通过结构方程模型对以上影响停车价格的因素进行分析，并得出停车政策的有效性。

第6章，城市停车产业化发展的制度保障机制。本章主要介绍停车产业化模式、政府的停车产业化政策等。

最后，在前面各章研究的基础上，总结本书所得到的主要结论，同时提出下一步研究的方向。

1.4.2 创新之处

概括来讲，本书的创新之处主要在于：①界定停车设施的经济属性和三类停车设施的公共属性、产权属性以及有效供给模式；②基于投入产出法定量研究动态交通的重要性以及动态交通对静态交通的依赖性；③停车产业化发展的价格激励机制的研究；④停车价格的影响因素的研究。

具体来说本书的创新点包括：

（1）停车设施的属性和三类停车设施“公共属性”。明确公共停车设施作为市政公用基础设施的不同公共属性，根据三类停车设施的不同公共属性，政府应有所为有所不为，充分发挥市场机制和政府机制的资源配置作用，扬长避短，分类投资建设和经营，实现停车设施的有效供给。

（2）基于投入产出法定量研究动态交通的重要性以及动态交通对静态交通的依赖性。这种重要性和依赖性正是推动政府增加停车供给和实现停车产业化的根本动力。动态交通的重要性体现在交通运输业对经济和就业的影响方面。本书以北京市为例，利用北京市投入产出表数据，综合运用投入产出模型、产值就业弹性模型、复杂网络可视化技术，分析交通运输业对就业的促进作用。同时还运用投入产出模型、增长值贡献率模型、复杂网络可视化技术，分析交通运输业对国民经济的促进作用，从而阐明动态交通对经济和社会的重要性，推论出作为动态交通派生需求的静态交通，即停车问题的重要性，表明停车供给和停车产业化的必要性，这种重要性和必要性正是推动政府增加停车供给和实现停车产业化的根本动力，即经济社会发展对停车产业发展的派生需求。

（3）停车产业化发展的价格激励机制的研究。停车收费的目的，一方面可以减少机动车出行，控制停车需求；另一方面可以提高停车设施投资者的收益，刺激停车供给，实现停车供求的动态平衡。停车定价一般按停车场的地域差别、时间差别和类型差别，采用差别定价方法。商业性停车收费采用经济效益分析定价模型，公共性停车收费采用次优定价模型。机动车尤其是家用小轿车，已经成为人们生活的必需品，提高停车价格，除了要考虑控制停车需求和刺激停车供给外，还应考虑停车收费对物价指数和人们福利的影响。本书增加考虑停车收费对物价指数和人们福利的影响，在进行停车收费决策时除了要考虑控制停车需求和刺激停车供给外，必须保证物价指数的基本稳定和社会福利不受损失。本书运用投入产出价格模型对停车收费的波及效应进行研究，模拟停车收费对物价指数和社会公平的影响，最终做出社会合意的停车收费决策。

（4）停车价格的影响因素。影响停车价格的因素包括服务成本、停车需求水平、停车供给水平、停车难度、停车管理水平、政策法规、道路拥挤程度、公共交通水平等。本书采用结构方程模型分析停车价格的影响因素，同时分析停车政策的有效性。

第2章　停车设施与有效供给理论

界定停车设施的基本属性很重要，因为停车设施属性的界定关系到停车设施的提供主体，即停车设施应该由市场提供还是由政府提供的问题，关系到停车设施的供给效率问题，同时也关系到停车设施的产权形式和定价主体的确定问题，即明确市场和政府在停车方面的职责的问题。本章将在借鉴国内外已有研究成果的基础上，首先界定停车设施、产业化、停车产业化等与研究对象相关的一些基本概念，然后引入公共产品理论、公共产品政府供给理论、准公共产品政府供给理论、准公共产品的市场供给机制和准公共产品市场化提供模式，介绍市场机制和政府机制在提供公共产品方面的优势和不足，为分析停车设施的基本属性、提供主体、产权形式、定价主体等奠定良好的理论基础。

2.1　停车设施与停车产业化

2.1.1　停车设施

人口向城市的快速聚集以及城市机动车保有量的迅猛增加，导致停车需求急剧膨胀，加之停车设施供给的严重不足以及配置的极不合理，致使停车供求矛盾愈加突出。因此，实现停车设施的有效供给和合理配置已成为世界各国政府和民众普遍关注的重要议题，为此各国政府积极采取各种措施促进停车设施的有效供给。车辆出发起始于停车设施，车辆停放终止于停车设施，因而停车设施极其重要，以至于各国政府都将其视为与港口、机场等具有同等重要地位的城市基础设施。从广义上讲，停车设施除了包括停车场外，还包括客货运站、物流中心等[72][3]。本书所研究的停车设施是指狭义的停车设施，包括路外停车场、停车库和路边停车泊位。停车设施是动态交通的互补品，两者联合促进国民经济的发展。停车设施构成了城市系统协调发展的基础，因此，应植根于理论的高度，从不同的侧面甄别不同类别停车设施所独具的经济属性，以便为停车设施的产权界定、分类管理以及分类定价奠定基础。

2.1.1.1　停车设施的分类及特征

（1）停车设施的分类。

对停车设施进行科学分类是界定不同类型停车设施属性的前提，进而是确定不同类型停车设施供给主体的条件。已有的对于停车设施的分类颇多，分类标准迥异。较为常见的分类标准包括服务对象、停放位置、建筑类型和管理方式等。

按照服务对象的固定性不同，将停车设施划分为专用停车设施和公共停车设施。专用停车设施的服务对象较为明确，变动较小，大多是本单位的职工，该类停车设施主要涉及企事业单位内部配套建设的停车设施，以及居民小区内配套建设的停车设施，主要用于满足本单位职工或小区居民停放车辆的需求。专用停车设施一般满足长时停车需求。公共停车设施一般是指为各类出行车辆提供停放服务的停车场所，主要包括大众停车设施和公建配建停车设施。由于公共停车设施本身所具有的公共性，因此公共停车设施的停车对象更多的是社会公众，停车对象不固定，服务目的是满足公众的各种外出活动，如外出办事、会餐、购物、旅游等。公共停车设施一般用于满足短时停车需求。根据上述特点，公共停车设施面向社会公众，具有较小的排他性，可满足更多社会公众的外出停车需求，是一类重要的停车设施，对于缓解城市停车问题发挥着不可替代的举足轻重的功能。

按照停放车辆的类型不同，划分为非机动车停车设施和机动车停车设施。非机动车停车设施一般指非机动车停放的场所，相对来说，非机动车停车设施较为简陋，如一般的自行车和电动车停车场，其基本目的在于满足基本的停车需求或外出的停车需求。机动车停车设施一般是指汽车停放的场所，主要包括中心商业区的停车设施、交通枢纽的停车换乘设施、公共活动中心的停车设施以及公共交通回车场和终点站的停车设施，其基本目的在于满足外出停车需求。

按照机动车停放的位置不同，划分为路内停车设施和路外停车设施。路内停车设施一般是指基于其公共属性、一般以政府为投资主体的停车设施，通常划定在道路以内的两侧。其中，路内停车设施又包括路上停车设施和路边停车设施。具体来讲，路边停车设施指将道路边缘的机动和非机动车道以及人行道划出停车位供停车使用。路内停车是路外停车的重要补充，一般用于满足短时出行停车。路外停车设施是指设置于城市道路红线范围以外的各种停车设施。路外停车设施分为配建停车设施和公共停车设施，配建停车设施根据依托的建筑物不同，分为公建配建停车设施和住宅配建停车设施，是日常停车的主要方式。路内停车、路外停车、配建停车三者之间的关系是以配建停车为主，路外停车为辅，路内停车为补充。

按建筑空间位置不同，划分为地面停车设施和地上、地下停车库等。按收费情况不同，划分为免费停车设施、限时（免费）停车设施和收费停车设施[73][6]。

本书认为，应将停车设施划分为公共停车设施和配建停车设施。根据公共停车设施的基本属性，将公共停车设施划分为路内停车设施和路外停车设施。配建停车设施是整个城市停车设施的主体，在整个城市停车设施中占有很大的比例，包括各类公共建筑配建停车设施和私人住宅配建停车设施。公共配建停车设施指办公、商场、酒店、餐饮、医院、文化娱乐和交通枢纽等各类公共建筑根据国家配建标准配套建设的停车设施；私人住宅配建停车设施指私人住宅根据国家配建标准配套建设的停车设施。公共停车设施是为社会车辆提供停车服务的露天或室内停车设施，停车对象具有不固定性，主要用于满足临时停车需求，停车时间相对较短；配建停车设施是城市停车设施的主体，停车对象相对固定，主要用于满足住宅居民和单位工作人员的长时停车需求。其中有些配建停车设施除了满足建筑物本身车源的停车需求外，为了充分利用现有停车资源，以及为了追求经济利益，还会利用车位空闲时间为社会大众提供停车服务，此时的配建停车设施就兼具了公共停车设施的属性，但此种情况并非多见。通过前面分析，本书将公共停车设施界定为为社会公众提供停车服务、停车对象具有不确定性的停车设施。目前无论是公共配建停车设施，还是私人住宅配建停车设施均按照国家配建标准强制执行，因此配建停车设施的有效供给除了取决于政府规划部门对未来城市汽车保有量的准确预测，并制定科学合理配建标准外，还取决于开发商对配建标准严格的执行。因此，配建停车设施的有效供给主要抓好规划和建设两个环节即可。目前，由于城市土地的高度开发和利用，吸引了大量的外来车辆，导致临时停车需求大幅增加，而与停车需求急剧增加形成鲜明对照的是公共停车设施供给的捉襟见肘，我国公共停车设施供给的短缺缘于停车设施规划布局、建设投资等方面的原因。本书将研究对象锁定为公共停车设施，主要致力于探求如何实现公共停车资源的有效供给，以及促进停车产业化发展的动力机制。

（2）停车设施的特征。

城市停车规划的基本原则是：以配建停车设施为主，以路外停车设施为辅，以路内停车设施为补充，满足城市停车需求。这三类停车设施的基本特征如下。

配建停车设施是满足城市停车需求的主体，用于满足停车的基本需求。其数量要求与汽车保有量相等，主要特征包括：①提供主体特征。根据现有的经济学理论和配建停车设施的产品属性，从规范分析的角度来看，市场应该是配建停车设施的主要提供主体。配建停车设施一般通过市场来提供，小区配建和公共配建停车设施的投资和建设主体为房地产开发商，但其产权属于业主所有，通过物业公司进行管理，并取得一定的收益。②供给标准特征。配建停车设施依据国家相关标准，严格按照建筑物配建指标设计，配建指标的确定来源于对交通量的预测，对交通量的预测则根据该区域的土地利用和开发强度，以及该建筑物所能诱发的停车需求，并以对停车需求预测来决定停车供给。配建停车设施一般用于满足长时停车需求。③停车使用效率特征。配建停车设施的属性不同，类别不同，其使用特征也不同。配建停车设施一般分为两类，即住宅配建停车设施和公建配建停车设施。一般而言，住宅配建停车设施夜晚利用率较高，白天利用率较低，停车设施所有者或经营者可以将车位空闲时间用于为社会车辆提供服务，并进行相应的收费；而公建配建停车设施白天利用率高，夜晚利用率低。总体而言，配建停车设施的利用率处于路内与路外停车设施之间。④建设选址特征。按照国家相关规定，建筑物在开发建设时必须配有一定标准和数量的停车设施，这些停车设施是主体建筑的附属物，可以以地上停车设施和地下停车设施两种形式存在。

路外停车设施是配建停车设施满足出行停车需求的重要补充。其主要特征包括：①提供主体特征。根据现有的经济学理论和路外停车设施的产品属性，从规范分析的角度来看，市场应该是路外停车设施的主要提供主体。但从现实来看，一方面由于受计划经济思想的影响，政府仍然在路外停车设施投资和建设方面扮演着重要角色；另一方面，像一些大型交通枢纽换乘停车设施，由于其停车收费较低，民间资本不愿介入，也只能由政府提供。这些停车设施的所有权和经营权一般为政府所拥有，是停车行业管制的主体[74][11]。②停车使用效率特征。路外停车设施对于车辆停放时间长短没有具体限制，与路内停车设施比较，停车时间相对较长，用于满足外出长时停车需求，运营成本高，停车泊位周转率低。③服务对象特征。一般来讲，路外停车设施用于满足社会公众的外出停车需求，服务对象具有不确定性。④建设选址特征。路外停车设施的设置一般不与主干道直接相通，停放距离远，使用效率低，经济效益差，对动态交通影响较小[16][21]。

路内停车设施是路外停车设施满足出行停车需求的重要补充。其主要特征包括：①提供主体特征。根据现有的经济学理论和路内停车设施的产品属性，从规范分析的角度来看，路内停车设施的提供主体应该是政府，其依路而设，停车方便，投入少，见效快。②停车使用效率特征。路内停车设施用于满足外出办事短时停车需求，停车高峰主要集中在工作时间上午 11 点前和下午 2 点到 3 点半，停车位周转率高。③服务对象特征。路内停车设施主要用于满足社会公众的外出停车需求，服务对象具有不确定性。④建设选址特征。该类停车设施由于追求停车的便利性，因此一般划定在支路以及宽敞的街道上，其所在的街道一般交通流量相对较低，一般用于满足短时停车需求。而且该类停车设施一般距办公或办事的地点较近，方便快捷，成为办公或办事的首选，也成为停车需求管理的首选目标[16][21]。⑤对道路通行的影响。作为路外停车设施的补充，路内停车设施在道路两旁设置，对道路通行影响较大。为了降低这种影响，一般通过提高路内停车价格等经济手段，造成路内和路外停车设施相对价格的差别，从而改变其预算线的斜率，强化其替代效应，实现路外停车对路内停车的替代，也可以采用行政强制手段，明令禁止车辆在路内停放。

2.1.1.2　停车设施的属性

对于停车设施的属性，学者们之间存在分歧，甚至各执己见。第一种观点是：停车设施是多重属性的混合体，而非单一属性，这些属性具体涉及自然属性、社会属性以及经济属性；第二种观点是：各类停车设施从其经济属性来看，属于城市交通基础设施，兼具公共产品和私人产品属性，具有混合物品的特征，属于准公共产品；第三种观点是：停车设施属于时空资源，应从时间和空间两个维度对其进行度量。归纳起来，停车设施的具体属性包括以下几点。

（1）停车设施的一般属性。

其一，时间上的不可存储性。车辆出行具有潮汐特征，进而引起停车需求高峰和低谷的变化，高峰和低谷随时间而变化，因此停车设施需求在不同时段呈现不同特点。交通高峰期，车辆滞留路上，停车泊位需求较小，供过于求，出现剩余；交通非高峰期，车辆停留在停车场，停车泊位供不应求，出现短缺。因停车需求具有很强的时间性，不能穿越时间，故交通高峰期空闲的停车泊位不能进行存储以供短缺时使用，不能实现跨时调节，在停车收费方面极易形成基于时间的差别价格。

其二，空间上的不可流动性。因为城市内部不同区域土地的开发强度、利用程度以及功能定位不同，导致每个区域的交通生成和交通吸引能力不同，进而每个区域对停车设施的需求量亦不同。城市中心地区所产生的交通流量吸引在数量上必然会多于边缘地带，因而城市中心地区极易出现停车需求大于停车供给的现象，又由于停车资源建筑在固定的区域内，不具有流动性或可转移性，因此边缘地带剩余的停车泊位无法弥补城市中心区停车泊位的短缺，不能实现跨区调节，在停车收费方面极易形成基于空间或区域的差别价格。

其三，停车资源的稀缺性。土地资源是稀缺的，若无节制地开发建设，土地资源就会出现短缺，因此，停车设施的供给能力是有限的，不可能无限增加以满足停车需求的无限增长，故停车设施作为社会资源是稀缺的。因此，从短期来看，通过增加停车供给来满足停车需求只是权宜之计，通过停车需求管理抑制停车需求，解决停车问题，才是长久之计。

其四，各类停车资源的替代性。依据经济学的弹性理论，对这种替代性可用各类停车设施的需求交叉弹性来测度。需求交叉弹性用于测度某种物品价格上升导致消费需求向其他物品转移的程度。这种替代性正是停车价格机制调节停车需求在时间上和空间上转移的理论依据，因此这种替代性包括停车时间上的替代性和停车空间上的替代性。当提高停车高峰时段的停车价格时，人们会选择错时出行，避开高峰时段，实现停车需求在时间上的转移，是停车时间上的替代性；当提高城市中心区的停车价格时，人们会转向城市边缘地带停放车辆，当提高路内停车价格时，人们会转向路外停车，当提高地面停车价格时，人们会转向地下停车，这些是停车空间上的替代性。各类停车资源之间的替代性正是价格机制对停车资源进行时空需求调节的理论基础。

其五，动静交通的互补性。动态交通和静态交通是互补品，两者联合起来才能发挥作用，在认识到动态交通对国民经济的基础作用时，也应该认识到静态交通的重要作用。若提高静态交通的收费价格，会减少对静态交通的需求，进而会减少动态交通的需求。

（2）停车设施的经济属性。

停车设施除了具有上述一般特性外，还具有其特定的经济属性。经济学将商品的属性分为效用的可分割性、消费上的排他性以及消费上的竞争性。根据这些特征，可以把社会物品连续分类谱系分为纯私人产品、纯公共产品和准公共产品。纯私人产品是社会物品连续分类谱系中的一个极端，纯私人产品具有效用的可分割性，不具有效用共享性。私人产品通过受益付费原则，将那些没有为此付出代价的人排斥在效用享用之外。由于私人产品具有消费上的排他性，其有效的提供方式是市场机制。纯公共产品是社会物品连续分类谱系中的另一个极端，纯公共产品具有共享性和效用的不可分割性，所有人都可以享用和消费这种物品，不会因增加某人消费该产品而使边际成本增加。经济学者已对纯公共产品的物品属性达成了一致的看法：一是消费的非排他性。纯公共产品为全体社会成员所有，所有社会成员均可享用该公共产品，不能将任何人排除在享用之外，具有共享性。二是消费的非竞争性。即增加一个人对该种产品的消费，不会减少其他人对该种产品的消费。纯公共产品的有效提供方式一般是政府机制，市场要么无法提供，要么供给不足。准公共产品介于纯私人产品和纯公共产品两个极端之间，既具有公共产品的属性，又具有私人产品的属性。在社会物品连续分类谱系中，不同类型的准公共产品所具有的公共产品属性和私人产品属性的程度是不同的。根据这种程度的不同，经济学将准公共产品分为两类：一类是公共资源。公共资源具有公共物品的效用整体性和受益共享性，不具有排他性，但具有竞争性。可以通过明晰产权来实现排他。另一类是拥挤性公共产品，如影院、桥梁等。当拥挤性公共产品的消费人数达到拥挤点之后，对消费者的效用会产生影响，并产生拥挤性外部成本，这一拥挤性外部成本由所有消费者负担，即产生所谓的竞争性。拥挤性公共物品可以通过收费实现排他。混合物品有效提供方式既可以是市场机制，也可以是政府机制，或两者兼而有之，具体提供方式视具体情况而定，或者说，视市场化指数而定[75]。

根据上述分析，可以认为公共停车设施具有准公共产品属性。公共停车设施服务于整个社会，其所带来的便利性为所有社会成员共享，这种便利性所带来的满足程度又可以在某种程度上进行分割，即能够以停车泊位为单位进行买卖或出租，付费者才有权力使用，也就是说，公共停车设施既具有一定程度的排他性，又具有一定程度的非排他性，即位于排他性和非排他性所构成的两极之间；公共停车设施在停车数量未达到拥挤点之前，同时还兼具消费的非竞争性，这种非竞争性的含义是指停车数量的边际增加不会增加所有停车者边际成本，但当车辆数量达到拥挤点之后，庞大的停车数量产生的排队等候导致的负外部性使停车者的边际成本由零转正，与此同时，由于停车设施属于时空资源，具有很强的时间属性和空间属性，即某一停车泊位一旦被其他车辆占用，那么该车辆就不能同时使用，所以，公共停车设施又具有一定程度的竞争性，也就是说，公共停车设施既具有一定程度的竞争性，又具有一定程度的非竞争性，即位于竞争性和非竞争性所构成的两极之间；除此之外，公共停车设施还可以通过停车收费将未付费者排除在外。通过上述分析发现，公共停车设施兼具公共产品和私人产品的双重特性，可将其纳入“准公共产品”的研究范畴[73][3-4]。另外还发现，虽然在两类公共停车设施中，路内停车设施和路外停车设施均具有“准公共产品”的属性，但从其所处的物品属性的坐标位置来看，两者具有不同的数量差异。在准公共产品连续分类谱系中，路内停车设施偏较强的“公共产品”属性，其有效提供方式为政府机制；路外停车设施偏“私人产品”属性，具有较强的可市场性，适合于民营化和产业化，其有效提供方式为市场机制。至于配建停车设施，可分为两种情况，公共建筑配建停车设施的物品属性居于路内停车设施和路外停车设施之间；私人住宅配建停车设施更具私人产品属性，伴随自己的房产一并属于自己的私有财产，在使用上具有排他性，所以私人住宅配建停车设施具有私人物品属性。具体各类停车设施的经济属性如图2-1所示。

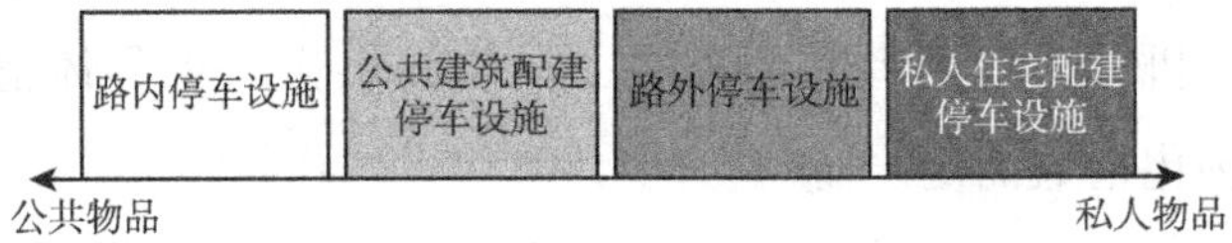

图2-1　各类停车设施的经济属性

准确界定各类停车设施的物品属性或经济属性，为确定各类停车设施的提供主体奠定了良好的基础。如前所述，停车设施可以分为四类，即路内停车设施、路外停车设施、公共建筑配建停车设施以及私人住宅配建停车设施。路内停车设施在物品属性维度上倾向于公共产品，其有效的提供方式是政府机制，因此，政府应作为供给主体加大投资力度，并将建成的停车设施通过合同外包的形式转给私人停车经营公司进行管理。同时国家应作为停车价格的制定主体，对路内停车收费进行价格管制，以确保停车设施收费的合理、规范，确保停车公司有足够的停车收益激励其积极经营。路外停车设施在物品属性维度上则更倾向于私人物品，其有效的提供方式是市场机制，适于走民营化和产业化发展之道路，但由于沉没成本和固定成本投入较大，成本回收周期长，富有经济理性私人一般不愿投资路外停车设施，以防止出现亏损。对此，政府应该制定各种优惠政策引导民间资本进入停车设施建设领域，形成停车产业多元化投资，充分发挥市场机制配置停车资源的作用，促进停车资源的有效供给。路外公共停车设施虽然具有较强私人物品属性，但不能将其完全推向市场，放任自流，不管不问。政府要在保证社会资本盈利的基础上，对路外公共停车设施进行适当的管制，既要保证停车资源的配置效率，又要保障社会公众的合法权益；配建停车设施具有私人物品属性，适合市场化和民营化，其有效提供方式是市场机制，通过市场供求机制形成停车价格，政府管的越少越好，但要坚守配建标准这一底线不可逾越，保证基本停车设施供给充足。

2.1.2　产业化

产业一般指具有某些共同属性的企业或组织的集合，进一步而言，产业化是指某一产业的大规模生产和集中[76]。从本质上讲，产业化是市场经济条件下的一种产业组织形态。产业化的相关概念和理论对停车产业化研究具有重要的指导意义。

2.1.2.1　产业化的渊源

产业是社会生产力发展到一定阶段的产物，是社会分工不断深化的结果。产业是产业经济学的重要研究对象，产业经济学介于微观经济学与宏观经济学之间，是研究产业的形成、发展及演变规律的重要学科，属于中观经济学的范畴。学者们最初所讲的产业一般沿用产业革命时期的概念，即产业就是工业，产业革命就是工业革命。伴随着经济的快速发展以及产业分工的不断深化，产业门类变得更加精细，产业的概念已从以前的笼统抽象变得更加详细具体，认为是生产同类产品的厂商所组成的市场组织结构。至此，可以将产业定义为提供同类产品的企业所构成的集合，也可以将产业视为国民经济中各部门的总和[77][6]。而产业化则是产业发展到一定规模的产物，是规模经济的集中体现。

2.1.2.2 产业化的演进

狭义的产业化，最早主要指工业化。联合国将产业化定义为具有生产过程的连续性、产品生产的标准化、生产环节的集成化、生产高度组织化、作业机械化以及生产与组织一体化等一系列特征的生产过程[78]。产业化是指从一种状态转化为另一种状态的动态过程，就是将某种产品零星生产转化为规模生产，形成一个产业。换言之，就是通过市场竞争，使某产业的生产达到一定的生产规模和集中度。因此，“产业化”可以定义为具有同类属性的企业通过市场化手段达到一定规模，实现规模经济，并使之成为国民经济中重要生产部门的过程。联合国将国民经济中的所有部门划分为三次产业，即第一产业、第二产业和第三产业。三次产业又各自可以细分为不同的具体产业，其中，第一产业是指产品直接来源于自然的物质生产部门，主要有农、林、牧、副、渔业；第二产业是对自然物质进行加工的生产部门，主要指广义的工业，包括制造业、建筑业等；第三产业主要指流通业和服务业。那时所讲的产业化更多的是指“第二产业化”，也就是“工业化”[16][38]。但是本书所讲的产业化并非前面所讲的工业化，而是实现产品或服务的市场化和规模化。

2.1.3 停车产业化

任何产业的发展都会经历形成期、发展期、成熟期等几个阶段，我国的停车产业作为新兴产业，才刚刚起步，尚处于发展阶段，因此，有必要在已有研究的基础上对停车产业的相关理论进行研究，以指导停车产业发展的实践。

2.1.3.1　停车产业的界定

（1）停车产业的内涵。

"产业"一词体现了资源的集中化和规模化。随着经济和社会的发展，"产业"一词的外延逐步扩大。从经济学意义上来看，产业起初主要是指物质生产部门[79][3-5]。然而，随着社会分工的不断深入，"产业"一词的内涵和外延也随之发生了潜移默化的变化，开始以生产和经营的产品为标准将国民经济划分为不同的产业部门，主要指构成国民经济的各个行业，如旅游业、林业、牧业等。产业经济学将产业界定为具有同类属性的企业生产活动的集合[80][1-2]。产业的划分标准是不断变化的，其划分依据经历了一个从微观到宏观的演化过程，从最初的商品性质到技术关联，再到国民经济的各个部门。依据上述"产业"一词的内涵和外延，将停车产业界定为以停车规划和停车建设为手段，以停车服务和盈利为目的，通过经营管理来规范停车秩序，由此类企业或事业单位所构成的市场组织结构[16][45-46]。

（2）停车产业的属性。

明确停车产业的属性对于停车设施的规划、建设、发展具有重要的作用。根据停车产业自身的属性以及所处的发展阶段对其进行合理规划和布局，具有重要意义。

①基础产业。停车产业的产品，即停车设施和停车服务，对于国民经济的发展具有重要作用，尽管这种作用是隐性的、不易觉察的。自 1994 年汽车产业被我国确定为支柱产业以来，我国就致力于汽车产业的发展，汽车保有量逐年攀升，汽车产业的发展引致了对停车产业的派生需求。有的学者甚至认为，停车产业构成了汽车产业的互补产业，为汽车产业的发展提供了互补产品。从理论上讲，停车设施又是动态交通的互补品，对于提高动态交通的运行效率发挥着不可替代的作用。由于动态交通属于基础产业范畴，因此，停车产业也应该属于基础产业，基础产业是经济社会发展的基础。我国的停车产业滞后于动态交通的发展，成为制约我国经济社会发展的重要因素。由于公共基础设施具有自然垄断特性，即固定成本一次

性投入非常大，而运营可变成本较小，具有规模经济效应，其边际成本具有不断下降的趋势，所以当其发展到一定规模实现了规模经济和满足基本需求之后，其发展速度可以适当放缓[81]。而我国的停车产业目前尚处于起步阶段，停车供给严重不足，亟待激励民间资本的进入。

②公共事业。有的学者认为停车产业服务于公众，理应将其视为公共事业，这样做的理由有：其一，从其物品属性来说，公共停车设施的服务对象具有不确定性，对社会所有成员实施开放，属于准公共产品的范畴，同时从产权归属来看，其建筑于国有土地之上，而国有土地属于公共资源，因此，停车设施经营者没有所有权，只有经营权和收益权，其向停车者提供停车服务，满足了停车者的停车需求；其二，从其产业性质来说，停车产业属于基础产业，是动态交通的互补产业，它的供给效率将影响动态交通的运行效率[82]。

③第三产业。交通运输业属于第三产业，属于服务业的范畴，因此停车产业也应属于第三产业中的服务业。发展停车产业的首要动机是协调动静交通的发展，满足动态交通对停车设施的需求，促进城市功能的协调配合，为所有社会出行车辆提供停车设施和存放服务，并提供其他方面的便利。将停车产业划归公共事业，缘于停车产业所具备的基本无异于服务业的相关特点，这些特点包括：其一，非实物性；其二，提供服务与停车设施同时进行；其三，服务的不可存储性。停车产业具有与服务业类似的服务功能，主要包括：其一，租赁功能，停车者通过付费来租赁车位，停放车辆；其二，保管功能，对停放车辆负有看护责任，防止损坏或被盗；其三，与停车相关的扩展业务，如餐饮、娱乐、休闲、车辆养护等相关业务[15][15]。因此，依据停车产业所具有的特征以及停车服务所涉及的功能，停车产业应属于服务业的范畴。

（3）停车产业的经营主体类型。

汽车产业的迅速发展和汽车保有量的急剧增加，导致停车需求膨胀和停车供给严重不足，停车问题日益严重。为了促进停车供给和实现对现有停车设施的高效管理，在政府政策的催生下，停车企业如雨后春笋般地发展起来。目前的停车企业大致分为三类：第一类是国有停车企业。国有停车企业主要经营由国家投资建设的停车设施，这类停车设施一般规模较大，停车泊位数量较多。国家投资建设的停车设施主要包括路内停车设施、立交桥下停车设施等具有较强公共产品属性的停车设施，以及用于交通需求管理需要停车定价较低的大型换乘枢纽停车设施，这些停车设施一般由国有停车企业对其实施管理。由于在经营上得到政府的特许，因此，具有一定的市场势力，缺乏有效竞争，管理上存在诸多不足，如缺乏成本意识、经营效率低下、缺乏进取精神等。第二类是物业部门。物业部门主要经营住宅区、办公楼等建筑物的配建停车设施，停车设施的经营收入构成物业公司的重要收入来源。对物业公司来说，住宅区和办公楼的车辆一般来源于居民区或办公楼的职工，车辆来源相对固定，管理简单并且收入稳定。但物业公司往往缺乏专业管理水准，竞争意识不足，服务质量参差不齐，管理效率堪忧。第三类是私营停车企业。私营停车企业主要经营由政府特许并由自己投资建设的停车设施，其投资和经营的目的源于对经济利润的追求，兼具停车设施投资、建设和经营功能。私营停车企业一般负责提供路外停车设施或立体停车楼，其管理和经营完全依赖市场机制，机制灵活，管理到位，服务优良。此类企业直接投资停车设施建设，既减轻了政府的财政负担，增加了企业的利润收入，又有利于解决停车供给不足问题[16][47]。

2.1.3.2　停车产业化的含义

其一，由于停车需求的急剧膨胀和停车供给的严重不足，许多国家为了有效解决这一问题，采取了停车产业化和民营化的策略。按照相关国家治理停车问题的相关经验，提供的停车泊位数量应与汽车保有数量保持一个合理的比例，按照国际惯例，这一比例应为 1.1：1～1.3：1，而我国绝大多数城市均未达到这一标准。以北京为例，截至 2022 年，北京市汽车保有量为 622.4 万辆，停车场数量为 3079 个，停车泊位为 822731 个，车均泊位 0.13 个，停车供给远远不能满足停车需求。其二，现有停车资源利用不均衡。由于不同区域停车价格、路内路外停车价格、地上地下停车价格设计不合理，导致停车资源利用不均衡，中心区停车场车满为患，而边缘地带停车场车位闲置，车辆路边路内乱停乱放，而路外停车场车位闲置，地上停车场车满为患，而地下停车库利用不足。其三，由于政府财政能力的限制，各城市停车投资普遍不足。其四，停车设施没有形成产业化经营。以上这些严重阻碍了停车难问题的有效解决。

本书所讲的“产业化”，仍然沿用前面的定义，也就是说，实现产品或服务的市场化和规模化[83]。解决停车难问题的有效途径是停车产业化，即停车供给的“市场化”和“产业化”。停车产业化主要是指在停车设施供给的主要环节，即投资环节、建设环节和运营环节这三个环节引入市场机制，实现市场化运作，实现投资、建设和运营的市场化，合理提高市场集中度，克服经营过于分散和无序竞争的局面，实现企业经营的规模经济，并形成完整的产业体系的过程[84][15]。

2.2 公共产品理论

公共产品理论最初发端于亚当·斯密的《国富论》，1954 年美国经济学家保罗·萨缪尔森在其《公共支出的纯粹理论》中完整描述了纯公共产品理论。然而，萨缪尔森虽然给出了产品的两极，但他仍然坚持除此两极之外，还存在许多中间状态。其所提出理论是在严格区分两种产品的基础上，基于纯公共产品的最适规模的公共支出理论。半个多世纪以来，在国内外学者的不懈努力下，在公共产品有效供给领域，学者们取得了不菲的成绩，极大地提高了公共产品的供给效率。有关公共产品理论的研究颇为丰富，其代表人物是民营化专家美国经济学家萨瓦斯，国内一些学者也对公共产品理论的发展脉络进行过相关阐述，鉴于本书的研究对象涉及停车设施的经济属性、停车设施的供给机制的选择、停车设施的产权归属、停车设施的定价主体等问题，因此有必要对公共产品理论进行阐述，以此作为后续研究工作的基础。

2.2.1　公共产品理论的渊源与演进

公共产品的概念最初出现于亚当·斯密和斯图亚特·穆勒的经济学著作中。随后学者们对于公共产品理论的研究主要聚焦于公共产品的供给效率问题，这一问题也是公共产品理论研究的核心问题，是诸多学者梦寐以求想要探求和解决的问题。对于有效供给条件的研究首推瑞典经济学家威克塞尔，他认为由于公共产品的消费具有效用的不可分割性，公共产品的最优供给条件与私人产品的最优供给条件截然不同，具有异乎寻常的效率条件，其条件就是边际正效用等于边际负效用。与此同时，威克塞尔还意识到在公共产品的供给过程中存在因纳税人偏好显示难题而对社会公平的扭曲问题，即部分社会成员对于公共产品提供过程中的纳税过程中的机会主义和享用过程中的“免费乘车”问题。为了有效解决公共产品供给过程中的社会公平问题，他提出要实现公共产品的最优供给应该从市场决策转向政治决策，建立理想的政治决策程序。

对公共产品供给效率问题进行深入研究的另一位瑞典经济学家当属林达尔。1918 年，为了研究问题的方便，他在假定存在两个政治上平等的消费者的前提下，构建了一个经典的理论图解模型即林达尔模型，以此解释公共产品的供给由两个消费者共同决定，并由两者分担提供公共产品所需税额的问题，这样达成的均衡称为“林达尔均衡”。该均衡具有唯一性和稳定性，确定了公共产品的均衡供给数量，以及两位消费者应付税额。林达尔均衡理论植根于威克塞尔的有效供给理论基石之上，并丰富和发展了威克塞尔的有效供给理论[6][18]。

集公共产品理论之大成者当属 1970 年诺贝尔经济学奖获得者、美国麻省理工学院教授保罗·萨缪尔森，他在 1954 年发表的《公共支出的纯理论》一文中用严密的逻辑语言和数学方法清晰而完整地描述了公共产品这一基本概念，并另辟蹊径，将新古典经济学一系列的方法论付诸公共产品有效供给分析之中，这些方法论包括希克斯的序数效用理论、埃奇沃斯的无差异曲线方法、瓦尔拉斯的一般均衡理论以及帕累托的效率标准等，构建了描述公共产品有效供给的萨缪尔森数学模型，推演出了公共产品有效供给的数学条件，即“萨缪尔森条件”。至此，纯公共产品的最优供给条件宣告完成。

继萨缪尔森之后，公共产品理论得到了进一步的丰富和发展，并开始研究区域性公共产品的有效供给问题。1956 年，著名公共经济学家 C. M. 蒂博特在其《地方支出的纯理论》一文中，别出心裁地提出了居民通过“用脚投票”来选择地方政府、以促进地方公共产品实现完全竞争、提高供给效率的相关理论。继蒂博特之后，Henderson 等在公共产品最优供给水平决定方面，著作颇多，并提出独到的见解，进一步丰富了公共产品的有效供给理论。他们认为，前期假定某一区域的居民资源或收入的禀赋水平约束及其无差异曲线、税基、税率等既定的情况下，能够找到一个地方公共产品最优供给的均衡点，即有效率的均衡点。

公共产品的最优供给条件蕴含着两层含义：其一，公共产品的需求方；其二，公共产品的供给方。对于需求方的消费者来说，由于存在偏好显示难题，因而存在“搭便车”问题，故市场不能提供公共产品或不能有效提供公共产品，因此，此问题只能交由政府通过税收的形式加以克服。对于供给方的政府来说，公共产品交由政府提供存在是否具有效率的问题。1996 年，塔洛克对政府垄断公共产品的提供所造成的效率损失问题提出了质疑；1998 年希乐弗的研究认为，可以通过合同外包的形式由私人生产代替政府生产，提高公共产品的供给效率。

2.2.2 公共产品及其分类

萨缪尔森给出了纯公共产品应该具有的两个物品特性，这两个物品特性构成了区分公共产品和私人产品的两个重要维度，即消费的非竞争性和非排他性，并且认为纯公共产品应该同时具备这两种特性。但是，现实世界中的许多物品不是仅仅具有这种特性，就是仅仅具有那种特性，或者两者兼具而分量不足。这些物品既不属于纯公共产品，也不属于私人产品，而是介于两者之间。处于这种尴尬境地的产品是介于纯公共产品和纯私人产品这两种极端产品之间的分布在这一连续谱系上的各色混合产品，有人将其称为“准公共产品”。鉴于萨缪尔森描述的纯公共产品因范围狭窄所具有的局限性，自 20 世纪 50 年代以来，诸多学者对公共产品的概念进行了进一步的界定和扩展。

布伦德尔巧妙地给出了一个可以囊括所有产品包括所有类型公共产品的定义，这一定义可以表述为：

$$g_i = g/N^{\theta} \tag{2-1}$$

其中，g_i 为某一社会成员消费的物品数量；g 为物品的供给总量；N 为社会人口规模；θ 为拥挤系数，且 $0 \leqslant \theta \leqslant 1$。

按照布伦德尔的定义，可以根据 θ 的不同取值来确定不同产品的经济属性：若 $\theta = 0$，则 $g_i = g$，即所有社会成员的消费数量均相等且等于该物品的供给总量，此时该物品即为纯公共产品；若 $\theta = 1$，则 $g_i = g/N$，即每位社会成员均得相同份额的物品，表明该产品具有效用可分割性，此时该物品为纯私人产品；若 $0 < \theta < 1$，则该产品为具有一定拥挤性的准公共物品。在布伦德尔的公共物品定义中，通过引入拥挤系数 θ，使这一定义既涵盖纯公共物品，也囊括准公共物品，使公共物品这一定义更具普遍意义，具有对公共产品更强的解释力[85]。

美国经济学家布坎南对准公共产品的外延进行了有益的扩展，提出“俱乐部产品”理论，丰富和发展了准公共产品理论。布坎南认为除了以上所提到的公共产品外，还存在一种公共产品，这种公共产品的消费者是一个有限的群体，他将其称为“俱乐部”，俱乐部的人数介于单个人和全体社会成员之间[86]。这种俱乐部全体成员共同消费的产品也是一种准公共产品，他将这种准公共产品称为“俱乐部产品”。如果俱乐部的成员只有一个人，则其消费的产品是私人产品，如果俱乐部的成员是所有社会成员，则其消费的产品是纯公共产品。俱乐部产品对于消费者来讲，具有两个方面的特点：一方面是有限的非竞争特性。布坎南认为，这种特性表现为在俱乐部成员数量允许的情况下，即不存在俱乐部拥挤的情况下，某个俱乐部成员对该产品的享用，不会减少俱乐部内部别的成员对该产品的享用，当然这是以俱乐部成员数量有限为前提条件的。当俱乐部成员的数量超出俱乐部所能容纳的数量时，俱乐部内部成员之间在消费上就会产生拥挤，这时竞争性产生了。另一方面是局部的排他性。布坎南认为，对于群体内部的成员来说，可以共享俱乐部产品，因此具有非排他性；但对于俱乐部以外的成员来说，被排除在产品的享用之外，因此具有排他性。通过以上分析可以认为，布坎南所提出的俱乐部产品从本质上来看，其实是准公共产品中的一种，其所提出的俱乐部产品理论亦可纳入准公共产品理论。

2.2.3 准公共产品的基本属性

西方经济学者对纯公共产品的物品属性论述较多，而且将之归结为前面所提到的两大属性——非竞争性和非排他性，但却并没有对“准公共产品”的属性做更多的论述，根据以后学者们对准公共产品的研究，抽取出准公共产品所具有的一般属性，具体表现为：

（1）不完全竞争性和不完全排他性。这类经济属性是与萨缪尔森所讲的非竞争性和非排他性存在量上的差异，这种差异虽然难以精确测量，但还是显而易见的。一般学者习惯将具有不完全竞争性和不完全排他性的准公共产品划归具有拥挤特性的准公共产品之列，这类准公共产品在实际生活中比较多，如桥梁、公共草场、渔场等，其中有些产品也是我们需要保护的公共资源，这些资源一旦遭到破坏，就难以修复。对上述具有拥挤性的准公共产品来说，当受益者的数量突破准公共产品所能容纳总体数量即“拥挤点”之后，增加新的消费者必将减少已经享用该类准公共产品的已有消费者的利益，因此，这类准公共产品不完全具有萨缪尔森所赋予的纯公共产品所具有的非竞争性。为了避免此类准公共产品可能造成的拥挤危及已有消费者的利益，应通过收费或者明晰产权等方式以较低的代价将他人排除在消费之外，当然这种排除是需要付出交易成本的。

（2）正外部性。公共产品一般是由政府提供并能提高社会福利的产品，因此公共产品是具有正外部性的产品，也就是说，它是具有正的效用外溢性产品。经济学理论一般将外部性分为正外部性和负外部性，准公共产品由于具有公共产品的某些属性特征，因此一般也具有正外部性，这种正外部性一般指消费的正外部性。消费的正外部性只是外部性的一种形式。消费的正外部性是指整个社会从产品消费中获得的效用大于私人获得的效用。与纯公共产品一样，准公共产品的这种正外部性或外溢性不能通过市场交易来实现其价值，每个社会成员无偿享用或部分无偿享用该产品。也就是说，这种外溢性与其公共属性存在一定的内在逻辑关系，因此准公共产品与公共产品一样具有一定程度的正外溢效应。

（3）时空相对性。如前所述，产品属于哪一种类型，取决于两大特征——排他性和竞争性，这种排他性和竞争性并非一成不变，会随着时间和空间的变化而变化，因此，私人产品、准公共产品、纯公共产品在一定的时间和空间内其产品属性会相互转化，这种转化的动力可以归结为以下几个方面：①科技进步。科技进步会导致产品经济属性的变化。随着科学技术的发展和进步，排他性的技术和手段也会应运而生，原来不能实现有效排他的纯公共产品，会由于排他技术的进步，而转化为能够实现有效排他的准公共产品，这种例子虽然不多，但还是存在的，如无线电视和有线电视之间的转化关系，只有付费才能观看，从无法有效排他到实现有效排他。当然还有从准公共产品转化为纯公共产品的实例，如从有线广播发展为无线广播。②财力强弱。一国财力的强弱也会导致产品经济属性的变化。一般来讲，一国经济实力的增强势必产生提高社会整体福利的要求，于是政府顺应民意，加大涉及社会整体福利的准公共产品的投入力度，同时兼顾社会公平，消除因贫富差距本身所导致的排他性限制，缩小人们在消费准公共产品数量上的差别，使准公共产品转化为纯公共产品，如免费教育和免费医疗。反之，若一国财力由强变弱，则会将很多公共产品转化为准公共产品，上述转化均受到国家财力的限制。一般来讲，一个国家越富裕，其公共产品在社会总产品中所占的比重就会越大；一个国家越贫穷，其公共产品在社会总产品中所占的比重就会越小。③产品的外部性。前面提到，任何公共产品都具有某种程度的正外部性，或称其为外溢性，这种外溢性在数量程度上的变化，会导致该产品在产品连续谱系的数轴发生位移，即实现它们之间的相互转化。当生产一种准公共产品所带来的外部收益很大时，即导致的外部性很强时，原来的准公共产品就有可能转化为纯公共产品，这已成为无可争辩的事实。④规模经济。在产品生产过程中通过扩大规模达到节约生产成本的目的，将此结果称为规模经济。规模经济也是导致产品在其产品连续谱系数轴上发生位移的原因。社会的发展缘于“理性经济人”对利润的渴望与追逐，表现在社会层面则体现为社会对经济效率的追逐，提高效率的一个重要标准就是在生产过程中能否有效降低成本。如果就某一产品而言，由市场或私人提供时必须支付较高的成本，而如果交由政府或其他组织以集体的方式提供，则不必支付较高的成本，而可以以较低的成本提供给社会或个人，这种提供方式虽然增加了组织协调成本，也就是交易成本，但如果组织协调成本小于节约的生产成本，那么这种集体提供方式还是有利可图的，是一种帕累托改进。于是在产品维度上该产品由私人产品位移至准公共产品，甚或纯公共产品，实现了产品特性的转变。当然这种转化过程有时也会发生逆转。随着社会经济的发展以及收入水平的提高，人们具有了追求多样化消费的经济基础，不再满足于由规模化生产所带来的整齐划一的、人与人之间无差别的同一产品或服务，于是，纯公共产品有可能转化为准公共产品，甚或私人产品，如公立学校和私立学校。也就是说，产品的属性在时空上是相对的，而不是绝对的。

因此，产品的属性具有时空相对性。也就是说，某种产品在产品属性维度上，其属性坐标因时空的变迁而会发生相应的位移，实现产品属性的转化，而产品属性转化的本质是提供主体的转变。随着社会经济的发展，某些涉及国计民生和公众福利的产品开始向纯公共产品转化，如教育和医疗，而有些不必要的纯公共产品开始向准公共产品，甚至私人产品转移，或称为准公共产品供给的市场化。西方国家兴起“私有化”运动，萨瓦斯称其为“民营化”运动，目的是提高产品的供给效率，减轻政府不必要的财政负担，对当前政府提供的公共产品在属性上重新加以界定，并重新确定其提供主体，实现产品有效供给的一项政府改革运动。时空相对性为界定产品属性奠定了理论基础，为确定产品提供主体和有效提供方式提供了借鉴。

2.2.4 准公共产品的类型

承接前面分析，由于三种产品在属性维度上是连续统一体，即随时空的变迁具有相互转化的可能性，根据这一属性，在时间序列上可以为准公共产品找到次优乃至最优的提供主体[6][22]。沿着这一思路，根据前面分析，公共停车设施，即路内停车设施和路外停车设施均属于准公共产品，因此，研究停车设施的最优提供主体或最优提供模式，成为本书重点分析的内容之一。而产品分类成为研究工作的基石，这一基石是深深植根于各国经济学家的研究成果之上的。

美国经济学家曼昆以产品的两大经济属性即竞争性和排他性作为划分产品类别的两大基本维度，将现实中的所有产品按照产品在两大维度坐标轴上所处的位置，划分为公共产品、私人产品、共有资源和自然垄断性产品，其中后两类属于准公共产品，具体分类情况见表2-1。其中道路的特性是与本书研究对象相似的性质参照。曼昆还特别依据公路收费与否将公路这类物品划分为拥挤的收费道路、拥挤的不收费道路、不拥挤的收费道路和不拥挤的不收费道路四类。其中，第一类属于私人物品，第二类属于共有资源，第三类属于自然垄断性物品，第四类属于公共物品。

表2-1　曼昆的物品分类[87][188]

		竞争性	
		是	否
排他性	可行	**私人产品：** 冰淇淋蛋卷 衣服 拥挤的收费道路	**自然垄断性产品：** 消防 有线电视 不拥挤的收费道路
	不可行	**共有资源：** 海洋资源 环境 拥挤的不收费道路	**公共产品：** 国防 知识 不拥挤的不收费道路

美国学者奥斯特罗姆将消费的排他性和共用性这两种经济属性作为产品的独立属性，以此作为对产品进行分类的依据。又将“分别使用”和“共同使用”作为“共用性”这一维度的坐标轴的两极，与此同时，还将“排他可行”与“排他不可行”作为“排他性”这一维度的坐标轴的两极。按照这两个分类属性或划分维度，将现实中的所有产品划分为私益物品、公益物品、收费物品和公共池塘资源等类型，而收费物品则是本书对应的重点研究对象，分类情况见表2－2。

表2－2　奥斯特罗姆的物品分类[88][97]

		使用或者消费的共同性	
		分别使用	共同使用
排他性	可行	**私益物品：** 面包、鞋、汽车、 理发、书等	**收费物品：** 剧院、夜总会、电话服务、 收费公路、有线电视、 电力、图书馆等
	不可行	**公共池塘资源：** 地下水、海鱼、 地下石油	**公益物品：** 社群的和平与安全、 国防、灭蚊、 空气污染控制、消防、街道、 天气预报、公共电视

与曼昆和奥斯特罗姆的分类相比，维摩尔和温宁的分类就更加明晰和具体。他们通过竞争性和非竞争性、排他性和非排他性、拥挤性和非拥挤性这三个维度，用八维空间的形式将所有物品分为八类。在这八类物品中，有六类被视为准公共物品，这六类准公共物品包括：具有消费外部性的私人物品、具有消费外部性的周边公共物品、拥挤的收费物品、拥挤的共同财产资源和收费物品和免费物品，具体分类情况见图2－2。

美国经济学家萨瓦斯的产品分类与以往经济学家的物品分类不同，他以排他性和消费的共同性作为产品分类的两个重要维度，描述每一种产品在两个维度上的坐标位置，将所有产品归纳为个人产品和集体产品两个极端以及位于两个极端之间的可收费产品和共用资源两种中间状态，在其分类中还具体强调了有关停车设施的经济属性问题，具体分类见图2－3。

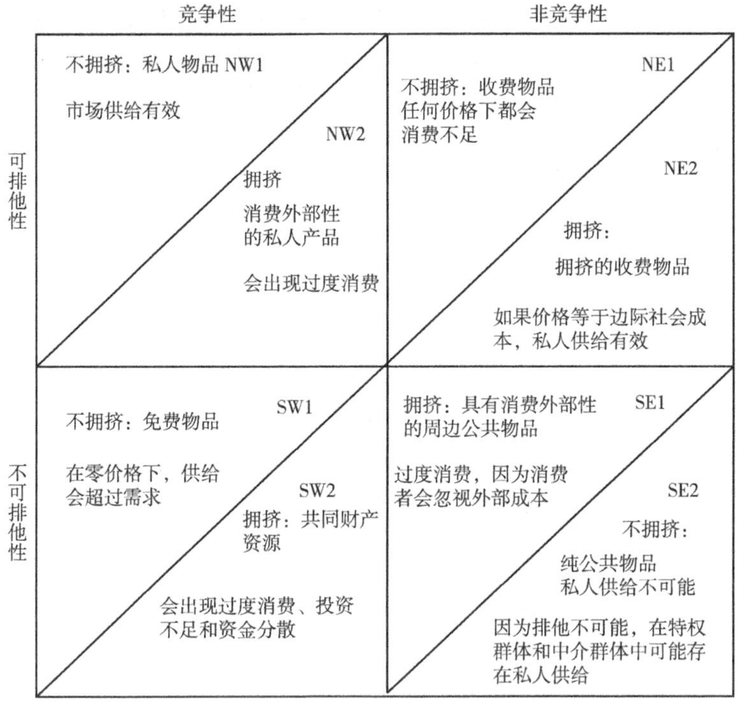

图 2－2　维摩尔和温宁的分类[89][46]

以上列举了曼昆、奥斯特罗姆、维莫尔和萨瓦斯等对于产品分类维度以及对于产品类别的划分，尽管他们对于分类维度的叫法不同，但从总体上看，还是按照竞争性和排他性对产品进行了分类。这种分类只是从规范分析的角度，或者说从理论分析的角度来进行的。但现实中对于产品的分类并非完全按照上述两种特性，有时还需要考虑其他因素，这些因素主要包括以下几种。

（1）政府意图。依据物品的经济属性来界定公共产品和私人产品的做法已为学界广泛接受，但是如果不考虑其他因素，仅仅依据物品的经济特性来界定产品的公共属性，并不能很好地解释现实世界中看似私人产品却由政府以公共产品的名义提供的实例。就廉租房来说，如果仅从该物品的经济特性来看，其具有消费的排他性和竞争性，理论上应划归私人产品，但在现实中却并非由市场提供，它往往以公共产品的名义由国家或社会负

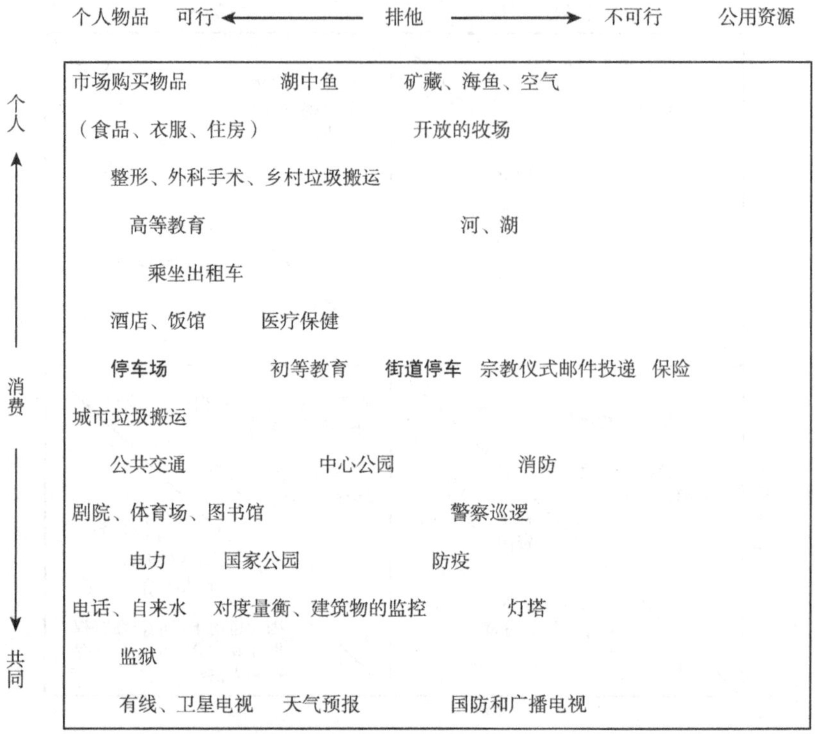

图 2-3 萨瓦斯的分类[90][50]

责提供，诱发这一看似理论与实践不一致的原因，主要是政府的出发点不同，政府提供廉租房的目的是出于维护社会的公平和稳定。所以，现实中人们对于产品类别的划分还应考虑到政府政策意图的需要，政府意图的不同，决定了产品类别划分的不同，产品类别划分的不同，其提供主体亦不同，进而提供效率也有差别。

（2）社会公平。不论是公共产品还是私人产品，其提供必须富有效率。私人产品的提供可以通过市场机制达到效率条件，公共产品的提供可以通过政府机制达到效率条件。产品的提供除了考虑效率条件之外，还应考虑公平问题，市场机制解决不了公平问题，其解决必须依赖于政府机制和公共选择。因此，若考虑到政府所肩负的实现社会公平的责任，政府所提供的公共产品应包括两类：第一类是保证实现社会公平的公共产品；第二类是满足多样化需求的公共产品。第一类称为基本公共产品，第二类称为可选择性公共产品。第一类公共产品在价值理念上体现社会公平，体现人人平等，不存在歧视问题，用于满足人们对公共产品的基本需求，一般由政府提供。第二类公共产品在价值理念上体现为满足人们多样化需求，可由政府提供，也可由市场提供，具体由谁来提供，则取决于政府的财力和目的，并对其进行经济和社会管制。

（3）政治因素。亚当·斯密认为，政府的职能主要包括三个方面：一是保护本国国民免受外国的非法侵犯；二是保证本国国民免受来自本国的非法侵害；三是举办公共工程。萨瓦斯认为，政府职能应分解为两部分，一部分是主权职能，另一部分是人权职能。同时解释了两种职能的具体含义和所包含的内容，认为主权职能的基本含义是统治职能，具体内容包括国防、外交、军事、司法、行政处罚和政府管制等；人权职能的基本含义是维护职能，具体表现为提供服务，具体内容包括生存、教育、养老、医疗、劳动等基本需求。由于社会资源的稀缺性，主权职能和人权职能往往存在此消彼长的资源竞争，也就是维护国家独立与秩序同维护人们的基本生存之间往往存在权衡取舍的问题。主权职能一般优先于人权职能而存在。

（4）公共利益。产品的提供机制包括三个方面，即市场机制、政府机制以及非营利组织，市场机制负责提供私人产品，政府机制负责提供纯公共产品，准公共产品视具体排他性情况可由市场提供，也可由政府提供，非营利组织则是前两种机制的补缺。对于产品的分类有时应考虑公共利益，若某种产品的提供具有广泛的公共利益，惠及广大国民，则该种产品应视为公共产品，并由政府来提供。因此，任何产品当惠及公共利益时，不论其自然属性如何，均可作为公共产品，并由政府负责提供，也就是说，公共产品并非具有绝对性，一切均处于动态发展变化之中，今天的公共产品，明天可能是私人产品，今天的私人产品，明天有可能成为公共产品，其分类变化的依据皆因公共利益。

2.2.5　准公共产品的有效供给

经济学所讲的有效供给是指产品的供给与产品的需求相一致，也就是说，供给能够符合和满足需求，既不要出现供给不足，也不要出现供给过剩。供给和需求这两种市场力量共同决定了产品的均衡产量以及产品的均衡价格。需求方的需求曲线表示消费者的边际效用，这一边际效用也可以用其边际价格来衡量，即消费者愿意支付的边际价格；供给方的供给曲线在经济学意义上表示生产者生产该产品的边际成本，即生产者生产该产品必须付出的机会成本。推导出的市场需求曲线代表边际社会收益，推导出的市场供给曲线代表社会边际成本，在供求曲线双方势力既定的情况下，供求曲线的交点便构成了市场均衡点，在这一均衡点边际收益等于边际成本，这一均衡点所决定的产量即为帕累托最优产量，既满足了消费者的需求，又不存在资源浪费。经济学所讲的有效供给问题，归根结底可以归结为需求的偏好显示问题。倘若消费者作为“理性的经济人”，存在毫无隐瞒地显示自己的偏好的动机，即自己的需求，生产者又有满足这种需求从而获得利润的供给动机，并将这种动机变为现实，则该产品的供给就是有效的。

新古典经济学通常将社会上存在的一切产品分门别类地、出于研究需要地划分为私人产品和公共产品，以及位于这两个产品极端之间的公共属性和私人属性程度不同的准公共产品。根据以上逻辑，研究产品的有效供给必须首先根据产品的经济属性，将研究对象区分为私人产品的有效供给、公共产品的有效供给以及准公共产品的有效供给。

2.2.5.1 私人产品的有效供给

（1）私人产品有效供给的帕累托效率条件。

假定社会上只有 A、B 二人，且仅有 X 和 Y 两种私人产品，则私人产品在资源配置上使得产量最大化，并且生产的产量完全满足人们偏好需求的生产与交换的一般均衡条件，即帕累托效率条件为：

$$MRS_{XY}^{A} = MRS_{XY}^{B} = MRT_{XY} \tag{2-2}$$

因为 $MRS_{XY}^{A} = \frac{P_X^A}{P_Y^A}$，$MRS_{XY}^{B} = \frac{P_X^B}{P_Y^B}$，$MRT_{XY} = \frac{P_X}{P_Y}$，加之完全竞争市场的市场结构，$P_X^A = P_X^B = P_X$，$P_Y^A = P_Y^B = P_Y$，所以完全竞争市场能够保证私人产品供给的帕累托效率的实现。这就必然得出福利经济学第一定理和第二定理。

（2）私人产品有效供给的图解模型。

承接以上假定，图 2－4 中，显示 A、B 两人对某私人产品边际效用的需求曲线分别为 D_A 和 D_B。由于两人收入水平不同，两条需求曲线的截距有所不同。由于私人产品的排他性特征以及市场的完全竞争特性所导致的统一价格特征，其市场需求曲线的获得只需将显示 A、B 两人偏好的需求曲线水平相加即可，用数学表达式可表述为 $D = D_A + D_B$。这样就得到了市场的需求曲线。

完全竞争市场的市场供给曲线源于生产者停止营业点以上的边际成本曲线的横向加总，若通过横向加总获得市场供给曲线 S，则在市场供求力量的共同作用下，达成市场均衡点 E，即帕累托最优点，其均衡数量为 Q_0，市场出清价格为 P_0。Q_0 是社会即 A、B 两人的需求总量 $Q_0 = Q_A + Q_B$，其中消费者 A 的需求量为 Q_A，消费者 B 的需求量为 Q_B。在市场出清价格 P_0 下，由于 A、B 两人的偏好相同，而仅仅存在收入的不同，故两者的最终需求量有所差别，然而两者的偏好以及表示偏好的边际效用是相同的，均用统一的市场价格表示。对于私人产品来讲，由于不存在正的外部性，因此消费者的私人边际效用等同于社会边际效用，在均衡点 E 点社会边际成本等于社会边际收益，实现了帕累托最优。

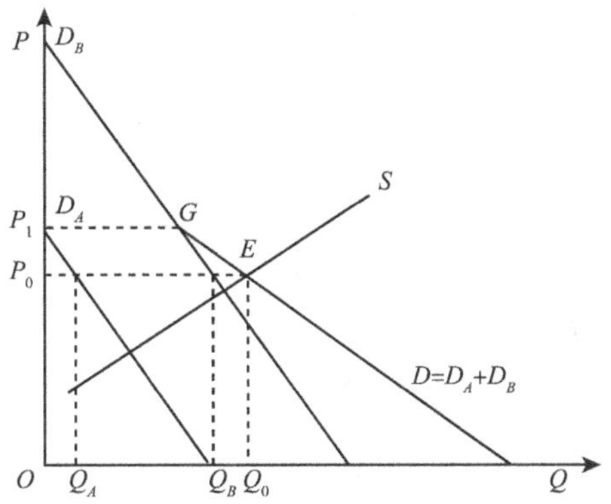

图 2－4 私人产品的有效供给

总之，私人产品实现有效供给的条件是完全竞争市场，在完全竞争的市场环境下，消费者能够充分展示自己的偏好，因此需求曲线能够获得，不存在偏好显示难题，而且厂商也能够通过市场竞争降低成本，并获得相应的利润，即生产者剩余。与此同时，社会福利即生产者剩余和消费者剩余之和最大，不存在效率损失。

2.2.5.2 公共产品的有效供给

（1）公共产品的有效供给的萨缪尔森条件。

假设经济中有两个人 A 和 B，社会生产两种产品 X 和 Y 供 A、B 消费，其中 X 为公共产品，Y 为私人产品，建立如下模型：

$$\begin{aligned}&\text{Max}\quad U_A = U_A(X, Y_A)\\&\text{S.t.}\quad U_B(X, Y_B) = U^0\\&T(X, Y) = 0\\&Y_A + Y_B = Y\end{aligned} \tag{2-3}$$

解上述模型，求得的生产和交换的一般均衡条件，即萨缪尔森条件为：

$$MRS_{XY}^A + MRS_{XY}^B = MRT_{XY} \tag{2-4}$$

由于 $MRS_{XY}^A = \dfrac{P_X^A}{P_Y}, MRS_{XY}^B = \dfrac{P_X^B}{P_Y}, MRT_{XY} = \dfrac{P_X}{P_Y}$，因此有：

$$P_X^A + P_X^B = P_X \tag{2-5}$$

反映在图形上，如图 2－5 所示。

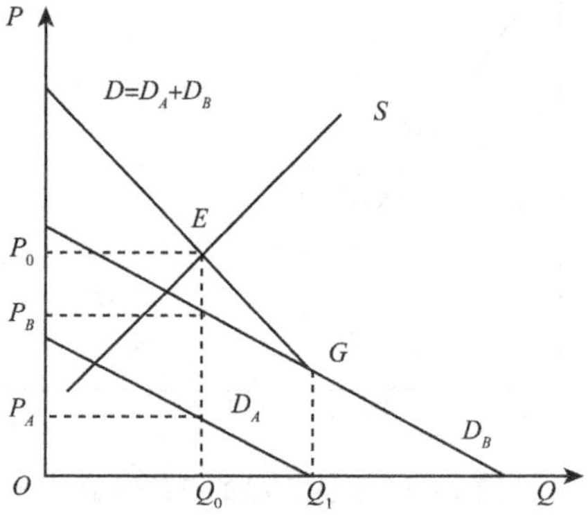

图 2－5　公共产品的有效供给

（2）公共产品有效供给的图解模型。

图 2－5 中，A、B 两人对某公共产品的需求曲线分别用 D_A、D_B 来表示，这两条需求曲线同时也表示两人从消费公共产品中所获得的边际效用。因这两条需求曲线在现实中是不存在的，故萨缪尔森在解释这两条需求曲线时，称其为“虚构之需求曲线”，之所以说是虚构的，其原因是在现实中存在公共产品的偏好显示难题，即若由私人负担建设资金，则其会人为降低公共产品为其带来的价值，导致公共产品供给不足；若由政府负担建设资金，则其会人为夸大公共产品为其带来的价值，导致公共产品供给过量，造成资源浪费。因此，现实中存在偏好显示难题，理性的消费者不会毫无掩饰地袒露其消费一定的公共产品为其带来的边际效用之多寡，以及根据获得的边际效用而愿意付出的价格。

公共产品在消费上具有非排他性，它的提供不依赖于所有消费者的意愿，而依赖于集体选择行为所秉持的投票原则，因此不管是否符合本人的意愿，任何人都不能被排除在消费之外，且消费数量相同。由于人们之间存在收入差异，因此高、低收入的消费者之间从公共产品的消费中所获得的满足程度未必相同，即两者之间的边际效用存在一定差异，反映在其意愿支出价格上两者各异。一般来讲，高收入者相对低收入者而言，公共产品给自己带来的边际效用较高，其意愿支付价格相对也较高。所有社会个人意愿支付之和就构成了公共产品提供的价格，即形成了公共产品的需求曲线。其反映在图形上，描述为公共产品需求曲线等于个人公共产品需求曲线的纵向叠加，用数学语言表述为 $D = D_A + D_B$。

公共产品的有效供给除了要考虑需求方的偏好显示之外，还应考虑降低公共产品的供给成本，即考虑表现了其边际成本的供给曲线 S，其供给成本越低，供给数量就越大，就越富有效率，降低成本的途径在于市场竞争，即供给侧的竞争。在图中公共产品的有效供给数量为 Q_0。均衡价格 P_0 是 A、B 两人的意愿支付之和，即 $P_0 = P_A + P_B$，其中 P_A 为 A 的意愿支付，P_B 为 B 的意愿支付。消费者的意愿支付之和即为税收，是公共产品提供的资金来源。

由于消费者的意愿支付反映了消费者的边际效用，消费者的意愿支付之和即为其边际效用之和，边际效用之和就是所有消费者从消费产品中获得的边际社会收益。因此，在供求均衡点 E 处，供求相等，边际社会成本等于边际社会收益，实现了帕累托最优。

（3）公共产品的有效供给机制。

前面以规范分析为基础，通过逻辑归纳，得出了公共产品有效供给的基本条件。那么，公共产品有效供给的机制应该是怎样的呢？对于这个问题，有两种机制。一种机制是鲍温机制，另一种则是林达尔机制。

鲍温机制是美国经济学家鲍温（Bowen）首先从公共产品有效供给的模型引申出来的。鲍温认为，在公共产品问题上，市场自发的价格机制是"失灵"的，即使公共产品的市场定价存在"市场失灵"，但是如果每一个消费者均能自觉按照自己的支付意愿交纳税收，以所缴纳的税收负担公共产品的提供成本，即如图 2－5 所示，A 承担 P_A 的税收，B 承担 P_B 的税收，达成公共产品的有效供给将是毋庸置疑的。

①林达尔均衡理论模型。

林达尔均衡理论模型曾有两位瑞典经济学家进行过研究，其中一位是大名鼎鼎的威克塞尔（Knut Wicksell），另一位则是林达尔（Erik Lindahl），故后世经济学家有时将此模型并称为威克塞尔—林达尔模型。该模型主要研究了公共产品的有效供给问题，其中主要涉及消费者的偏好显示和成本分担问题，经济学家将这一通过谈判达成的成本分担比例称为林达尔均衡，如图 2－6 所示。

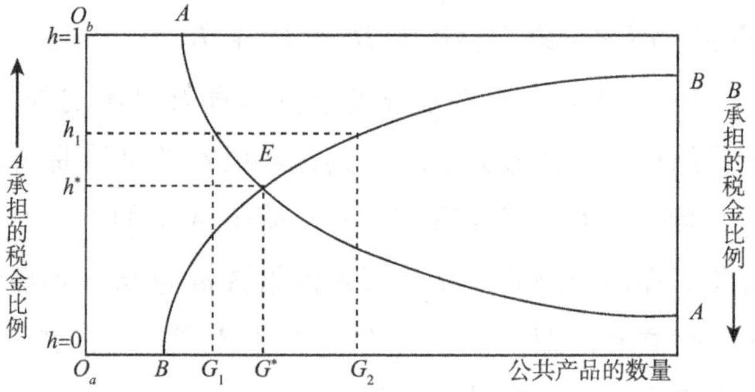

图 2－6　林达尔均衡

威克塞尔—林达尔模型假定社会上只有 A、B 两人，也可将其视为两个政党的代表，而且假定各政党内部在偏好分布上具有单一性或一致性，从而可以一致同意将个人偏好归纳为政党偏好。图2－6描述了A、B两人通过政党博弈所达成的反映为税收负担的各自分摊的公共产品提供成本的比例均衡。O_a和O_b分别表示A和B的坐标原点，将两者合二为一在一个长方形中。长方形的纵轴长度为1，代表两人所分摊的成本比例，若A分摊的比例为h，则B分摊的比例为$1-h$。长方形的横轴表示公共产品提供的规模，亦可视为公共支出的规模。AA曲线表示A对公共产品的需求，BB曲线表示B对公共产品的需求。而且这两条需求曲线站在不同的角度可视为对方的供给曲线，反映了不同成本分摊比例和一定数量的公共产品之间的关系。在两条线的交点E处，A、B两人经过磋商和博弈，确定了双方对于成本的意愿分摊比例，此时达成的公共产品的均衡产量为G^*。这一均衡的达成是需要一定条件的，即两人势均力敌。若非势均力敌，则可在纵轴任取一点h_1，此点表示A应分摊的税收比例为h_1，因此A只赞成政府提供G_1数量的公共产品或支出规模，而B应分摊的税收比例为$1-h_1$，因此B只赞成政府提供G_2数量的公共产品或支出规模。A、B两人在支出规模上存在分歧，此时结局取决于实力较强者。为了克服这种不确定性所带来的困扰，在假定两人旗鼓相当的情况下，双方无限重复博弈下去，使得均衡分摊比例无限逼近于h^*点，并最终达成妥协和一致。此时的均衡点为E点，双方达成的一致支出规模为G^*，将经过动态调整所达成的动态均衡E点称为林达尔均衡。

以上分析表明，公共产品有效供给的关键在于偏好显示问题，也就是公共产品需求曲线的形成问题，进一步讲就是消费者虚构需求曲线的真实化问题，也就是说，消费者应真实显示自己的偏好，并按照自己获得的边际效用分摊相应的提供成本。这也正是有效供给的症结之所在。出现偏好显示难题的原因在于公共产品具有非排他性，与此特性相伴而生的就是人们具有“搭便车”的内在激励。正是这种“搭便车”的动机使得在谁获益谁付费的原则下，消费者会有意隐瞒自己从公共产品消费中获得的效用，从而规避或减少自己分摊的公共产品成本的份额。消费者“搭便车”行为的结果使公共产品实际供给水平远低于最优水平。而在由政府提供公共产品，而非由消费者分摊成本的原则下，则会激发消费者夸大需求，并导致过度供给，造成社会资源的配置失效和资源浪费。一言以蔽之，若要解决公共产品的有效供给问题，必须设计一套能够揭示消费者真实偏好的诱导机制。

②林达尔均衡的数学证明。

所有消费者消费公共产品 G 和私人产品 X，假定只有两个消费者 A、B，则 A、B 的效用函数分别为：

$$U_A = U_A(X_A, G) \tag{2-6}$$

$$U_B = U_B(X_B, G) \tag{2-7}$$

其中，A、B 两人消费的私人产品数量组合分别为 X_A 和 X_B，消费的公共产品数量组合为 G。

A、B 追求的目标是在满足预算约束条件的情况下，使自己的效用最大化。个人 A 和 B 的预算约束如下：

$$Y_A = X_A + hG \tag{2-8}$$

$$Y_B = X_B + (1-h)G \tag{2-9}$$

$$Y = Y_A + Y_B = X_A + X_B + G \tag{2-10}$$

转换个人 A 和 B 的预算约束如下：

$$X_A = Y_A - hG \tag{2-11}$$

$$X_B = Y_B - (1-h)G \tag{2-12}$$

效用函数变为：

$$U_A = U_A(Y_A - hG, G) \tag{2-13}$$

$$U_B = U_B[Y_B - (1-h)G, G] \tag{2-14}$$

下面分别对 G 和 h 求偏导数，得：

$$MU_AG = \frac{\partial U_A}{\partial G} = -h\frac{\partial U_A}{\partial X_A} + \frac{\partial U_A}{\partial G} \tag{2-15}$$

$$MU_AH = \frac{\partial U_A}{\partial h} = -G\frac{\partial U_A}{\partial X_A} \tag{2-16}$$

$$\frac{MU_AG}{MU_AH} = MRS_{gh}^{A} = \frac{\partial U_A/\partial G}{\partial U_A/\partial h} = \frac{h}{G} - \frac{1}{G}\frac{\partial U_A/\partial G}{\partial U_A/\partial X_A} \tag{2-17}$$

对 B 同样有：

$$\frac{MU_BG}{MU_Bh}=MRS_{gh}^{B}=\frac{\partial U_B/\partial G}{\partial U_B/\partial h}=\frac{1-h}{G}-\frac{1}{G}\frac{\partial U_B/\partial G}{\partial U_B/\partial X_B} \tag{2-18}$$

$$MRS_{gh}^{A}=MRS_{gh}^{B}=0 \tag{2-19}$$

$$\frac{h}{G}-\frac{1}{G}\frac{\partial U_A/\partial G}{\partial U_A/\partial X_A}=\frac{1-h}{G}-\frac{1}{G}\frac{\partial U_B/\partial G}{\partial U_B/\partial X_B}=0 \tag{2-20}$$

即：

$$MRS_{gx}^{A}=h \tag{2-21}$$

$$MRS_{gx}^{B}=1-h \tag{2-22}$$

公共产品提供的效率条件为：

$$MRS_{gx}^{A}+MRS_{gx}^{B}=1 \tag{2-23}$$

林达尔均衡符合帕累托效率条件，实现了帕累托效率。

在威克塞尔和林达尔看来，此均衡的达成需要一个过程，此过程可以分为两个阶段。第一阶段，根据一定的社会公平标准确定社会福利函数。第二阶段，根据社会偏好和效用可能性边界，确定最优的效用组合，根据效用组合所确定的社会成员的效用水平，确定合理的公共支出和税收份额。

综上所述，公共产品的供给效率问题源于供给和需求两个方面。一方面是需求方的消费者偏好显示难题；另一方面是供给方是否引入竞争，降低成本，节约社会资源的问题。因此，实现公共产品有效供给应解决两个方面的问题，一方面是建立合理偏好显示机制，诱发消费者显示其真实偏好；另一方面是进行供给侧结构性改革，引入竞争机制，降低其供给成本，激发其供给动力。因此，公共产品的有效供给问题可以归结为信息问题。

2.2.5.3 准公共产品的有效供给

准公共产品介于私人产品和公共产品之间，兼具公共产品和私人产品的属性，因此，准公共产品的有效供给问题相对复杂。问题虽然复杂，但是仍可以循着公共产品有效供给的分析思路，从需求和供给两个侧面进行分析。需求侧要重点考虑偏好显示问题，供给侧要考虑供给成本问题。停车设施大多属于准公共产品，因此对于停车设施的有效供给问题，也应循着这个思路从需求和供给两个角度进行分析。停车设施的需求显示机制，大多可以通过需求预测来进行，停车设施的供给成本大多可以通过引入竞争来解决，因此停车设施的有效供给是可以通过适当的机制来实现的，具体见表2－3。

表2－3　　停车设施有效供给的实现机制

停车设施类型	需求侧		供给侧	
	偏好显示	显示机制	成本问题	降低成本的手段
路内停车场	困难	停车需求预测	不易降低	引入竞争机制
公共建筑配建停车场	困难	停车需求预测	较易降低	引入竞争机制
路外停车场	较容易	根据车辆预测	容易降低	市场竞争机制
私人建筑配建停车场	容易	根据车辆预测	容易降低	市场竞争机制

2.3　公共产品政府供给机制理论

2.3.1　“市场失灵”问题

私人部门提供公共产品会产生两个方面的问题：一是效率问题，二是公平问题。主流经济学认为，政府之所以替代市场提供公共产品，原因在于私人提供公共产品难以实现帕累托效率，存在经济学意义上所讲的“市场失灵”。经济学家探究了导致“市场失灵”的原因，普遍认为应归于公共产品的基本经济属性，即非排他性和非竞争性。正如萨缪尔森所言，私人物品可以通过市场被有效地提供出来，而公共物品则常常要求集体行动。即使弗里德曼这一极力推崇自由市场机制的芝加哥学派经济学家，也不得不承认，市场机制并非能解决一切资源配置问题。在此情况下，必须以其他资源配置方式代替市场机制。究其原因，市场机制提供所导致的“失灵”问题主要源于其两种特性所带来的两个方面的难题：一是“搭便车”问题。“搭便车”问题源于公共物品的非排他性，即要么是在现有的技术条件下无法将不付费的人排除在公共物品的消费之外，要么是排除的成本太高，这样的直接后果是私人企业不能从公共产品投资中获得足够的利润，所以缺乏投资的直接动力。二是偏好显示问题。导致公共产品提供缺乏帕累托效率的另一个原因是消费者的偏好显示问题，偏好显示问题源于公共产品的非竞争性。私人提供公共产品往往沿着这样思路来进行，即首先让消费者显示自己偏好需要提供多少数量的公共产品，以便决定公共产品的提供数量，然后让每一位消费者说出自己的支付意愿，以便支付提供公共产品的成本。由于消费者已知公共产品具有非排他性和非竞争性，因此存在"搭便车"的激励，同时隐瞒自己享用公共产品所获得的满足程度，以达到规避成本的目的。这种对真实效用的隐瞒将导致一个严重的问题，即体现消费者边际效用的价格机制在调节公共产品供给的有效数量上出现"失灵"。由于消费者隐瞒了真实的数量偏好以及带来的真实效用，因此也就无法确知社会对于公共产品的真实需求数量，导致公共产品的供给数量偏离社会需求，从而无法实现公共产品的有效供给和社会资源的有效配置。市场除了不能实现公共产品的有效提供之外，也不能解决社会公平问题。私人部门提公共产品往往出于对利润的追逐而非公共利益，并通过收费的方式弥补成本和获得利润，由于消费公共产品必须付费，低收入消费者会出现消费不足，导致部分公共产品闲置，造成资源浪费。因此，出于社会公平目的，可收费物品也不能完全依赖市场提供。

2.3.2　私人供给公共产品的低效率

在西方经济学界，有关私人供给公共产品低效率的讨论早已有之。1932 年，英国经济学家、福利经济学的鼻祖庇古以经济学家悬而未决的灯塔问题为分析对象，分析了私人部门提供灯塔导致低效率的根本原因，认为其根本原因在于私人提供灯塔的社会边际收益大于其私人边际收益，而私人在进行决策往往只考虑私人边际收益，而非社会边际收益，其最优提供数量遵循私人边际收益等于私人边际成本的决策原则，而非社会边际收益等于社会边际成本的原则。庇古认为这种决策方式所导致的灯塔的均衡提供数量少于有效提供数量，加之在当时情况下，技术条件比较落后，很难通过收费的方式实现排他，并收回灯塔的建造成本，因此，庇古认为灯塔应该由政府来提供。循着庇古所提出的问题，1848 年英国经济学家约翰·穆勒系统阐述了导航灯塔必须由政府建造而非由市场提供的原因，即政府可以通过课税的形式获得建设资金。他精辟阐述了他的思想，认为私人部门建造灯塔虽然为航船的安全航行提供了方便，但是收费问题却成为摆在私人部门面前的首要难题，因此，私人部门缺乏建造灯塔的激励，而公共部门即政府却可以通过拥有的国家强制力，通过向船只征税的方式来募集建设资金，建设灯塔，也可以将征收的税赋用于补贴私人建造的灯塔，激励私人部门参与灯塔的建设[91]。经济学家萨缪尔森及其后继者，最终认为导致私人提供灯塔缺乏效率的根本原因，在于社会边际收益与私人边际收益不一致所导致的决策原则的扭曲，以及通过收费弥补建造成本的难题。这一难题仍源于“搭便车”问题，为了克服这一难题，萨缪尔森的后继者，如林达尔、威克塞尔、格罗夫斯以及维克里等开始寻求解决“搭便车”问题的有效途径，但均无满意结果。

综上所述，经济学家对公共产品的供给主体达成了一致见解，由于存在显示偏好难题以及私人收费的困难，因此，若由市场提供则必然经过复杂的讨价还价过程，交易成本较高，导致私人供给公共产品的低效，而政府由于可以以国家机器为后盾，可以凭借国家机器以较低的交易成本通过税收来解决公共产品供给中的“搭便车”问题，因此，在公共产品的提供问题上，政府不得不从幕后走向前台，从无为政府向有为政府转变。

2.3.3 自愿协商供给机制的困境

以上讨论了由市场提供公共产品要么会出现“市场失灵”现象，即市场压根不能提供出任何数量的公共产品，即使是一点点，要么出现帕累托无效，即达不到社会对公共产品的实际需求标准，要么是过度供给。既然市场机制不能奏效，于是人们必须另辟蹊径，寻找新的有效供给方式，开始探讨通过人们之间自愿协商机制能否实现公共产品的有效供给。然而，后来的诸多研究成果却给了这种供给机制重重一击，使人们重新陷于山重水复的境地，渴望新的供给机制的柳暗花明。对自愿协商供给机制造成重大打击的诸多研究成果中，较为重要的当属“公地悲剧”理论和集体行动理论，这些理论对于这一机制的缺陷具有很强的解释力。

（1）“公地悲剧”理论对该机制缺陷的解释。在英国学者哈丁眼中，公地就是大家可共同利用的共同资源，这一共同资源具有非排他性，但具有竞争性。在公地的利用上虽然存在自愿协商机制，并可以通过协商机制限制牧场的牲畜数量，但是这种协商机制由于具有较软的约束力，加之人们的机会主义行为，会使得牲畜的数量的无限扩张，最终因超过其承载能力，而导致牧场的破坏。导致“公地悲剧”的根源是恰恰是公地本身，由于其缺乏明晰的私人产权，其不属于任何人，每一个人都忽视了它的存在，缺乏对它的关照，最终的结果必然是环境的退化。远溯至哈丁之前，古希腊著名哲学家亚里士多德虽未提出“公地悲剧”这一概念，但早就注意到了“公地悲剧”问题的严重性，他曾发人深省地指出，人们很少投入时间和精力去关心与自己无关的公共事务，他们关注更多的则是自己的私人事务，因此公共事务常常被忽略。20 世纪 50 年代，斯考特 · 戈登进一步阐述并拓展了“公地悲剧”理论，他通过对自己所关心的渔业这一共同资源的研究，认真思考了渔业资源的经济属性，并宣告了自由协商机制的破产，他认为渔业是属于大家所有的共同财产，属于大家的共同财产实质上是不属于任何人的财产，这一共同财产将不被爱护和照顾。“公地悲剧”理论等于宣告了自由协商机制的死刑。

（2）集体行动理论对该机制缺陷的解释。美国经济学家奥尔森基于行动人数的多寡，在前人关于个人行动和国家行动两个极端研究的基础上，探讨了介于两者之间的集体行动，他在自己的著作《集体行动的逻辑》中阐述了自己的观点，认为集体中的个人不会为了集体的利益而全力以赴，甚至会出现投机行为。他把出现这种情况的原因归结于集体利益本身难以摆脱的公共特征，这种公共特征本身隐含着集体成员可以不计付出的多寡，便可获得对集体利益的同等消费，即仍然存在“搭便车”的激励，这样的集体行动要么不可能产生，要么就是缺乏效率的。集体行动会不会发生取决于两方面的因素：一是集体中的成员人数，集体中的成员人数越多，采取集体行动的难度就越大；二是集体强制措施的严厉性，措施越严厉，促进集体行动的激励就越强。如果集体中成员人数较少，且具有较强的惩罚措施，则集体行动极易达成。因此，通过集体决策的自愿协商机制来提供公共产品具有很大的局限性。而政府却可以利用其生而就有的强制性，通过税收克服社会成员“搭便车”行为，因此，政府在公共产品提供问题上具有更大的优势。

“公地悲剧”理论和集体行动理论对自愿合作的自由协商机制存在的缺陷，进行了理论上的阐释，自由协商机制存在缺陷的原因源于两个方面：一是集体内部存在“搭便车”行为，以及由此所导致的“融资难”问题；二是对于集体行动缺乏必要的强制性。出于上述原因，自愿合作协商机制将会是一种不会发生或者很少发生集体行动，总之，此种机制要么失于低效，要么归于无效。在市场这只“看不见的手”和自愿协商机制这只“似隐似现的手”都失灵的情况下，政府这只“看得见的手”被从幕后推到了前台，借助政府这只“看得见的手”，通过政府的财政政策，实现对公共产品的有效供给。

2.3.4 公共产品的政府供给机制的必要性

政府机制和市场机制是两种配置资源的方式，其中前者是“看得见的手”，后者是“看不见的手”。由于政府这只“看得见的手”比市场那只“看不见的手”在提供公共产品方面更富效率，因此，由政府机制替代市场机制来提供公共产品成了无可辩驳的事实。公共产品理论的集大成者萨缪尔森对这种观点进行了诠释，认为广义的公共产品理论为政府这只“看得见的手”参与公共产品的供给以及管制提供了广泛的理论基础。以科斯为代表的制度经济学派则另辟蹊径，从交易成本这一基本概念出发，构建了自己新制度经济学的大厦，其中不乏论述政府存在理由的内容，认为企业存在的理由是为了节约交易成本，认为企业是对市场的替代，同样政府是为了有效提供公共产品而对市场的替代，科斯解释说，市场通过价格机制和交易契约来配置要素，企业通过行政手段来配置要素，而政府与一般企业相比则是一个超大型集团，能够通过强制命令来配置公共资源。在这个超大型集团内部通过交易内部化以达到节约交易成本之目的，即政府提供公共产品可以节约交易成本[92][147-159]。政府除了可以节约交易成本外，还具有强制优势。斯蒂格利茨认为，政府是具有强制力的常设组织，政府可以借助自身的强制力取缔低效的经济活动，并可以通过行政处罚权对市场经济中的违规违约行为进行处罚。他认为政府完全有能力克服“搭便车”问题，不利用政府的优势而去追求其他组织来解决公共产品的提供问题，便是舍本逐末。

政府提供公共产品源于两个方面的需要，一方面是为了实现提供效率，另一方面是为了满足社会需要并实现公平。公共产品大多是社会所必需的产品，是增进社会福利的重要基础。如果没有政府的提供，人们的福祉就无从得到满足。若公共产品的提供主体是私人，则公共产品的均衡供给量为零；若提供主体是自愿协商的组织，则由于交易成本的原因，其供给也是缺乏效率的。除了效率问题之外，如果公共产品由私人提供，还可能触发社会公平问题。提供公共产品的目标，一是社会普遍的需要，二是扶危济困。无论出于哪种需要，若由私人提供公共产品，则使用该公共产品就必须为之付费，因此消费该公共产品就会受到收入多寡的约束，使贫困者无经济条件享用，或只能少量享用，其本质是公共产品为富人提供，而非为了穷人，这有悖于公共产品提供的初衷，并有失公平。公平和正义是当代政治哲学所倡导的价值理念，也是现代政府为之奋斗的目标，对此，政府责无旁贷。

通过以上学者的研究，普遍认为政府在提供公共产品的过程中兼具这两种优势，即效率优势和公平优势。这成为政府提供公共产品和社会服务的逻辑起点。然而上述研究仍存在一些致命的缺陷，其缺陷在于缺乏对公共产品进行认真细微的审视，导致对公共产品研究抽象化和笼统化，进而缺乏对公共产品进行横向和纵向的区分。从横向来说，不同的公共产品在两种属性上所具有的程度是不同的，因而可以区分为纯公共产品和准公共产品，并以此为基础区分政府机制和市场机制在提供产品上的应负职能，按照以上逻辑，政府应负责提供纯公共产品，而市场则负责提供某些准公共产品；从纵向来说，公共产品的供给可以根据产权的可分割性分解成一系列的环节，政府机制与市场机制应根据各自的优势在分解的环节中各领风骚，进一步建立起公共部门和私人部门合作供给的机制，通过公私部门共同努力，实现公共产品供给的效率目标和公平目标。

2.4　准公共产品供给理论

根据前面分析，纯公共产品由于具有非排他性和非竞争性，使得市场机制和自愿合作机制在其提供问题上存在难以回避的缺陷，因此，这一提供的重任，由于政府机制在克服“搭便车”和筹集资金问题上具有其他机制不可比拟的优势，就责无旁贷地落在了政府的头上。由于本书的研究对象停车设施属于准公共产品，因此有必要探讨一下准公共产品的有效供给问题。

2.4.1　准公共产品的政府供给机制

探讨准公共产品的提供主体问题是公共经济学界面临的一个重要课题，诸多经济学家对此进行了不懈的探索，并得出了一些基本的可资借鉴的结论。准公共产品的提供主体不同，导致的效率结果不同，同时导致的公平结果亦相异。传统经济理论认为，由于准公共产品具有纯公共产品的某些属性，准公共产品若由市场机制提供，必将出现市场机制的“失灵”，因此成为政府机制提供的极好借口。导致准公共产品市场机制提供“失灵”的原因涉及准公共产品的基本属性，其属性包括以下内容。

（1）非竞争性和非排他性。非竞争性和非排他性是造成“失灵”的原因之一。根据研究，学者们认为，大多数准公共产品在某种程度上均具有以上两种属性，虽然有时两种属性所达到的程度不同，但这是一个不可回避的事实。这两种属性导致了准公共产品和纯公共产品在提供效率上的同样命运，使市场机制难以有效地发挥作用，供给缺乏效率。其原因在于，一方面其所具有的非排他性属性使准公共产品难以利用市场机制通过交易实现其价值；另一方面其所具有的非竞争性属性使得采用市场机制供应准公共产品将导致社会福利的损失。

（2）正外部性。外部性也是造成“失灵”的原因之一。准公共产品所具有的正外部性属性也使得市场机制难以有效发挥作用。无论是正外部性，还是负外部性，都会导致生产者决策的偏差问题，对于正外部性来讲，由于存在私人收益和社会收益不一致的问题，生产者往往依据边际私人收益等于边际私人成本（或边际社会成本）的原则进行最优产量决策，往往产量偏低，进而造成私人最优决策与社会最优决策之间的差异，即私人最优决策在公共产品供给数量上低于社会最优决策。私人生产所导致的这种外部收益是难以通过市场交换机制得到弥补的。另外，还有一些准公共产品，如基础科学研究，由于其投资大、风险高、见效慢，私人部门一般也不愿介入。

（3）自然垄断性。垄断同样也是造成“失灵”的原因之一。就某些准公共产品来讲，由于其生产所需的固定成本巨大，而可变成本相对较小，因此其成本曲线具有独特的特征，其平均成本曲线和边际成本曲线均呈递减趋势，且边际成本曲线位于平均成本曲线之下，具有规模经济的特点，称此类行业为自然垄断行业，如城市公用事业。若考虑通过自由竞争的市场机制自发提供该类产品，则诸多企业长期竞争的结果虽然可以带来短期的市场效率，但长期竞争的结果不仅导致较低的利润，还会由于固定投资太大造成资源浪费；若考虑产品由某一企业独家提供，虽可实现规模经济的好处，避免资源的浪费，但也可能出现一些问题。由于企业独家提供，必然具有很强的市场势力，因此可以控制产量和操纵市场价格，导致社会福利损失，侵占消费者剩余。

准公共产品所具有的以上特性，使得学者们认为市场机制在提供方面存在一定程度的缺陷，故力主通过政府机制来提供，以克服市场机制的缺陷。

准公共产品之所以由政府来提供，是因为政府机制比市场机制在提供公共产品方面具有诸多优势。这些优势包括：①克服“搭便车”的优势。政府具有权力优势，可以以国家强制力并通过税收的方式进行融资，克服由于非排他性和非竞争性所导致的“搭便车”问题。税收成了人们不愿意显示自己偏好的显示机制，成为提供公共产品所愿意支付的价格，从根本上消除了公共产品供给过程中的“搭便车”问题。②特权优势。一般情况下，任何其他组织只有付出一定的成本才有权要求他人履行彼此间的契约，然而政府却不用，它可以通过自身所具有的强制力，强制对方无条件的履行。此外，在经济生活中，政府还可以采用特许经营的形式，特许那些得到许可证的人依法进行经营。特许经营的目的出于确保公共产品的有效供给。③节约成本。这里所说的节约成本包括两个方面，即节约交易成本和组织成本。按照契约论的观点，政府是由公众通过出让权力并签订契约形成的，由于政府代表公共权威，具有较强的协调和整合能力，在克服外部性和解决公共产品提供问题上具有较低的交易成本。另外，政府作为国家的政治组织，其提供公共产品的组织成本比市场也较低。若把准公共产品的提供诉诸政府，则可以在以上两个方面节约成本。④融资优势。在公共产品供给严重不足，以及民间资本严重短缺的情况下，政府可以凭借其货币政策和财政政策为产品的供给提供支持，以政府资本替代民间资本，克服公共产品供给不足和民间资金短缺问题。

2.4.2 准公共产品政府供给的范围

虽然政府机制比市场机制在提供公共产品方面具有诸多优势，但是，经济学家并不因此认为准公共产品的有效提供可以完全诉诸政府，究其原因：①产品的竞争关系。社会资源是稀缺的，政府和市场两种机制存在替代关系，准公共产品和私人产品存在资源争夺关系，若政府无节制地拓展准公共产品的外延，会导致挤出效应，公共产品挤占私人产品应占有的资源份额。②有失效率和公平。如果政府机制包揽全部准公共产品的提供和生产，而将私人部门所寄托的市场机制排除在外，导致因政府垄断而缺乏市场竞争条件下的效率损失；同时政府机制也会导致社会公平问题，其原因是只有部分人受益于准公共产品，而非社会全部，若政府将全部准公共产品均纳入提供范围，则对于不能受益的其他成员有失公平。③财政条件的限制。正如财政学家瓦格纳所提出的瓦格纳定律所言，随着政府职能的不断扩张，包括公共产品提供种类的增加，导致财政支出呈逐年扩张的趋势，这将极大地危及一国的财政安全，因此应根据一国的财政条件适当控制公共产品的供给范围[93][143]。

通过以上剖析，为了有效提供准公共产品和私人产品，明确政府机制和市场机制各自的职能和范围无论在理论上还是在现实中都显得非常必要。经济学界就市场和政府的分工和职能划分已初步达成共识：①竞争性类似于私人产品、排他性类似于纯公共产品的一般由政府提供。②具有很强正外部性并关系到现代社会民众福祉的，应由政府提供。③具有自然垄断性的准公共产品，宜由政府提供，并对其加以规制。④投资规模大或需要跨区合作，且私人部门经济实力不足的，还需要政府提供[6][33]。

准公共产品种类繁杂，所具有的两种经济属性程度各异。具体由市场机制提供，还是由政府机制提供，仍然需要具体问题具体分析。

2.4.3　准公共产品供给中政府机制的“失灵”

市场机制因公共产品特有的经济属性而存在“市场失灵”，即市场并非万能，政府在提供准公共产品方面虽有优势，但也并非万能，也存在“政府失灵”。

20 世纪 40 年代诞生的公共选择学派给了政府有效论沉重一击，该学派的主要先驱人物包括美国的布坎南、塔洛克、缪勒和英国的布莱克。公共选择学派倡导将经济学分析方法引入政治分析领域，用于分析选民行为、政府行为和官僚行为，并成功阐释了“政府失灵”的原因。

（1）委托代理关系的原因阐释。布坎南认为，提供准公共产品的政府与其所辖的生产企业之间存在委托代理关系，其中政府是委托人，而其所辖的公共企业则是代理人。这些公共企业在其内部形成一个相对于政府的利益集团，由于两者之间的信息不对称，公共企业为了追求自己的利益，会通过隐匿信息的方式，逃避政府的监督。由于通过隐匿信息的方式欺瞒政府，而非改进经营效率，因此企业经营效率低下。这种信息不对称还会导致企业夸大自身的经营成本，以获得更多的政府补贴，提高了经营成本。

（2）X－无效率的原因阐释。自然垄断是推演出政府提供公共产品的必然逻辑。然而事实并非完全如此，政府垄断公共物品供给常常会引发“X－无效率”。“X－无效率”是与“X－效率”相对而言的。莱本斯坦认为，“X－效率”是指企业在完全竞争的条件下，迫于外部环境带来的竞争压力，企业不得不提高生产效率并降低成本。“X－无效率”则是指企业在受到政府保护并以垄断者自居的情况下，由于免受外来竞争压力的冲击，放弃了成本最小化与利润最大化的目标。如果公共部门垄断准公共物品的供给，将私人部门排除在竞争之外，将导致政府远离市场竞争，不思进取，失去降低成本和技术进步的动力，导致产品供给缺乏效率。

（3）官僚预算最大化的原因阐释。公共选择理论将“经济人”的假设引入政治分析，用于分析官僚行为，尼斯坎南建立了官僚的效用函数，并将影响该函数的因素归结为以下几个方面，其中包括权力、工资、岗位津贴、公共声誉、赞助、官僚机构的管理、改革的难易程度[94][223]。该函数可以有力地解释官僚机构的缺乏效率和官僚预算最大化倾向。首先，尼斯坎南建立该函数的目的在于在很大程度上体现官僚机构的真正追求，并具体展示这种追求，进而探讨该追求如何影响官僚机构的运行功能。由于官僚机构的偏好常常会有悖或偏离于公众的偏好，造成政府财政活动效率低下。其次，在官僚机构的支配下，出现如瓦格纳定律所描述的政府公共支出的不断增长。政府支出的增长远远超出公众对公共物品需求的增长，官僚机构有内在的动机使自身预算最大化。

由于公共部门供给公共产品缺乏效率，学者们对此开出了促进效率的两剂药方。第一剂药方是引入市场竞争。历史表明，市场竞争越充分，生产者迫于竞争压力，努力降低生产成本，提高产品质量，促进技术革新，满足消费者的需求，进而越能提高供给效率[95][58－62]。第二剂药方是建立激励约束机制。公共选择学派代表人物布坎南从“经济人”的假设出发阐述了对官僚机构实施约束的必要性。他以“经济人”假设为基础对官员的行为进行了分析，认为现实社会中无私奉献、一心为公官员确实存在，但仍不能认为所有的人都是大公无私的。如果百分之一的人做了百分之一的错事，其对社会的危害也不可小觑。因此，有必要建立防范错误和纠正偏差的制度。制度对于经济发展是内生的并可以约束人们的机会主义行为，经济发展不能仅仅依赖人们的仁慈、美德、内省和自律，人性自身的缺陷必须依靠外在力量来约束。建立激励约束机制的根本目的在于消除信息不对称以及不完美的问题。

2.5　准公共产品的市场供给机制

2.5.1　准公共产品市场供给的理论基础

政府并非万能，政府也存在“失灵”的问题，政府的“失灵”为其他供给主体的介入提供了可能。经济学界为市场机制的重新回归进行了不懈的探索，并得到了一些有益的结论。

以科斯为代表的现代产权理论认为，市场机制提供公共产品低效的根本原因在于其产权不够明晰。只要产权是完全明晰的并确保不会受到任何侵犯，某些“市场失灵”可以完全避免。针对这一点，科斯曾经做过精辟的论述，后来的经济学家甚至将之奉为圣经，并冠以科斯定理的雅称。科斯认为，如果产权是明晰的，并且交易成本为零，则无论将物品的初始产权赋予谁，通过市场交易达成的结果都是具有帕累托效率的，因此明晰产权成为准公共产品由市场机制提供的前提。

公共选择学派的代表人物布坎南也对此问题进行了探讨，他利用之前提出的俱乐部理论，全新地解释了如何通过市场机制提供公共产品的问题，布坎南认为，在以纯公共产品与私人产品为两极的连续谱系中，存在具有拥挤性特征的俱乐部产品，该种产品具有局部非排他性和拥挤性的特征。为了实现俱乐部产品的有效供给，可以通过收费实现局部排他，这种排他性的收费制度既可以实现俱乐部的最优规模，同时也能实现俱乐部成员的效用最大化。布坎南认为，若能实现产权的足够明晰，就应有效利用市场机制，将纯公共产品降阶为俱乐部产品，以俱乐部提供替代政府提供。拿引航灯塔来说，其产权的变更能够有效排除没有照明许可的船只，持有照明许可的船只可以享受俱乐部带来的好处。上述分析说明，在产权明晰的条件下，可以通过市场机制或者俱乐部机制实现准公共产品供给效率，并且绝不会比政府机制差，其效率甚至会超越政府机制[96]。

2.5.2 准公共产品市场供给的合理范围

通过前述分析发现，政府和市场这两种配置资源的方式都有自己的优势和不足。同样对于准公共产品的供给来讲，市场和政府各有不足，也各具优势。也就是说，两者都有自己的合理边界。公共产品是否由市场机制来提供，取决准公共产品的排他性程度。因为只有具有排他性，私人部门才会在利润动机的驱使下，通过收费的方式提供准公共产品，并使自己的利润实现最大。一般来讲，只有那些投入成本相对较小、私人部门具有该产品的投资实力且无需跨区合作的项目才是市场机制提供的合理边界，确定合理的边界对于划分政府和市场的经济职能具有重要的现实意义。

准公共产品所具有的不同程度的非排他性和非竞争性是时空可变的。随着经济技术条件的变化和排他性技术的提高，纯公共产品、准公共产品以及私人产品的外延会发生变化，这种变化为准公共产品的市场化提供了条件。从历史经验来看，在排他手段发展的前提下，依据产品属性维度坐标，公共产品沿着纯公共产品——准公共产品——私人产品的路径演进。反之，则相反。

由市场还是政府提供公共产品，不仅取决于效率条件，还取决于诸多其他社会目标。市场机制虽然可以通过竞争提高供给效率，但市场机制却不能实现自由、健康、公平和公正。当公平目标比效率目标更重要时，即使该产品可以实现排他，也应该由政府提供，此时其产品属性会发生逆转。

总之，政府和市场都有自己的优势和不足。市场机制供给准公共产品的优势是能够提高效率。而政府机制供给准公共产品的优势是能够消除其非排他性所导致的“搭便车”问题，其不足则在于因缺乏盈利目的，缺乏降低成本和提升质量的内在动力，而致使效率不足。而市场机制则不然，它能通过竞争激发企业的内在活力，并围绕利润最大化目标展开生产活动，在设法降低生产成本的同时，努力提升产品的质量，为社会提供更多更好的公共产品，提高了整个社会的福利水平。随着公众需求的日趋多样化，仅靠政府很难满足公众的需求。因此，必须打破政府对准公共产品的垄断供给，在准公共产品供给过程中引入市场机制，促进其多样化供给。

2.5.3　市场介入准公共产品供给的机制

市场介入准公共产品供给的机制主要包括以下几种。

（1）公私部门合作机制。包括三种情况：①排他性准公共产品。对于具有排他性的准公共产品来说，如果现有技术具有排他可行性，则该产品既可由政府机制提供，也可由市场机制提供。若由政府机制提供，则公众可免费使用，其提供成本可以以税收的方式取得；若由市场机制或私人部门提供，则其成本通过收费的方式取得。在这种两者都可以提供的情况下，提供方式取决于两者的成本收益的大小。②竞争性准公共产品。具有竞争性准公共产品，一般也实行公私合作的供给方式。由谁提供则取决于两者净收益的比较。③正外部性准公共产品。政府通过向私人部门发放财政补贴，来为正外部性给社会带来的收益提供激励。

（2）第三部门提供机制。第三部门又称非营利组织，这是准公共产品的非营利组织志愿供给方式。美国经济学家伯顿·韦斯布罗德用均衡分析的方法诠释了非营利组织存在的必要性，认为非营利组织的存在是对政府功能缺失的有益补充，政府、市场和非营利组织共同构成了准公共产品供给过程中相互补充和相互替代的工具；美国法经济学家亨利·汉斯曼认为在“非分配约束”的条件下，由非营利组织提供准公共产品就可以避免众多的欺诈行为，因此，某些政府和市场都不能很好提供的准公共产品应由第三部门介入；美国非营利组织专家萨拉蒙提出了除政府管理之外的第三方管理模式，认为政府的某些职能履行可以由第三部门来取代。此种模式的优点在于，既可以避免政府机构的膨胀，又可以用节省下来的资金增加公共产品的供给。一言以蔽之，在存在政府和市场双重“失灵”的条件下，第三部门作为政府和市场的替代便应运而生。

总之，准公共产品一般有三种供给机制，即政府机制、市场机制、第三部门机制。政府供给机制依据的是集体决策，根据中位选民定理，政府决策的最终结果取决于选民的偏好分布，在单峰偏好分布的情况下，根据霍泰林空间定点理论，中位选民的偏好因获多数而胜出。政府供给的资金来源于税收，供给目的出于社会公平，其组织结构为官僚制结构；市场供给机制是私人决策，私人追求企业利润，进而实现经济效率，企业内部是科层制组织结构；非营利组织供给机制致力于道义和慈善，内部成员不求报偿，内部组织关系松散。

2.6 准公共产品的市场化提供模式

通过以上分析，由于纯公共产品只是少数，而大部分是准公共产品，因此，在准公共产品的提供过程中，应注意发挥市场和政府彼此的优势，而不应该把市场和政府严格割裂开来，从而实现公私部门的合作关系，实现准公共产品的有效供给。

2.6.1 准公共产品供给引入市场机制的制度安排

为了保证准公共产品的有效提供，充分发挥市场机制的效率优势，美国经济学家萨瓦斯给出了准公共产品供给的十种制度安排和九种生产方式。其所倡导的供给方面的制度安排包括：①政府服务；②政府出售；③政府间协议；④合同承包；⑤特许经营；⑥政府补助；⑦凭单制；⑧自由市场；⑨志愿服务；⑩自我服务。其所倡导的生产方式包括：①传统的政府内部生产；②协调生产；③共同生产；④合同外包；⑤特许经营；⑥凭单制；⑦使用者付费；⑧政府补助；⑨私人主动融资计划 PFI（Private – Finance – Initiative）[90][102 – 259]。

2.6.2　引入市场机制的决策步骤

除了上述给出的准公共产品供给的制度安排和生产或提供方式外，萨瓦斯还提出了公共产品引入市场机制的决策步骤，具体包括：提供什么、如何提供、生产方式、生产评价等。

2.6.2.1　提供什么和谁来提供

提供什么和由谁来提供，解决了提供产品和提供主体问题，提供产品的范围应限定在公共产品领域，提供主体更多地强调了政府提供和市场提供这两种不同的提供主体。萨瓦斯指出政府可以提供，但应该提高政府提供的效率，这一点可以通过向私人部门学习经营和管理方法来实现；市场也可以提供，这可以充分利用私人部门的效率优势，即能由私人部门提供的力争由私人部门提供。

萨瓦斯给出了公共产品供给引入市场机制的形式，具体包括：政府内部改革、政府委托授权、政府撤资、政府淡出等，或强调公共部门引入企业管理方法，或强调公共部门转交给企业经营，或强调政府从准公共产品提供领域逐渐退出，突出市场机制和私人部门的效率优势，以此为私人部门参与准公共产品的提供和生产提供理论指导，其具体引入市场机制的形式如表 2 - 4 所示。

表 2 - 4　　公共产品供给引入市场机制的形式[90][127]

形式	具体办法	具体含义
政府委托授权	合同承包	部分服务；全部管理
	特许经营	场域特许经营；租赁
	补助	
	凭单	
	法律委托	

续表

形式	具体办法	具体含义
政府撤资	出售	给合资企业；给私营业主；给公众；给雇员；给使用者或消费者
	无偿赠予	给合资企业；给私营业主；给公众；给雇员；给使用者或消费者；给原来的拥有者；给特定的群体
政府淡出	清算	
	民间补缺	
	撤出（卸载）	
	放松规制	

2.6.2.2 公共产品的类型和供应安排方式

提供什么和由谁来提供，解决了提供主体问题，其更多地强调了由谁来出资的问题，是公共部门出资，还是私人部门出资，还是两者共同出资等。但是下一步公共产品由谁来直接生产问题有待解决。为此，相关文献还给出了不同公共产品的类型和供应的安排方式，具体包括政府直接生产、政府间接生产、政府退出等，具体情况见表2－5。

表2－5　　公共产品类型和供应的安排方式[6][86]

生产方式	制度安排	私人物品	公共产品类型			
			纯公共产品	公共资源	可收费物品	优质品
政府直接生产	免费使用	适用	适用	适用	适用	适用
	使用者付费	适用		适用	适用	
	内部市场	适用			适用	适用
政府间接生产	政府间协议	适用	适用	适用	适用	
	合同外包	适用	适用	适用	适用	
	特许经营	适用		适用	适用	
	凭单制	适用		适用	适用	适用
	补助	适用		适用		适用
政府退出	私有化	适用	适用		适用	

2.6.2.3　具体生产方式

为了评价上述生产方式的优劣，萨瓦斯给出了选择不同生产方式的评价指标，并根据上述指标对各种不同的生产方式进行粗略分析，给出了生产方式的具体评价结果，见表 2－6。

表 2－6　　选择不同生产方式的评价指标[90][102]

要素特征	政府服务	政府出售	政府间协议	合同承包	特许经营	补助	凭单	自由市场	志愿服务	自我服务
处理具体性差的服务	＋＋						＋＋	＋＋	＋＋	＋＋
要求多个生产者				＋＋			＋＋	＋＋		
提高效率和效益		＋	＋	＋＋	＋	＋	＋＋	＋＋	＋	
实现规模经济			＋	＋＋	＋＋	＋＋	＋＋	＋＋	＋＋	
成本收益的关联度		＋	＋	＋＋	＋	＋＋	＋＋	＋＋	＋＋	＋＋
对消费者的回应性		＋＋			＋＋	＋	＋＋	＋＋	＋＋	＋＋
对欺骗行为的免疫力			＋＋						＋＋	＋＋
促进收入的再分配	＋＋		＋＋	＋＋		＋＋	＋＋		＋	
对政府指导的回应性	＋＋		＋	＋	＋	＋				
限制政府雇员规模				＋＋	＋＋	＋＋	＋＋	＋＋	＋＋	＋＋

注：两个加号表示该种特征十分明显，一个加号表示不太明显，空白表示缺乏。

2.6.2.4　不同生产方式的优劣

相关文献同时给出了政府生产在不同公共产品或服务中的优势及引入市场机制的方式[97]。

（1）纯公共产品。包括两类，即普通纯公共产品和特殊公共产品。

①普通纯公共产品，如国防、外交、法律、司法、环保等，具有效用的不可分割性、消费的非排他性；无法通过收费方式收回成本，只能通过税收融资；政府生产具有成本和规模优势；通过委托授权方式将生产链条中的某一或某几环节交由市场生产，如消防服务的政府间协议和外包、监狱外包、军需采购等；进行产权设计改变产品属性，便于资源的重新配置，如以解决环保和公共资源问题为目的的排污权交易和海洋捕捞权交易等。②具有特殊意义的公共产品。如政府调节经济的政策、就业政策、收入分配政策等；具有效用的不可分割性、消费的非排他性；无法通过收费方式收回成本，只能通过税收融资；政府生产具有成本和规模优势，政府掌控公共权力，可以通过强制方式（税收）为生产融资；以宏观产业政策代替指令性计划，实现市场化调控；以商业银行的买卖证券代替央行的直接金融政策干预。

（2）混合公共产品。包括自然垄断产品和优质品。①自然垄断产品，如交通、通信、电力、自来水等，其主要特点包括：技术上可以做到排他，在未达到“拥挤点”之前具有消费的非竞争性；初始投资巨大，边际成本往往小于平均成本；具有规模经济优势，易形成垄断；可以通过收费方式提供。政府和市场均可提供，但政府垄断生产可能质次价高；政府资本相对有限，导致该类产品效率低下；政府可打破垄断引入竞争机制，由消费者付费；但政府需要对此进行管制。引入市场机制的方法包括：使用者付费、特许经营、政府间协议、公司合作生产。②优质品。包括基础教育、基本公共卫生、保健、社会保障等。其本质上具有私人产品的特性，但具有广泛的正外部性或者由于信息不完全而造成不完全市场。政府和市场均可生产，但市场生产未能达到资源的配置效率，可能还会产生公平问题。

丹尼尔·波塔士还给出了不同生产方式优劣比较。

（1）合同外包。其优点表现为不仅可以提高生产效率，改善公共服务的质量，而且可以节约政府成本，缓解财政压力，降低服务价格。其缺点表现为易招致政府雇员的反对，并导致私人垄断，还要求政府有较高的质量监管能力和绩效评估能力。

（2）特许经营。其优点表现为有利于吸引民间知识、技术和资金，节约成本，缓解财政压力。其缺点表现为易招致政府雇员的反对，并导致私人垄断，还要求政府有较高的质量监管能力和绩效评估能力。

（3）凭单制。其优点表现为给民众更多选择自由，有助于增进社会公平，提高生产效率，节约资金，防止腐败。其缺点为需要政府持续投入。

（4）补助。其优点表现为比直接由政府提供成本低。其缺点表现为需要政府持续投入，过程不够透明。

2.6.3　准公共产品供给中引入市场机制的方式方法

2.6.3.1　准公共产品供给中引入市场机制的成效和问题

巴巴拉认为，在大多数公共机构中，诸如清晰准确的任务界定、明确的工作标准和责任追究等原则并没有像在多数私营企业那样得到严格落实，这一区别似乎是公共机构和私人部门之间存在巨大的成本差异的主要原因。引入市场机制后可能产生的成效，包括：明显地节约政府的成本；提高公共产品或服务的质量和数量；增进社会公平；给政府带来利益。但引入市场机制后也可能产生一些问题，如官员腐败、竞争不够充分或产生新的垄断、公共产品或服务的价格提高、撇脂现象、控制力削弱、政府雇员安置问题[98]。

2.6.3.2　合同外包

美国的一项调查表明，99%的地方政府曾通过合同外包的形式实行了公共服务的民营化，其中，涵盖了 200 多个公共服务项目，涉及社会生活的方方面面，内容非常繁杂，上至空气污染治理、飞机场管理，下至下水道维修、人行道修补、雪后服务等，其中也涉及了与停车相关的问题[99][3]。具体见表 2 - 7。

表 2－7　　采用合同外包方式提供的公共产品和服务[90][75]

1. 戒毒戒酒、收养服务、空气污染治理、飞机场管理；飞机场火灾和撞机事件处理、飞机场服务、预警系统的维护、戒酒服务、救护车服务、动物控制、建筑、会堂管理、审核
2. 海滩管理、使用费的核算和收集、桥梁管理（建造、检查和维修）、建筑物拆除、建筑物修复、建筑物和地面管理（看守、维护和安全）、建筑物和机械的检查、消除贫困、公交系统管理和运作、公共汽车候车亭维护
3. 自助食堂和饭馆管理、污水沟清理、公墓管理、儿童服务费收集、民房通信、牧师管理、通信设备维修、通信中心管理、计算机管理、咨询服务、会议中心管理、刑侦实验室、犯罪预防和巡逻、监护服务
4. 数据录入、数据处理、日托、收债、文件起草、吸毒者和酗酒者治疗项目
5. 经济发展、选举管理、选举监督、电力、电梯检查、应急维修、急救医疗服务、环保服务
6. 家庭心理咨询服务、财务服务、火警服务、消防栓维修、火灾预防和控制、食物控制计划、孤儿院管理
7. 高尔夫课程管理和运作、形象服务、保安服务
8. 健康检查、保健服务、家庭照顾服务、无家可归者收容所的运营、医院管理、医疗服务、住房巡查和有关的执法活动、住房供应管理
9. 工业发展、灭虫灭鼠、制度维护、保险管理、灌溉
10. 劳工关系、试验室、景观美化、洗衣店、草坪维修、树叶收集、法律事务、法律援助、图书馆管理、颁发许可证、彩票操作
11. 管理咨询、绘图服务、码头服务、公路分界岛的维护、消灭蚊蝇、搬运和储存、博物馆和文化设施
12. 噪声控制、护理服务、营养配给管理
13. 办公设备维修、民意调查
14. 辅助交通系统的管理、公园管理和维护、对停车规定的执法、停车场和修车站管理、计时停车管理、停车票据处理、巡查、工资管理、人事服务、照相服务、医师服务、计划编制、管道检查、警备通信、港口和海港管理、印刷、囚犯运送、监外执行囚犯管理、财产获取、公共行政服务、公共卫生服务、公共关系和信息、公共建设工程
15. 纪录保持、娱乐服务、回收、修复、资源回收、风险管理
16. 校车服务、文秘服务、安全服务、污水处理、下水道维修、人行道修补、雪后服务（清扫、清理、铺沙）、社会服务、土壤保持、固体废物处理（收集、搬运、处置）、街道服务（修建、维修、重铺路面、清扫）、街道照明服务（安装和维修）、测量服务
17. 征税（税级评定、税单处理、征缴）、网球场维修、测试记分、拖拉服务、交通管制（标记和信号的安装和维护）、政府雇员的培训、过境管理、老年人和残疾人交通、出纳服务、树木服务（栽种、修剪和移动）
18. 公共事业费核征、电表、水表、气表读数

续表

19. 车队管理、车辆维修、车辆拖拉和存放、选民登记
20. 污水处理、水表阅读和维修、水污染治理、水供给和分配、雇员赔偿请求
21. 区域划分和分区控制、动物园管理

2.6.3.3　特许经营

萨瓦斯以及一些相关文献给出了特许经营适用的项目或服务类型、特许经营的主要类型、几种主要特许经营模式的区别、合作双方的角色、特许经营具体方式的选择、适用对象分析[6][109-112]。

（1）特许经营适用的项目或服务类型。其主要包括：交通、水资源及设施，健康、教育设施，惩教服务，艺术、体育和娱乐设施，会议中心、政府办公设施，社会住房等，涉及社会生活的方方面面。

（2）特许经营的主要类型。其主要包括：经营和维护（O&M）；设计—建设（DB）；建设—经营—转让（BOT）；租赁—建设—经营（LBO）；建设—租赁—经营—转让（BLOT）；设计—建设—转让—经营[BTO（DBTO）]；建设—拥有—经营—转让（BOOT）；设计—建造—投资经营（DBFO）；建设—拥有—经营（BOO）；购买—建设—经营（BBO）。

（3）几种主要特许经营模式的区别。其主要从四大项（投资、建设、经营、拥有等）、八小项，对 BOT、DBOT、DBFO、BLOT、BOOT 和 BBO 等几种主要特许经营模式进行了比较，具体如表 2-8 所示。通过这些比较，详细地阐述了每一种模式所具有的优势和不足，为特许经营模式的选择提供了理论和实践的借鉴。

表 2-8　几种主要特许经营模式的区别[6][110]

类型	比较项	BOT	DBTO	DBFO	BLOT	BOOT	BBO	BOO
投资	私人负责投资			√	√	√	√	√
	通过向用户收费收回投资		√		√	√	√	√
	通过政府付费收回投资	√		√				
建设	私人部门建设工程	√	√	√	√	√	√	√

续表

类型	比较项	BOT	DBTO	DBFO	BLOT	BOOT	BBO	BOO
经营	私人部门提供服务	√	√	√	√	√	√	√
拥有	公共部门永久拥有	√	√	视合同定	√			
	公共部门永久拥有					√		
	私人部门永久拥有						√	√

注：√表示具有该种特征，空白表示不具有该种特征。

（4）公私部门扮演的角色。充分发挥私人部门的效率优势，是公共产品提供方式民营化和市场化的初衷。公私部门在公共产品提供过程中，对于不同的特许经营模式，双方所扮演的角色具有较大差异，表2－9列出了在不同特许经营模式中，公共部门和私人部门所应扮演的角色。

表2－9　合作双方的角色

角色类型	特许经营模式
政府主导型	DB、O&M 等各种外包类特许模式
共同合作型	DBFO、DBTO、LBOT、BLOT、BOOT
私人主导型	BBO、BOO

（5）特许经营具体方式的选择。世界银行发展报告从竞争潜力、公共产品或服务的特性、收费弥补成本的潜力、收入再分配因素、外部性因素、可销售指数等几个指标，针对不同基础设施项目引入私人资本的可行性程度进行了分析，见表2－10。世界银行发展报告[100][115－119]、萨瓦斯和相关文献给出了不同发展程度的国家在不同公共产品或服务中引入特许经营的可行性，见表2－11。

表2－10　不同基础设施项目引入私人资本的可行性程度分析[6][113]

公共产品或服务类型		竞争潜力	公共产品或服务的特性	收费弥补成本的潜力	收入再分配因素	外部性因素	可销售指数
电信	市内电话	中	私人	高	中	低	2.6
	长途电话和附加值	高	私人	高	极少	低	3.0

续表

公共产品或服务类型		竞争潜力	公共产品或服务的特性	收费弥补成本的潜力	收入再分配因素	外部性因素	可销售指数
电力、天然气	发电	高	私人	高	极少	高	2.6
	输电	低	会员	高	极少	低	2.4
	配电	中	私人	高	很多	低	2.4
	天然气的生产与输送	高	私人	高	极少	低	3.0
交通运输	路基和车站	低	会员	高	中	中	2.0
	铁路运输和客运	高	私人	高	中	中	2.6
	城市公共汽车	高	私人	高	很多	中	2.4
	城市轨道交通	高	私人	中	中	中	2.4
	农村公路	低	公共	低	很多	高	1.0
	干线和支线道路	中	会员	中	很少	高	2.4
	城市道路	低	公共	中	极少	低	1.8
	港口和机场设施	低	会员	高	极少	高	2.0
	港口和机场服务	高	私人	高	极少	高	2.6
水	城区管道网络	中	私人	高	很多	高	2.0
	非管道系统	高	私人	高	中	高	2.4
卫生设施	管道排污和处理	低	会员	中	少	高	1.8
	公寓污水处理	中	会员	高	中	高	2.0

表 2-11　不同发展程度的国家在不同公共产品或服务中引入特许经营的可行性[6][115-117]

公共产品项目		可销售指数	低收入国家	变革中的中等收入国家	改革中的中等收入国家	高增长中的中等收入国家
电信	市话交换	2.6	O&M，LBO，BTO，BOOT，BOT，BBO，BOO（受价格管制）	O&M，LBO，BTO，BOOT，BOT，BBO，BOO（受价格管制）	BBO，BOO（受价格管制）	BBO，BOO（受价格管制）
	长途电话和附加值	3.0	O&M，LBO，BTO，BOOT，BOT，BBO，BOO（受进入管制）	O&M，LBO，BTO，BOOT，BOT，BBO，BOO（受进入管制）	BBO，BOO（受进入管制）	BBO，BOO（受进入管制）

续表

公共产品项目		可销售指数	低收入国家	变革中的中等收入国家	改革中的中等收入国家	高增长中的中等收入国家
电力	热力和小型水力发电	2.6	O&M，LBO，BTO，BOOT，BOT，BBO，BOO（受进入管制）	O&M，LBO，BTO，BOOT，BOT，BBO，BOO（受进入管制）	O&M，LBO，BTO，BOOT，BOT，BBO，BOO（受进入管制）	BBO，BOO（受进入管制）
电力	大型水力发电	1.4	公营 O&M，LBO，BTO，BOOT，BOT	公营 O&M，LBO，BTO，BOOT，BOT	公营 O&M，LBO，BTO，BOOT，BOT	公营 O&M，LBO，BTO，BOOT，BOT
电力	输送	2.4	公营 O&M，LBO，BTO，BOOT，BOT	公营 O&M，LBO，BTO，BOOT，BOT	O&M，LBO，BTO，BOOT，BOT，BBO，BOO（受进入管制）	O&M，LBO，BTO，BOOT，BOT，BBO，BOO（受进入管制）
电力	配电	2.4	O&M，LBO，BTO，BOOT，BOT	O&M，LBO，BTO，BOOT，BOT，BBO，BOO（受价格管制）	BBO，BOO（受价格管制）	BBO，BOO（受价格管制）
天然气	生产/输送	3.0	O&M，LBO，BTO，BOOT，BOT	O&M，LBO，BTO，BOOT，BOT，BBO，BOO（受进入管制）	BBO，BOO（受进入管制）	BBO，BOO（受进入管制）
供水	城市管道系统	2.0	O&M，LBO，BTO，BOOT，BOT	O&M，LBO，BTO，BOOT，BOT	公营 O&M，LBO，BTO，BOOT，BOT	公营 O&M，LBO，BTO，BOOT，BOT
供水	农村或非管道系统	2.4	自助	自助	自助	自助
卫生设施与排污	排污管道与处理	1.8	公营 O&M，LBO，BTO，BOOT，BOT	公营 O&M，LBO，BTO，BOOT，BOT	公营 O&M，LBO，BTO，BOOT，BOT	公营 O&M，LBO，BTO，BOOT，BOT
卫生设施与排污	公寓污水处理	2.0	自助	自助	自助	自助

续表

公共产品项目		可销售指数	低收入国家	变革中的中等收入国家	改革中的中等收入国家	高增长中的中等收入国家
固体废弃物	收集	2.8	BBO，BOO（受进入管制）	BBO，BOO（受进入管制）	BBO，BOO（受进入管制）	BBO，BOO（受进入管制）
	清洁排放	2.0	公营 O&M，LBO，BTO，BOOT，BOT	公营 O&M，LBO，BTO，BOOT，BOT	公营 O&M，LBO，BTO，BOOT，BOT	公营 O&M，LBO，BTO，BOOT，BOT
城市交通运输	公共汽车	2.4	BBO，BOO（受线路管制）	BBO，BOO（受线路管制）	BBO，BOO（受线路管制）	BBO，BOO（受线路管制）
	轨道交通	2.4	O&M，LBO，BTO，BOOT，BOT	O&M，LBO，BTO，BOOT，BOT	O&M，LBO，BTO，BOOT，BOT	O&M，LBO，BTO，BOOT，BOT
公路	干线和支线公路	2.4	公营	公营 O&M，LBO，BTO，BOOT，BOT	公营 O&M，LBO，BTO，BOOT，BOT	公营 O&M，LBO，BTO，BOOT，BOT
	农村道路	1.0	自助	自助	自助	自助
	城市道路	1.8	公营	公营	公营	公营
港口和机场	设施	2.0	公营 O&M，LBO，BTO，BOOT，BOT	公营 O&M，LBO，BTO，BOOT，BOT	公营 O&M，LBO，BTO，BOOT，BOT	公营 O&M，LBO，BTO，BOOT，BOT
	服务	2.6	O&M，LBO，BTO，BOOT，BOT（受线路管制）	O&M，LBO，BTO，BOOT，BOT（受线路管制）	O&M，LBO，BTO，BOOT，BOT（受线路管制）	O&M，LBO，BTO，BOOT，BOT（受线路管制）

（6）特许经营的适用对象。各种特许经营的形式适用的具体情形不同，其中管理外包、O&M，LBO、BOT、BBO，DB、DBO、DBFO、DBTO、BOOT、BOO，分别适用于管理维护已有的设施、扩建已有设施和新建设施。

2.6.4　准公共产品供给中引入市场机制的民营化实践

英国的撒切尔夫人是国有企业民营化和公共服务民营化的实际践行者。1979 年，英国实施了旨在促进供给效率和减轻国家财政负担的国有企业民营化改革，并成为西方国家国企改革的先行者。撒切尔夫人以国有企业改革为重点，放松政府对国有企业的管制，其改革内容包括：（1）直接出售国有企业所有权，实现产权向民间的转移；（2）将国有企业经营权向民间转移，长期特许民间经营；（3）企业股票上市，实现政府和市场风险分担；（4）其他措施还有特别股、立账、暴利税等。通过政府的特别股，保证政府对关键行业的有效控制，并有效规避国有企业被其他企业收购或兼并的风险。

除此之外，美国的里根政府于1988年推出了一系列的民营化举措，在联邦政府层面，部分政府企业被出售，包括联合铁路运输公司。同时，联邦机构辅助服务中的部分项目也以合同外包的形式被承包出去。在地方政府层面，辅助性服务和对公众的直接服务均以合同外包的形式进行了民营化改革，实现了公共产品提供和生产的民营化和市场化。20世纪80年代许多西方工业化国家效仿英国开始了民营化进程，许多发展中国家也步其后尘，陆续实施了市场化改革[96]。

2.7 公共产品供给的总体理论逻辑

公共产品理论是确定政府边界和市场边界的基础，是进行政府职能和市场职能划分的理论依据。研究公共产品理论的前世今生、梳理公共产品理论的发展脉络具有重要意义。

萨缪尔森给出了纯公共产品的两个基本特性，即消费的非竞争性和非排他性，但并未定义介于纯公共产品和纯私人产品之间的“准公共产品”。布伦德尔则给出了可以囊括所有产品类型的公式表示。美国经济学家布坎南提出“俱乐部产品”理论，丰富和发展了准公共产品理论。关于准公共产品的性质，一般认为应具有不完全竞争性和不完全排他性、正外部性、时空相对性和自然垄断性。美国经济学家曼昆认为共有资源和自然垄断性物品属于准公共物品。

私人产品的有效供给条件，即为生产与交换的一般均衡条件，即帕累托效率条件，其图解模型为横向加总模型。公共产品的有效供给条件，即为萨缪尔森条件，其图解模型为纵向加总模型。鲍温机制和林达尔机制解决了公共产品消费者偏好显示和成本分担问题。

"市场失灵"是政府提供公共产品的理论依据。政府机制可以通过强制手段克服"搭便车"问题和偏好显示问题，具有效率优势和公平优势。政府提供准公共产品也同样具有诸多优势，如克服"搭便车"的优势、特权优势、节约成本优势和融资优势。然而，政府提供准公共产品也会导致产品缺乏竞争、有失效率和公平等问题，即"政府失灵"问题。科斯和布坎南认为在产权明晰的条件下，可以通过市场机制或者俱乐部机制实现准公共产品供给效率。市场机制提供准公共产品的方式包括公私部门合作方式和第三部门提供方式。

在准公共产品的提供过程中，应注意发挥市场机制和政府机制的优势，实现公私部门的合作关系，实现准公共产品的有效供给。美国经济学家和民营化专家萨瓦斯给出了准公共产品供给的十种制度安排和九种生产方式，并给出的公共产品引入市场机制的决策步骤。英国的撒切尔夫人是国有企业民营化和公共服务民营化的实际践行者。

通过对公共产品供给侧改革的理论逻辑与供给实践的探索，将对我国公共产品供给侧结构性改革具有一定借鉴作用。实现产品的提供和生产效率必须首先搞清楚产品的经济属性，即是属于纯公共产品、私人产品还是介于两者之间的准公共产品，界定产品的经济属性是进一步明确产品提供主体的前提条件，由公共部门提供还是私人部门提供，即明确谁来出资的问题。出资并不等于直接生产，至于由谁来生产或经营的问题，仍然需要考虑生产效率问题。一般来讲，市场机制具有效率优势，应更多地引入市场机制，哪怕在公共产品生产的某一环节引入市场机制，不仅能够提高服务质量，而且能够降低生产成本，提高公众的总体福利水平。

2.8 停车设施的属性、产权及有效供给模式

停车设施是城市公共基础设施，属于准公共产品。停车设施担负着双重职能，即社会服务职能和交通需求管理职能。因此，其一方面作为准公共产品，履行其满足社会公众停车需求的社会服务职能；另一方面，根据公共产品的时空可变性和公共利益性，可随着国家财政状况和政策目标的变化而变化，以前由政府免费提供的公共停车设施，伴随着交通拥堵的出现、车辆的增多、交通压力的增大，通过收费使其肩负起了调节交通流量的交通需求管理职能。虽然两种公共停车设施，包括路内停车设施和路外停车设施，均拥有一定程度私人产品属性和公共产品属性，但两者在这两极属性所构成的单一坐标轴中所处的具体位置有所不同。路内停车设施具有较强的公共产品属性，公建配建停车设施具有较强的公共产品属性，路外停车设施具有较强的私人产品属性，但也具有公共产品属性，是一种混合产品，私人配建停车设施属于私人产品范畴。

在明确停车设施经济属性的基础上，根据停车设施的分类，停车设施的可供选择的供给模式可以归结为市场机制供给模式、政府机制供给模式以及非营利组织供给模式，其中以前两种模式为主。由于路内停车设施在一维坐标系中的位置更倾向于较强的公共产品属性，因此一般由政府机制提供；路外停车设施在一维坐标系中的位置更倾向于私人产品属性，因此一般由市场机制提供；公建配建停车设施在一维坐标系中的位置介于路内停车设施和路外停车设施之间，且更倾向于公共产品，既适合政府提供，也适合市场提供，一般属于俱乐部产品，适合单位提供；住宅配建停车设施在一维坐标系中的位置更倾向于私人产品，一般与房产搭配销售，具有消费的排他性和竞争性，属于私人产品，适合市场提供[75]。

在明确停车设施经济属性和供给主体的基础上，应进一步明确各类停车设施的产权。路内停车设施具有更强的公共产品属性，适于政府提供，具有公共产权；路外停车设施具有较强的私人物品属性，适于政府提供或

市场提供，具有公共产权或私人产权；公共建筑配建停车设施具有较强的公共产品属性，适于政府提供，具有公共产权；私人建筑配建停车设施具有较强的私人物品属性，适于市场提供，具有私人产权。只有明晰产权，才能提高停车资源的配置效率。

由于停车设施属性的不同，停车收费定价主体也有所不同。路内停车实行政府定价，路外停车实行市场价格或政府指导价，公共建筑配建停车设施实行政府指导价，私人建筑配建停车设施实行市场价格。

综上所述，汇总如表 2 – 12 和图 2 – 7 所示。

表 2 – 12　　停车设施属性及相关内容一览表

停车设施类型	停车设施属性	提供主体	经营主体	产权形式	定价形式
路内停车场	偏公共产品	政府提供	国有停车企业	公共产权	政府定价
公共建筑配建停车场	偏公共产品 俱乐部产品	单位提供	物业部门	俱乐部或法人产权	政府指导价
路外停车场	偏私人物品	市场提供或政府提供	民营停车企业	私人产权或公共产权	市场定价
私人建筑配建停车场	私人物品	市场提供	物业部门	私人产权	市场价格

2.9　本章小结

通过对三类停车设施的公共属性进行分析，从公共经济学角度界定不同类型停车设施的属性。路内停车设施具有较强的公共产品属性，公建配建停车设施具有较强的公共产品属性，路外停车设施具有较强的私人产品属性，但也具有公共产品属性，是一种混合产品，私人配建停车设施属于私人产品范畴。两种配置资源的方式，即市场机制和政府机制，各有自己的优势和不足，应根据停车设施的不同公共属性，实现公私部门的合作，实现停车设施投资模式的多元化；充分发挥市场机制的作用，引入市场竞争，引导和鼓励停车设施运营的市场化和民营化。

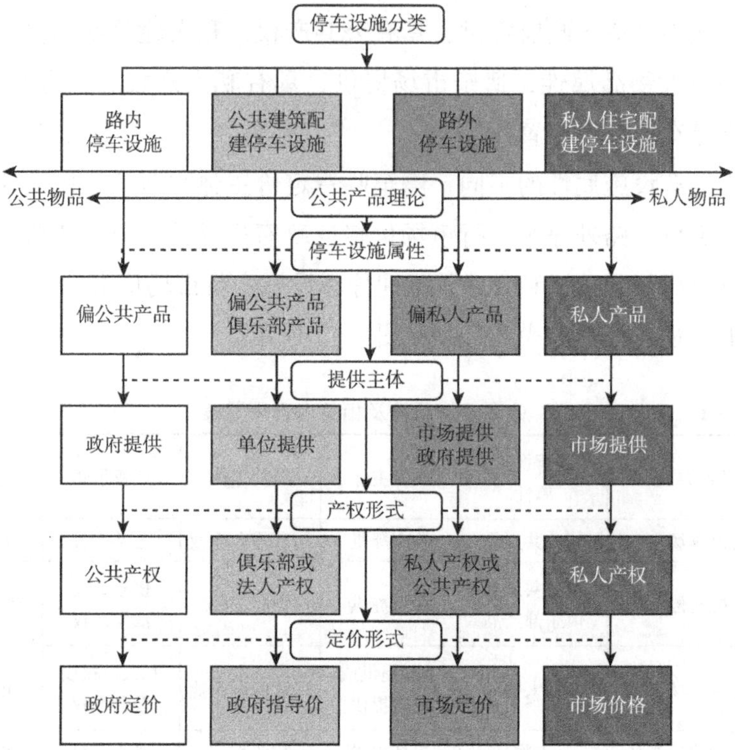

图 2-7　停车设施属性及相关内容[75]

在明确停车设施经济属性的基础上，根据停车设施的分类，停车设施的可供选择的供给模式归结为市场机制供给模式、政府机制供给模式以及非营利组织供给模式，其中以前两种模式为主。由于路内停车设施在一维坐标系中的位置更倾向于较强的公共产品属性，因此一般由政府机制提供；路外停车设施在一维坐标系中的位置更倾向于私人产品属性，因此一般由市场机制提供；公建配建停车设施在一维坐标系中的位置介于路内停车设施和路外停车设施之间，且更倾向于公共产品，既适合政府提供，也适合市场提供，一般属于俱乐部产品，适合单位提供；住宅配建停车设施在一维坐标系中的位置更倾向于私人产品，一般与房产搭配销售，具有消费的排他性和竞争性，属于私人产品，适合市场提供。

在明确停车设施经济属性和供给主体的基础上，应进一步明确各类停车设施的产权。路内停车设施具有更强的公共产品属性，适于政府提供，具有公共产权；路外停车设施具有较强的私人物品属性，适于政府提供或市场提供，具有公共产权或私人产权；公共建筑配建停车设施具有较强的公共产品属性，适于政府提供，具有公共产权；私人建筑配建停车设施具有较强的私人物品属性，适于市场提供，具有私人产权。只有明晰产权，才能提高停车资源的配置效率。

由于停车设施属性的不同，停车收费定价主体也有所不同。路内停车实行政府定价，路外停车实行市场价格或政府指导价，公共建筑配建停车设施实行政府指导价，私人建筑配建停车设施实行市场价格。

第3章　城市停车产业化发展的现状及动力机制的构成

我国大城市停车产业化发展的现状是：汽车产业快速发展和停车需求急剧膨胀，停车供给严重不足，停车产业发展仍存短板。因此，需要为停车产业化发展注入新的动力，促进停车产业化的快速发展。这些动力机制主要包括经济社会压力机制、价格激励机制、制度保障机制等。对于市场机制来说，通过价格激励机制来调节和促进停车资源的供给，进而促进停车产业化的发展；而对于政府机制来说，通过经济社会压力机制和制度保障机制营造有利于停车供给的外部环境，进而促进停车产业化的发展。本章主要介绍我国城市停车产业化的现状、停车产业化发展的动力机制的构成以及三种动力机制的相互关系。

3.1　城市停车产业化发展的现状

3.1.1　停车需求急剧膨胀

由于我国汽车产业的快速发展，汽车保有量急剧增长。根据公安部交通管理局公布的数据，这些数据真实地反映了我国汽车保有量的近期情况。据统计，早在2014年我国就拥有汽车1.54亿辆，超过日本，仅次于美国，成为第二大汽车保有国；2020年年底我国汽车保有量达到2.81亿辆，首次超过美国（2.79亿辆），成为全球第一大汽车保有国。2022年我国汽车驾驶员人数已达4.63亿人。随着人们收入水平的不断提高，人们的购车欲望不断激发，国内汽车拥有量急剧增长。

根据公安部交通管理局发布的最新数据，截至2022年年底，我国汽车保有量达到3.19亿辆，39个城市超200万辆，21个城市超300万辆，其中北京、成都、重庆超过500万辆，苏州、上海、郑州、西安、武汉超过400万辆，深圳、东莞、天津、杭州、青岛、广州、佛山、宁波、石家庄、临沂、长沙、济南、南京等13个城市超过300万辆。图3－1显示了全国汽车拥有量前十名的城市的基本情况。因为停车需求属于刚性需求，所以随着汽车保有量的增加，各城市停车基本需求和出行需求急剧膨胀。

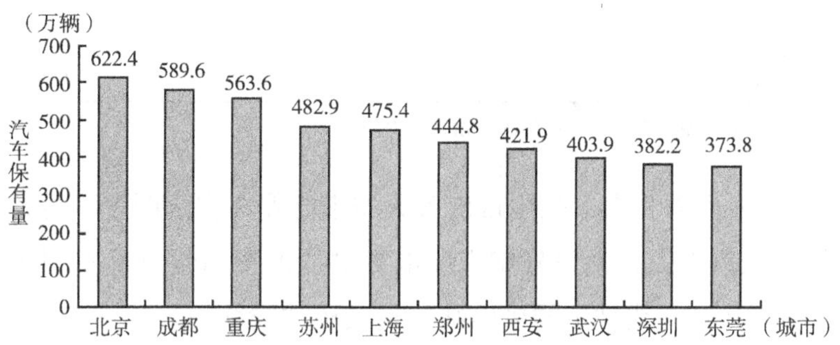

图3－1　2022年全国汽车拥有量前十名的城市

3.1.2　停车供给严重不足

按照国际标准，停车泊位与机动车的适当比例应保持在1.1～1.3。从全国情况来看，当前的停车供给存在严重缺口，停车泊位与机动车保有量的比例同国际标准相比，存在很大距离。表3－1为2022年我国部分城市机动车保有量与停车泊位的比例现状。

表3－1　2022年我国部分城市机动车保有量与停车泊位比例

城市	机动车停车泊位（万个）	机动车保有量（万辆）	机动车泊位与保有量比
北京	82.27	712.80	0.12
上海	96.42	537.00	0.18
广州	352.60	355.50	0.99

续表

城市	机动车停车泊位（万个）	机动车保有量（万辆）	机动车泊位与保有量比
武汉	281.30	460.00	0.61
苏州	597.00	507.30	1.18
南京	60.84	320.33	0.19
济南	211.20	369.20	0.57
昆明	123.40	195.67	0.63
西安	334.80	485.45	0.69
南昌	100.00	148.30	0.67
乌鲁木齐	118.10	130.80	0.90

数据来源：根据各城市停车管理部门的数据计算得到。

从表 3－1 可以看出，我国目前各大城市的停车供给严重不足，停车泊位供给缺口依然很大，大部分城市所能提供的停车泊位总量不到机动车保有量的 1/3，并且一线城市的供给缺口远大于二线城市。

就北京来说，2022 年北京市备案停车场 3079 个，停车位 82 万余个，停车位数量比 2020 年有所增加。其中，朝阳区停车泊位最多，达到 18 万个，约占全市停车位的 22.3%。三年来北京市备案机动车停车场（位）分布情况见表 3－2。

表 3－2　2020 年、2021 年和 2022 年北京市各区备案公共停车场（位）分布

单位：个

指标名称	2020 年		2021 年		2022 年	
	停车场	停车位	停车场	停车位	停车场	停车位
合计	2579	707977	3103	786266	3079	822731
首都功能核心区	499	90034	555	92587	443	93871
东城区	265	41098	291	40939	178	42360
西城区	234	48936	264	51648	265	51511
城市功能拓展区	1379	386516	1650	429708	1676	453865
朝阳区	628	199294	604	183696	565	183563
丰台区	254	52634	414	89176	408	94416
石景山区	100	26223	101	27164	98	31190

续表

指标名称	2020 年		2021 年		2022 年	
	停车场	停车位	停车场	停车位	停车场	停车位
海淀区	397	108365	531	129672	605	144696
城市发展新区	416	131579	572	168279	625	180870
房山区	80	17006	161	29028	138	29195
通州区	102	28775	159	54560	195	61063
顺义区	96	32248	88	27876	83	26476
昌平区	49	16318	54	17027	49	17442
大兴区	89	37232	110	39788	160	46694
生态涵养发展区	206	56223	244	64759	233	58364
门头沟区	58	14498	83	18228	79	15358
怀柔区	39	12461	43	13570	23	8737
平谷区	30	7595	32	8441	42	10110
密云区	35	9982	42	11541	38	10941
延庆区	44	11687	44	12979	51	13218
经开区	79	43625	82	30933	102	35761

数据来源：《2023 年北京市交通发展年度报告》。

2022 年北京市机动车保有量达到 712.8 万辆，其中私人机动车保有量达到 532.6 万辆。如表 3－2 所示，从停车位的供需情况来看，停车位总量仅有 822731 个，停车位供给数量远远不能满足停车需求。从停车位的空间分布来看，2022 年首都功能核心区 92587 个，城市功能拓展区 453865 个，城市发展新区 180870 个，生态涵养发展区 58364 个，经济开发区 35761 个。首都功能核心区由于土地资源的限制，加之功能向外疏解，因而停车位供给数量相对较少；而城市功能拓展区由于土地资源相对充足，城市中心区功能外移，土地开发利用强度较大，交通吸引能力强，因而停车需求量大，停车供给数量相对较大；城市发展新区停车位数量相对较少，生态涵养发展区则更少。从停车位供给数量的时间变化来看，各功能区的停车位供给数量大部分呈逐年增加而后稳定的趋势，这与土地开发趋于饱和、雄安新区建设以及首都部分功能外移有关，但总体上仍不能满足停车需求。

表 3-3　　北京市停车场按停车场类别分类统计　　单位：个

车场类别	2013 年		2015 年		2016 年		2021 年	
	停车场	停车位	停车场	停车位	停车场	停车位	停车场	停车位
路侧占道	595	45541	537	42401	521	42917	674	48768
立交桥下	30	2784	27	1818	27	2555	36	3123
路外公共	1096	203311	1268	252892	1459	300641	1756	369843
公建配建	1189	330586	1294	365470	1383	390969	1964	395328
单位大院	410	59357	467	66317	498	71267	523	82876
居住小区	2550	921166	2722	1048679	2872	1152915	2989	1874496
其他类	36	7209	149	28762	160	31558	184	38764
总计	5906	1569936	6464	1806339	6920	1992822	8126	2813198

数据来源：北京市交通委员会运输管理局。

表 3-3 显示，从各类停车位的数量来看，2021 年以满足出行停车需求的路侧占道停车位 48768 个，路外公共停车位 369843 个，立交桥下停车位 3123 个，共计 400532 个；以满足基本停车需求的公建配建停车位 395328 个，居住小区停车位 1874496 个，单位大院停车位 82876 个，共计 2813198 个。这体现了配建为主、路外为辅、路内为补充的思路。但路外停车位的供给数量仍然较少。

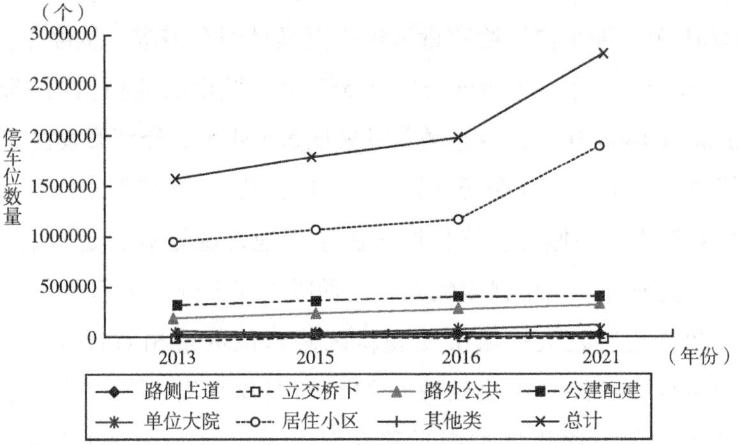

图 3-2　北京市不同类别停车位增长趋势

图 3 - 2 显示，北京市居住小区停车位数量增长比较明显，而路外公共停车位和路侧占道停车位数量增长不明显，也就是说，路外公共停车位数量还有很大增长空间，需要加大对路外公共停车设施的投资力度，尤其是需要吸引民间资本的介入，实现停车产业化。

3.1.3　停车产业发展仍存短板

我国的停车产业化还未形成一个完整的体系，为了促进停车产业化的发展，各地区相关城市本着有利于城市健康发展、科学发展的原则，制订相关政策和法规，出台优惠政策鼓励停车设施建设，成立行业协会规范停车管理。

为了促进城市的健康发展和科学发展，促进停车设施的有效供给，各城市根据自己停车问题的严重程度，推出了适合自己城市发展特点的鼓励停车设施建设的优惠政策。这方面的例子很多，如 2005 年成都市出台了《成都市土地使用和建筑规划管理技术规定》和《成都市市区停车场（库）建设享受鼓励政策登记办事程序》，鼓励和支持公共停车设施建设用地，并将停车设施视为城市基础设施，公共停车设施投资者可享有建设市政公用设施项目的同等优惠待遇，以此来解决在停车设施建设方面政府资金的短缺问题。与此同时，福州市和广州市也制定了有关鼓励停车设施建设可享受的优惠政策。由于停车产业是汽车产业的派生需求产业和动态交通的互补产业，因此随着汽车产业和动态交通的发展，势必会带动停车产业的发展，带来巨大的经济利益，吸引民间资本转移至投资停车设施建设。但现实情况却是，由于受土地资源短缺、沉没资金巨大、市场准入及价格政策管制等限制，停车产业并没有获得理想的收益，因此限制了停车产业的发展。

为了促进停车产业的发展，很多城市开始探索实施停车产业化，规范停车市场秩序，建立停车行业制度。2001 年 9 月，上海停车服务业行业协会率先成立，协会由经营停车设施的企业和个人自愿组成。该协会在成立之初的宗旨主要集中在以下几方面：第一，通过协会与政府的合作争取政府在政策等诸方面的支持；第二，摸清停车产业的具体发展情况，定期开展停车调查；第三，进行行业协商，制定行业规范，实施行业自律；第四，规范停车管理，强化停车服务培训。通过行业协会的行业自律以及通过政府部门停车管制的行业他律，实现停车产业的规范化和有序化发展。在上海停车服务行业协会的影响下，重庆、广州、深圳和成都等也相继成立了停车服务业行业协会，进行行业自律，强化政府、企业与市场之间的沟通和协调，并制定了相关政策法规，推动停车行业的健康发展。重庆市制定了《重庆市主城区公共停车场管理办法》《重庆市机动车停车收费标准》等；广州市制定了《广州市停车场开业资质评审条件（试行）》等政策法规，并制定了有关收费及管理等详细的政策。重庆市规定，政府主管部门统筹规划和建设停车设施。对在建筑物实际建设中未能按规定达到配建停车设施标准的，政府有关部门可以要求产权单位补交停车设施建设基金，政府使用该笔资金来建设停车设施；以政府为主体统一规划，统一建设，统一管理，统一收费，政府以财政投资或发行债券募集资金的方式进行投资，以收益偿还债务；实行多元化投资体制，投资者享受政府制定的有关税收、土地资源等方面的优惠政策。这些政策和措施既能减轻政府的财政压力，又能激发民间资本的投资热情，有效缓解停车问题。在政府政策的激励下，在部分大城市催生了一些专业的停车管理公司，其中有本土的公司，如北京的阳光海天公司、金地公司、公联公司，也有一些外资公司，如富城公司、威华公司、安泊客公司等。2006 年，中国停车资产运营服务商阳光海天停车产业集团成立，到 2018 年，阳光海天服务停车场覆盖全国 40 余座城市，其中自营车位超过 10 万个，运营车位达到 25 万个，标志着停车服务的民营化进程正在加快。根据《2006～2014 年中国出入口控制与管理系统细分市场研究及重点企业竞争力深度调研报告》数据，2009 年国内停车产业的市场规模约为 11.5 亿元，2010 年国内停车产业市场需求达到 14.5 亿元，2011 年国内停车产业市场规模达到 18 亿元，2014 年停车市场需求超过 37 亿元。报告和现实都反映出停车行业是富有发展前景的朝阳产业。2015 年 8 月，国家发改委等七部委联合出台了《关于加强城市停车设施建设的指导意见》，明确提出吸引社会资本、推进停车产业化是解决城市停车难问题的重要途径。2021 年 5 月，发改委、住建部、公安部、自然资源部联合出台了《关于推动城市停车设施发展的意见》，提出规范运用政府和社会资本合作（PPP）等模式推动共同投资运营停车设施，停车产业化又向前迈进了一步。

虽然停车产业取得了长足的发展，但是我国在停车产业化过程中仍存在诸多短板，主要表现在以下几个方面。

（1）停车观念落后，车辆乱停乱放，危及停车产业化发展的前提基础。

20 世纪 90 年代之前，我国城市化进程缓慢，城市人口规模较小，机动车保有量较少，因而不存在停车问题的困扰，政府对于车辆停放也没有太多的制度约束，而且一般免费停放。在这种放纵式、缺乏制度规范以及脱离价格机制激励的停车环境中，公众逐渐养成了乱停乱放的停车习惯。机动车乱停乱放，不仅出现在一线城市，而且出现在二三线城市，甚至在小县城这种问题更加严重，形成一种不文明的停车文化。因此，目前国内城市车辆乱停乱放的根源在于两个方面：一是缺乏文明的停车观念这种非正式约束，二是出于经济人的理性或方便。出行者将车辆停放在路边或非机动车道上，不仅严重影响了动态交通的畅通，而且严重影响了不同类型停车资源的均衡配置和利用，尤其影响到路外停车设施的利用率，进而影响到路外停车设施投资者的收益率和利润率，严重降低民间投资者的投资信心，阻碍停车产业的发展，影响路外停车设施的有效供给和配置。因此，治理乱停乱放问题是其他一切停车需求管理政策有效实施的基础，也是路外停车设施有效供给和配置的基础，同时也是停车产业化发展的基础。停车产业的发展如同一台复杂的机器，有其内在影响因素和复杂的影响机理，需要全社会的理解、配合与支持。从政府来说，要高瞻远瞩，应认识到停车产业是动态交通的互补产业，是汽车产业的派生需求产业，其对经济、交通等诸多城市领域将产生深远的影响，应对停车产业的发展给予政策法规、管理、技术等方面支持和保障；从普通民众来说，首先应该提升自身的文明素养，树立停车也是消费、停车也要付费的观念，养成文明停车的良好习惯，严格执行政府停车部门制定的诸多相关政策，创造良好的外部制度环境，促进停车产业的有序、健康、科学发展。

（2）停车属性界定不清，停车产权不明，停车产业化缺乏产权保障。

长期以来，对于停车设施的经济属性缺乏统一的认识。一般认为，停车设施属于城市基础设施，将之纳入准公共产品的范畴，并将之纳入介于私人物品和公共产品两极之间的一维坐标系中更靠右的位置，其产权属性更接近于私人产权，市场机制是其有效提供方式，由私人或企业负责提供，投资企业自负盈亏。同时，由于停车设施又具有很强的公益性，因此很多发达国家都将停车设施视同港口、道路等城市基础设施进行建设，并鼓励民营资本投资停车设施建设，政府给予诸多优惠政策，促进了停车产业的发展。20 世纪 60 年代，日本政府一改拥车自由的政策，采取拥车者自备车位的新举措。此举一方面可以抑制汽车拥有量，缓解交通压力；另一方面可以规范停车秩序。日本还规定停车位或租或买，且所拥有的车位必须是路外停车位，此举促进了停车需求的增长，进而带动了停车供给的增长，有效地促进了停车产业的发展。因此明确停车位的产权属性，是促进停车产业发展的基础和关键。明确停车产权，意味着停车位具有了私人产品属性，意味着个人停车的排他性和竞争性，拥车者可以根据自己的需要购置停车位，增加停车位需求，诱发停车位供给，促进停车产业发展。目前，我国并没有将城市停车设施像港口、道路、煤气和自来水一样纳入城市公用事业，因此，不能享受国家给予的如贷款、征地、拆迁、税收等诸多便利条件，未能全面激发私人和私营部门的投资积极性，在很大程度上限制了其民营化和产业化的演进。

制度具有激励功能，作为市场经济交易基础的产权，是其他一切经济活动的基础，因此明晰产权对于交易的顺利进行，消除外部影响，激发“理性经济人”经济活动的动力具有重要作用。而停车设施产权的界定，是停车设施进行交易的基础，是激发投资人投资热情的制度保障。目前，由于停车设施方面的法律法规的缺乏，导致各种类型的停车设施的产权不够明晰。路内停车设施、路外停车设施、公建配建停车设施、私人住宅配建停车设施的产权应该如何界定，是在厘清停车设施经济属性的基础上，进一步配套明确投资主体、经营主体、定价主体的基础。因此，明晰停车设施的产权，至关重要。按照前面对于不同类型的停车设施属性的分析，路内停车设施应该具有公共产权，路外公共停车设施应该具有私人产权，而公建配建停车设施应该具有公共产权，私人配建停车设施应该具有私人产权，不同类型的停车设施在连续的产权安排中处于不同位置。当然，实际的产权是由具体的所有权、使用权、受益权、处置权等具体权利构成的。目前，由于缺乏这方面的研究，因而各种停车设施的产权亟待明确界定。若停车设施缺乏产权，仅有土地使用证，而无明确的产权会造成交易障碍，因为正如产权学派所认为的那样，各种交易必须以产权为基础，若无则会阻碍各种交易如出租、转让、销售的顺利进行。缺乏明晰的产权不仅难以对停车设施进行正常交易，而且难以获得经济利润，进而挫伤了民间资本的参与热情。反之，若能制定相关制度进一步明晰各类停车设施的产权，明确政府和市场的提供边界，不仅有利于提高停车供给的效率，而且也能够极大地激发投资者的积极性，进一步促进停车产业的健康发展。

（3）管理职能交叉，管理政出多门，增加了停车产业化的交易成本。

我国的市场化改革始于消费品领域，而停车产业的改革严重滞后，带有计划经济的烙印。政府对其规划、投资、建设、运营、定价、管理等各个环节实行严格的经济管制和社会管制，经济管制包括进入管制和价格管制，社会管制包括对乱停乱放等外部性的管制。各种隶属关系尚未理顺，缺乏完善统一的管理体制。管理体制也是一种制度，制度是经济活动得以有效运行的外部环境，管理体制影响运行机制功能的正常发挥。我国对停车行业实施管制涉及多个主管部门，这些部门大多与建设和交通领域相联系，包括规划、建设、交通、公安等部门，停车管理政出多门，停车管理职能和权限交叉重叠，相互掣肘，彼此推诿，管理混乱。管理内容过于具体，直接干预停车产业的经营活动。政府对停车产业实行进入管制，并将这种特许经营行为诉诸繁杂的行政许可程序，这种行政许可行为涉及多个审批部门，如交通运输部门、公安交管部门、城市规划部门、公安消防部门、城市建设部门、国土部门、市政部门、物价部门、工商部门、税务部门等，程序复杂，管理混乱，出现“九龙治水”局面。而且经济管制严重阻碍了进入竞争和价格竞争，一方面进入管制容易形成行业垄断；另一方面价格管制则因投资停车设施无利可图而导致投资商退出停车市场，进一步阻碍了停车产业的发展。因此，停车产业若想得到长足发展，必须改革落后的管理体制，成立单一的、专业的、有行政执法权的行业管理机构，简化各种审批手续，实施统一的协调管理，有针对性地放松对停车产业的管制，吸引民间资本投资，促进停车产业的健康发展。表3－4是停车管理涉及的主要部门，以此可以窥其一斑。

表3－4　　停车管理涉及的主要部门[101][18]

政府主管部门	负责行政职权
交通运输部门	停车场的行业监督管理，包括经营性停车场的经营许可和非经营性停车场的登记备案管理； 停车场经营和使用过程中的服务监督和投诉处理
公安交管部门	对不按规定停放的车辆和进行处罚； 管理整治停车秩序； 停车场内交通标志线的标准制定和施划指导； 对城市路内停车泊位设置进行占道审批
城市规划部门	公共停车场的用地规划审批和建设规划审批； 建筑物配建停车泊位指标的制定与实施监督
公安消防部门	对室内停车场和一定规模的室外停车场进行消防审核验收或备案管理
城市建设部门	对公共停车场的建设施工进行审批和验收
国土部门	对公共停车场的土地使用进行审批
市政部门	对占用城市道路设置临时停车场和立交桥下公共停车场进行审批
物价部门	制定经营性停车场的收费标准； 办理停车场收费许可； 负责与价格收费有关的执法与投诉处理
工商部门	经营性停车场的营业执照申请和办理； 负责有关经营服务的投诉与处理
税务部门	经营性停车场的税务登记申请办理

（4）停车价格体系不合理，不利于停车资源的时空配置。

为了促进停车需求的均衡分布，缓解城市交通拥堵的压力，从促进停车需求均衡分布的理论角度来说，以停车收费为杠杆，其具体的停车定价策略应该是：一是按照城市土地开发强度划分为不同区域，不同区域制定不同价格标准；二是在同一区域内按照路内、路外不同价格和地上、地下不同价格，为停车设施制定不同的价格标准；三是按照停车时间的长短实行阶梯价格，路内停车一般鼓励短时停车，所以收费价格实行累进制，路外停车鼓励长时停车，但为了提高停车位周转率和利用率，也应该实行累进制，但其累进幅度应小于路内停车价格的累进幅度，以此来平衡路内和路外停车需求。另外，高峰时段停车价格要高于非高峰时段的停车价格。目前，国内许多城市对停车设施实行了差别化定价模式。我国部分城市小型客车一类区域路内停车收费价格见表 3 –5。

表 3 –5　　我国部分城市小型客车一类区域路内停车收费价格

城市	一类区域小型客车停车收费价格	一类区域最高标准收费时间
北京	第 1 小时 10 元/小时 第 2 小时起 15 元/小时	7：00 ~19：00
上海	第 1 小时 15 元/小时 第 2 小时起 20 元/小时	7：00 ~21：00
广州	第 1 小时 10 元/小时 第 2 小时起 16 元/小时 第 3 小时起 26 元/小时	7：30 ~21：30
深圳	首半小时 3 元 0. 5 ~3 小时 6 元/半小时 3 小时后 10 元/半小时	7：30 ~20：00
天津	8 元/小时	8：00 ~21：00
沈阳	6 元/小时，最高 40 元	7：00 ~19：00
哈尔滨	第 1 小时 7 元 第 2 小时起 6 元/小时	8：00 ~20：00
南京	第 1 小时 16 元/小时 第 2 小时起 20 元/小时	8：00 ~20：00
郑州	第 1 小时 4 元/小时 第 2、第 3 小时 2 元/小时 第 4 小时 4 元/小时	7：00 ~20：00
武汉	第 1 小时 3 元/小时 第 2 小时起 4 元/小时 25 元封顶	7：00 ~21：00
成都	第 1 小时 10 元/小时 第 2 小时起 6 元/小时	8：00 ~19：00
西安	非高峰 6 元/小时 高峰 8 元/小时	8：00 ~21：00

续表

城市	一类区域小型客车停车收费价格	一类区域最高标准收费时间
兰州	第1小时6元/小时 第2小时起4元/小时	7：00～20：00
乌鲁木齐	首半小时免费 4元/小时，超过4小时一次性加收2元， 超过8小时一次性加收2元	9：00～22：00
石家庄	每小时收费3元 10元封顶	7：30～21：30
南宁	首半小时免费 前3小时4元/小时 3小时后6元/小时	7：30～20：00

表3－5显示，国内各大城市停车定价的指导思想差异较大。北京、上海、广州、深圳、南京、武汉、乌鲁木齐、南宁等城市为了提高停车泊位周转率，采取了价格累进策略，即后续时段停车收费价格比前面时段要高，但各城市累进程度不同。而哈尔滨、郑州、成都、兰州等城市却恰恰相反，后续时段停车费价格比前面时段有所下降，采取了价格累退策略。石家庄和沈阳采取了封顶的变相累退策略。而且各大城市停车价格也并未考虑各地的人均收入水平，如南京和武汉，两座城市的市民人均收入差距不大，但是停车价格却相差5倍之多。

（5）停车产业化制度保障体系的顶层设计已具雏形，具体配套措施仍需完善。

2015年8月，国家发改委等七部委联合出台了《关于加强城市停车设施建设的指导意见》，明确提出吸引社会资本、推进停车产业化是解决城市停车难问题的重要途径。此后，又陆续发布了很多与停车产业化相关的政策，停车设施建设还首次写入了当年的政府工作报告，标志着我国停车产业化时代的到来。2021年5月，发改委、住建部、公安部、自然资源部联合出台了《关于推动城市停车设施发展的意见》，提出规范运用政府和社会资本合作（PPP）等模式推动共同投资运营停车设施，停车产业化又向前迈进了一步。具体政策发布数据如表3－6所示。

表 3－6　　2015 年以来我国发布的停车产业化政策

发布时间	发布单位	文件名称	政策内容摘要
2015 年 4 月	发改委	《城市停车场专项债券发行指引》	加大企业债券融资方式对城市停车场站建设及运营的支持力度，指导和鼓励社会资金投入
2015 年 8 月	发改委等七部委	《关于加强城市停车设施建设的指导意见》	逐步缩小政府的定价范围，全面放开社会资本全额投资新建停车设施收费；大力推广 PPP 模式，鼓励社会资本参与；将停车产业纳入高端装备制造清单，给予相关政策优惠，推动停车智能信息化
2015 年 9 月	住建部	《城市停车设施规划导则》《住房城乡建设部关于加强城市停车设施管理的通知》《城市停车设施建设指南》	鼓励路内停车泊位和政府投资建设的公共停车场实行特许经营，通过招标等方式，公开选择经营主体，将已经建成的停车设施项目转交给社会资本运营管理，鼓励住宅配建、公建配建停车设施委托停车管理企业进行专业化管理
2015 年 12 月	住建部	《关于加强城市电动汽车充电设施规划建设的通知》	积极推动单位既有停车场改造配建充电桩
2015 年 12 月	发改委等五部门	《关于完善机动车停放服务收费政策的指导意见》	充分发挥价格杠杆作用，完善停车服务收费形成机制，以促进停车设施建设，提高停车资源配置效率，推动停车产业优化升级
2016 年 3 月	发改委	《加快城市停车场建设近期工作要点与任务分工》	以居住区、大型综合交通枢纽、城市轨道交通外围站点（P＋R）、医院、学校、旅游景区等场地为重点，在内部通过挖潜及改造建设停车场，并在有条件的周边城区增加公共停车场。鼓励架设停车楼、地下停车场、机械立体停车库等集约化停车设施，并按一定比例配建电动汽车充电设施。鼓励企事业单位、居民小区及个人利用自有土地、地上地下空间建设停车场，允许对外开放并取得相应的收益
2021 年 5 月	发改委等四部门	《关于推动城市停车设施发展的意见》	规范运用政府和社会资本合作（PPP）等模式推动共同投资运营停车设施。对停车需求大、收益较好的中心城区、交通枢纽等区域的停车设施，鼓励社会资本以市场化投资为主开发运营。有条件的城市片区可通过项目打包、统一招标、规范补贴等方式鼓励进行规模化开发。对停车需求较小区域的停车设施，可通过合理确定收费标准、政府适当让渡项目收益权等方式，吸引社会资本参与

从停车规划和管理政策来看，我国由于汽车产业起步较晚，停车问题出现的相对也较晚，因此，很多城市对停车问题的出现缺乏预见性，长期以来停车设施规划和建设不足，供给不足的问题积重难返，越来越严重。出台有关停车规划和管理方面的法律法规，可以有效规范各种建设用地的配套停车设施建设，通过行政强制手段来增加停车供给。从激励停车产业发展的政策来看，通过出台促进停车设施民营化的法律法规，使民间资本进入停车产业具有制度保障，使投资者对未来投资预期的不确定性减小，降低投资风险，以此吸引民间资本投资停车设施。此举为我国停车产业化发展奠定了一定制度保障基础，但这仅仅是刚刚起步，后期的相关配套政策仍需进一步完善，地方城市政府配套法规仍需进一步细化。

3.2 停车产业化发展的动力机制的构成

3.2.1 停车产业化动力机制的含义

对于动力机制的含义，学者们达成了普遍的共识。一般认为，机制一词是机械学的概念，是指机器的内部构造及其运作原理，而动力则是推动事物运动、发展、变化的内在的或外在的力量，这一力量的大小取决于事物内部矛盾和外部矛盾的大小及其状态。所谓动力机制，是指某一组织或其状态的内在组织结构及其推动力量，其在本质上反映组织或其状态的运动发展与其推动力量之间的关系，动力机制的外在表现形式体现为广义的制度，即制定的相关制度构成了组织或其状态的发展的动力机制。

综上所述，本书研究的停车产业化动力机制是指推动停车产业化发展的内在的或外在的推动力量的构成，或表现为推动停车产业化发展的内生变量和外生变量的构成，以及这些力量相互依存、相互作用共同推动停车产业市场化、民营化和规模化的过程、机理与方式。这一动力机制在本质上是描述停车产业化发展的推动力量与停车产业运动与发展的内在联系，主要包括经济社会压力机制、价格激励机制和制度保障机制，其中前两者构成了它的内在发展动力，而后者则构成了它的外在发展动力。

3.2.2　停车产业化动力机制的构成

本书认为促进停车产业化发展的动力机制主要包括经济社会压力机制、价格激励机制和制度保障机制。

3.2.2.1　停车产业化发展的经济社会压力机制

停车产业化发展的经济社会压力机制是指由于宏观经济是一个大的系统，产业之间存在各种关联关系，停车产业与交通运输业关系密切，其兴衰会影响交通运输业的发展，进而通过交通运输业波及国民经济其他部门的发展。因此国民经济的快速发展对交通运输业的发展提出了更高的要求，交通运输业的发展对停车产业的发展提出配套要求，国民经济的快速发展间接对停车产业提出了更高的发展要求，这一发展要求构成了对停车产业化发展的经济和社会压力机制。停车产业化发展的经济社会压力机制是通过交通运输业与其他产业的关联关系来实现的。

交通运输业属于基础产业，其对于其他产业的前向推动作用极其巨大。为了促进国民经济的持续快速增长，必须促进交通运输业的健康发展，而停车产业是交通运输业的派生需求产业，或者也可以说是互补产业，停车产业的利润在某种程度上构成了交通运输业的成本。因此，交通运输业和停车产业是孪生姊妹，密不可分，没有停车产业的健康发展，也就没有交通运输业的健康发展，而其他产业对于交通运输业的巨大需求，也就间接构成了对停车产业的需求。目前，由于停车需求的急剧膨胀和停车供给的严重不足，势必会对交通运输业的健康发展带不良影响，进而危及整个国民经济的发展，带来诸多社会问题。这种经济社会发展要求的压力，促使政府相关部门出台相关政策，增加停车供给，满足停车需求，促进停车产业和停车产业化的健康发展。

3.2.2.2 停车产业化发展的价格激励机制

停车产业化发展的价格激励机制是指政府通过对停车价格进行管制，以达到增加停车供给、满足停车需求的激励机制。

经济学理论认为，由供求关系所决定的均衡价格是市场出清价格，满足价格等于边际成本的效率条件，是富有效率的。合理的价格体系对于调节产品供求关系具有重要的作用。政府通过对某些产品实施价格管制来调节产品的供求关系，常见的价格管制包括最高限价和最低限价[102][46-47]。这两种价格管制构成了价格管制的基础。

(1) 最高限价。

这是政府价格管制中的一种，有的学者将之学术化为限制价格。这是政府出于控制价格上涨和保证社会公平的需要而对某些产品所实施的价格管制。此管制不允许价格超出某一水平，这一水平一般以均衡价格水平为限，并保持在一定的合理区间内，如图3-3所示。

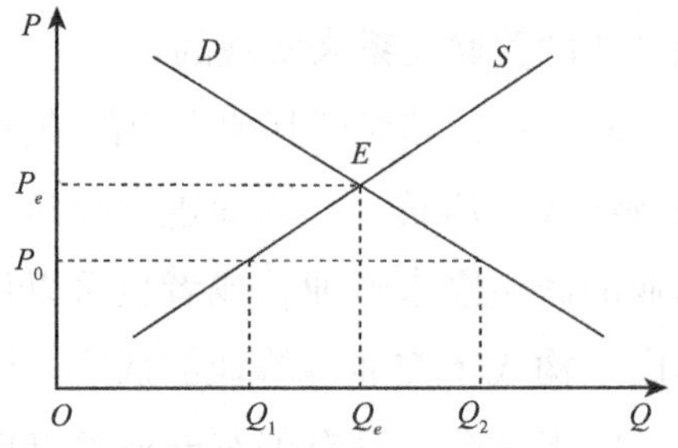

图3-3 最高限价

政府实施价格管制政策，并实施限制价格政策，其原因有三：其一，控制价格上涨；其二，保证社会公平；其三，限制垄断。控制价格上涨是出于对宏观经济进行调控的需要，其最终目的是保持价格的稳定；保证社会公平是政府对涉及国计民生的产业的产品实施的价格管制，主要涉及公民的衣食住行教医等基本社会保障需要的产品；限制垄断是出于限制垄断行业垄断利润的需要而实施的价格限制政策，防止其限产提价，其最终目的是实现该产品的供给如完全竞争状态下的供给效率。该类产品主要指具有自然垄断性质的行业，如自来水、煤气等。当然，政府实施限制价格本身就是一把“双刃剑”，在实现自己政策目标的同时，产生许多负面后果。这些负面后果主要包括两个方面：一方面，其负面后果主要涉及消费者方面，即排队抢购和黑市交易，政府为了消除排队抢购不得不采取配给的方法，以政府机制代替市场机制来配置资源和消费品，同时政府还采取行政禁令，禁止进行黑市交易，甚至取消市场的存在；另一方面，其负面后果主要涉及生产者方面，由于产品价格偏低，生产者为了降低成本，实现较高利润，不得不以牺牲产品质量为代价，来达成自己的利润目标。

（2）最低限价。

这是政府价格管制中的另一种，有的学者将之学术化为支持价格。这是政府出于产业支持政策的需要而对某些产品所实施的价格管制。此管制不允许价格低于某一水平，这一水平一般以均衡价格水平为限，并保持在一定的合理区间内，如图3－4所示。

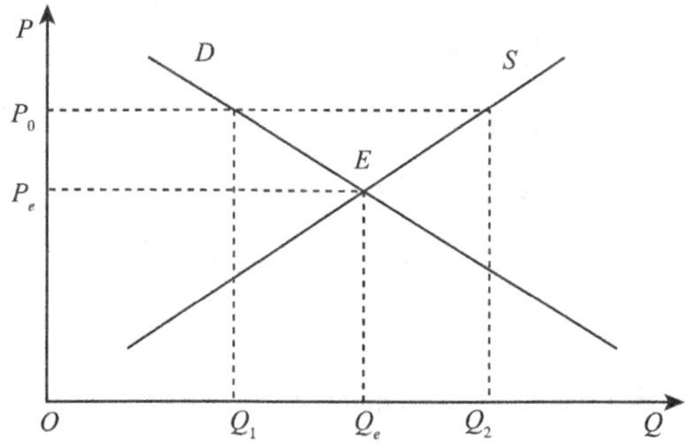

图3－4　最低限价

政府实施价格管制政策，并实施支持价格政策，其原因有两个：其一，保障国家安全；其二，扶持战略产业。保障国家安全是政府为了保证某些产品的充足供给，避免由于产品短缺而引起不必要的恐慌和内乱，并免受国外牵制的困扰而采取的产业发展支持政策，如国家为了保障粮食安全而实施的农产品保护价政策。扶持战略产业是政府为了提升自己国家的国际竞争力而对具有国家战略意义的产业的产品所实施的价格支持政策，如国家对某些幼稚产业和朝阳产业的价格保护政策。当然，这种支持既可以采取直接的支持价格政策，也可以采取间接的价格支持政策，即通过政府补贴实现支持价格。

对停车产业进行有效的价格管制，尤其是实行最低限价政策，一方面可以抑制停车需求；另一方面可以增加停车供给，促进民间资本进入停车产业，促进停车产业化的健康发展，同时有效缓解停车难题。

（3）价格管制的福利效应。

社会福利通常是指消费者剩余与生产者剩余之和。价格管制通常包括最高限价和最低限价。在此，进一步分析这两种价格管制的福利效应[102][176－178]，并在此基础上分析停车价格的管制政策。

①最高限价的福利效应。采用图3－5来分析最高限价的福利效应。在无价格管制时，市场的均衡价格和均衡数量分别为P^*和Q^*，消费者剩余为三角形GP^*E的面积，生产者剩余为三角形P^*FE的面积。如果实施价格管制，并确定市场的管制价格为P_0，在管制价格P_0下，生产者的产量减少为Q_1，消费者的需求量增加为Q_2，商品出现短缺。在最高限价的价格管制下，消费者和生产者各自的福利会发生变化，社会总福利也会发生变化。

就消费者来讲，由于追求利润最大化的厂商的最优供给数量只有Q_1，因此，消费者在市场上只能购买到Q_1数量的该种商品，某些本来可以消费该商品的消费者，这些消费者是位于从C到E的消费者，他们在限制价格下却买不到该商品，这一部分消费者的剩余损失为三角形部分B。对于那些在限制价格下仍能买到该商品的消费者，这些消费者是位于从G到C的消费者，他们在限制价格下由于该商品价格的降低，使得这部分消费者的消费者剩余从原有的对应的白色梯形部分净增了矩形部分A。总体来说，市场上消费者剩余的变化量为$A-B$。

就生产者来讲，由于实行价格管制而使该商品价格降低，一部分原有生产者因无利可图而退出生产，这些生产者是位于从Q_1到Q^*的生产者，于是厂商的供给数量只有Q_1，这一部分生产者的生产者剩余损失了三角形部分C。对继续生产的厂商而言，这些生产者是位于从O到Q_1的生产者，这一部分生产者在限制价格下，其生产者剩余减少了矩形部分A。总体来说，市场上生产者剩余的变化量为$-A-C$。

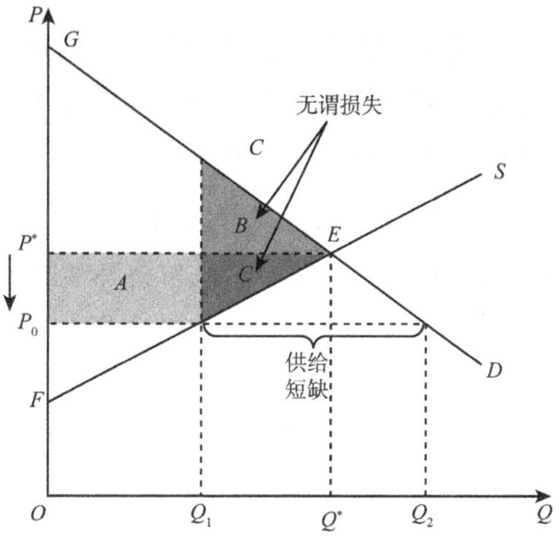

图3-5　最高限价

就社会总福利来讲，社会总福利的变化等于市场上消费者剩余的变化量与生产者剩余的变化量之和，即为 $(A-B)+(-A-C)=-B-C$。$-B-C$ 是最高限价所导致的社会总福利的损失。经济学中，社会福利损失 $B+C$ 称为哈伯格三角，亦称为无谓损失。

一般来讲，政府实行最高限价价格管制的目的是更多地顾及消费者的福利。其基本原理是：在供给曲线不变即生产者的供给价格弹性不变的情况下，若需求曲线富有弹性即消费者对价格反映较为敏感，由于降低价格导致的供给量减少量是一定的，此时降低价格对消费者是有利的，其剩余的增加大于其无谓损失，其原因在于消费者不想为每一单位的商品付出较高的价格，这一点体现为其需求价格富有弹性，从而体现在 A 相对不变，而无谓损失 B 相对较小上。在图3-5中，市场上消费者剩余的增加量 A 大于损失量 B，总的来说，消费者的福利是增加了，即政府的目的达到了。相反，如果消费者的需求是缺乏弹性的，由于降低价格导致的供给量减少量是一定的，此时，降低价格对消费者是不利的，其剩余的增加小于其无谓损失，其原因在于消费者愿意为每一单位的商品付出较高的价格，却无法买到，即急需却无法买到。这一点体现为其需求价格缺乏弹性，从而体现在 A 相对不变，而无谓损失 B 相对较大上，表现在图3-6中，市场上消

费者剩余的损失量 B 大于增加量 A。比较图 3－5 和图 3－6 可以发现，由于 A 和 C 是不变的，社会无谓损失均为 $B+C$，而目的都在保护消费者利益的前提下，同时降价幅度相同的条件下，当需求价格弹性小时，社会无谓损失较大；当需求价格弹性大时，社会无谓损失较小。当需求缺乏弹性时，实行最高限价既侵害了生产者剩余，又导致较大的无谓损失。因此，实行最高限价的管制政策的福利效果取决于需求价格弹性的大小。

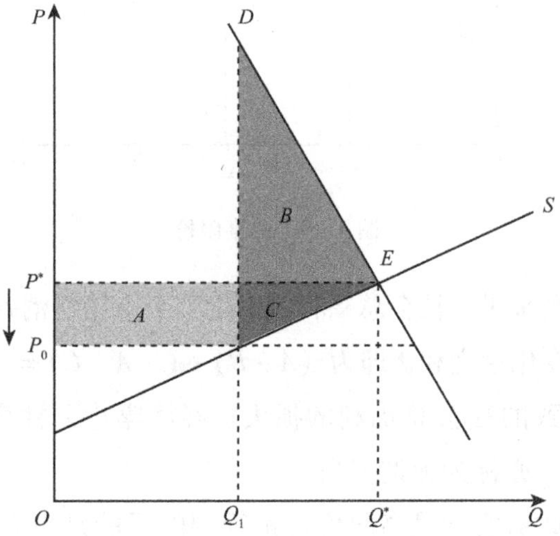

图 3－6　需求弹性和最高限价

②最低限价的福利效应。若政府实行了最低限价的价格管制政策，采用图 3－7 来说明该政策的福利效应。

在图 3－7 中，如果政府实行最低限价的价格管制政策，将商品价格由均衡价格水平 P^* 提高到 P_0，即将最低限价定为 P_0。由于价格的上升，一部分价格高于支付意愿的原有消费者将退出对该商品购买，导致消费者的需求量减少为 Q_1，而生产者的供给量由于价格高于其边际成本变得有利可图而增加为 Q_2，商品供给出现过剩。由于生产者的销售量取决于需求量，因此，生产者实际提供的产量只能是 Q_1。也就是说，一部分原有的生产者因消费者对该产品需求的不足而被迫退出生产。

就消费者来讲，在高价位继续购买商品的消费者的剩余损失为矩形面积

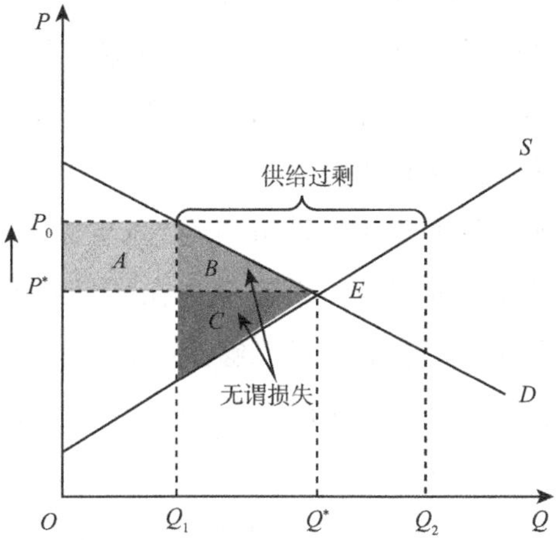

图 3－7　最低限价

A，退出购买的原有消费者的剩余损失为三角形面积 B，总的消费者剩余的变化为 $-A-B$。就生产者来讲，在高价位继续生产的厂商的剩余增加量为矩形面积 A，退出生产的原有厂商的剩余损失为三角形面积 C，总的生产者剩余的变化为 $A-C$。就社会总福利来讲，社会总福利的变化等于 $(-A-B)+(A-C)=-B-C$，即哈伯格三角，又称为无谓损失。其中，由于提价导致的消费者剩余的损失 $-A$ 转化为生产者剩余的增加 A，因此，政府实行最低限价的目的往往更多的是考虑生产者的福利，即出于对某些产业或行业的保护，最低限价导致的无谓损失也是 $-B-C$。需求曲线越缺乏弹性，生产者侵占的消费者剩余 A 越多，生产者本身的损失 C 不变，对生产者越有利，而对消费者越不利。在需求曲线不变即消费者偏好不变，且价格管制前市场均衡数量不变的情况下，供给价格弹性越大，则 A、B 不变，而 C 越小，则社会福利损失越小。

综上所述，虽然这两种限价政策对价格调控的方向是相反的，但它们都使得市场交易量减少。在图 3－5 中，最高限价导致需求量 Q_2 大于供给量 Q_1，出现供给短缺；在图 3－7 中，最低限价导致供给量 Q_2 大于需求量 Q_1，出现需求不足。根据市场交易的短边决定原则，最高限价下的市场交易量取决于小的供给量 Q_1，最低限价下的市场交易量取决于小的需求量

Q_1。很明显，这两种限价政策都使市场交易量由 Q^* 减少为 Q_1。

只有当完全竞争市场的交易达到均衡产量 Q^* 时，市场福利才是最大的；任何小于 Q^* 的市场交易量，市场福利都不是最大的，或者说，偏离的任何数量的重新配置都会减少总剩余。

由于两种限价政策都使市场交易量由 Q^* 减少为 Q_1，它们限制了市场的交易，从而导致了福利的损失。事实上，在产量 Q_1 到 Q^* 的范围，消费者愿意支付的最高价格都大于生产者能够接受的最低价格，双方进行自愿交易是互利的。但是，限价政策使得这部分交易无法实现，要么是生产者因为价格过低只愿意提供 Q_1 数量的产品，要么是消费者因为价格过高只愿意购买 Q_1 数量的商品，于是，市场交易规模只能是 Q_1，它小于 Q^*。这两种价格管制都由于限制了市场机制的有效运行而导致了三角形的无谓损失，即图 3－4 和图 3－7 中阴影部分的面积 B 与 C。

各国政府往往根据经济发展需要和为了实现一些经济目标，在一定时期内采取价格管制政策，但在实行价格管制时也应考虑可能带来的不良影响，包括对市场效率和福利的影响，综合权衡利弊，合理设计，以收到好的政策效果。

根据以上分析可以发现，政府在一定时期采取价格管制政策，只是权宜之计，绝非长久之策，因为政府的价格管制扭曲了供求关系对价格的决定机制，导致供求失衡，资源配置缺乏效率。从长期来看，政府应该发挥市场机制配置资源的基础作用，由市场供求关系来决定价格。就停车市场来说，为了发挥停车需求管理政策抑制停车需求和促进停车供给的作用，应该对停车价格进行管制，尤其应该实行支持价格，以扶持停车产业的发展，并控制停车需求的急剧膨胀。由于停车需求相对于停车供给来说更缺乏弹性，因此，支持价格应该大大高于均衡价格，否则支持价格政策难以奏效。

3.2.2.3 停车产业化发展的政府制度保障机制

停车产业化的制度保障机制是指能够促进停车产业化发展、增加停车设施有效供给的由政府制定的一系列政策措施的总称。

世界发达国家和地区停车产业已步入成熟阶段，就美国来讲，其每年停车产业收入约 260 亿美元，约占 GDP 的 3.25%，大约能够提供 100 万个就业机会。这些停车产业发展较为成熟的国家拥有完善的停车管理方面的法律法规，并采取多种政策激励民间资本投资停车设施，这些优惠措施包括实行无息贷款和补贴，投资者享有公用基础设施项目建设同等的优惠待遇，减免税费等。就我国来讲，我国的停车产业目前还处于初级发展阶段，国内许多城市正在研究和出台一系列促进停车产业发展的政策，其中包括土地政策、税收政策、停车定价政策以及停车场建设整体规划政策等，以此吸引民间资本进入停车行业，促进停车产业化的发展。本书研究的停车产业化发展的制度保障机制主要包括：①消除民间资本的产业进入壁垒，鼓励市场机制实现有效供给；②确定合理有效的停车收费价格，激励民间资本投资停车设施；③实施停车建设的投资优惠政策，激励民间资本的投资和运营；④设立公共停车设施的发展基金，保障政府机制的有效供给。

（1）制度的内涵。

对于制度这一概念的内涵和外延，目前已形成较为统一的认识，这一概念贯穿从旧制度学派到新制度学派整个研究过程，并且构成两大学派制度主义研究的基础。

其一，旧制度学派的制度。旧制度学派的代表人物是凡勃伦和康芒斯。凡勃伦将制度概括为一种思想习惯、一种生活方式，或习惯方式。他认为，人们在社会生活中形成诸多有意识的指导实践的思想，并形成许多付诸实践并在实际生活中达成的习惯，这些在社会生活中所形成的一系列的思想和习惯就构成了本质上所称谓的制度，而这些理论上或实践上所讲的制度的具体表现形式则是某一时期的生活方式。凡勃伦从制度的本质入手，以心理学的崭新视角将制度这一概念或范畴凝聚为公众的生活方式或精神状态，抑或是一种民众性格，并强调了这种生活方式或性格的普适性。他还谈到了有关经济制度的相关概念和范畴，认为经济制度仍然是一种习惯方式，这种习惯方式是基于人们在经济生活过程中的经济活动所形成的，是人们在改造物质世界的过程所形成的[103][34-38]。

康芒斯则将制度界定为组织以及组织的运行规则。他认为，人类社会的交易关系可以归结为三种类型，即买卖的交易、管理的交易和限额的交易。这三种交易聚合在一起，构成经济研究上的组织单位，称为“运行中的机构”。这种运行中的机构通过业务规则得以正常运转。他将家庭、公司、工会、行业协会、国家等，统称为“制度”。消极的不活动的制度是一种静态的团体；积极的活动的制度则是一个“运行中的机构”[104][90]。康芒斯强调制度的实质是“集体行动控制个体行动”[104][87]，其所谓的制度就是约束个人行动的集体行动，而所谓的集体行动就是法律制度。康芒斯认为，所有社会活动主体的活动或多或少地受到集体行动的控制，对某个人行为的控制，目的是对其他人有益。在契约执行过程中，债务人履约就是对集体行动的服从，这将使债权人获得预期上的安全感，因此履约行为就是一个可持续运行的商业社会的基本制度，这一制度具有强迫性，但对整个社会却是有益的。康芒斯进一步认为，组织或机构通过制定一系列的制度、规则，以此来规定一种行为标准，按照这些标准，可以养成特定社会的行为习惯，以此来保证社会运行的安全、顺畅。因此，集体行为不单单是对个体行为的控制，而且是通过控制个体行为，使个体得到解放，使其免受“强迫、威胁、歧视，或不公平的竞争”之苦[105][5]。

同时，按照康芒斯的思想，静态的组织机构本身也是一种制度，是制度的产物。他说：“一个运行中的机构也是一种习俗”[105][5]。习俗是交互影响的行动的结果的产物，人们之间交互影响的行动是受已有的制度的约束和规范的，并随着交互关系的扩展，为构建一种适宜于长久利益考虑的交易秩序，人们会学习通过谈判来消除利益冲突，学习服从许多业务机构的业务规则，学习的动力在人类社会中从未断过，学习的结果是产生并不断地优化业务规则，从而使人们之间交互影响的行动的成本得以降低。

其二，新制度学派的制度。新制度经济学由道格拉斯·诺斯等经济史学家在20世纪70年代创立，诺斯将制度因素引入经济史研究，并发现了制度和制度变迁在长期经济增长与停滞中所具有的重要作用，并以此为基础，建立起“制度—个人选择—经济和社会结果”分析框架，将宏观研究与微观研究联系起来，从而使人们对制度、制度变迁和个人行为之间的互动关系有了一个更全面的认识。新制度主义可以分为理性选择新制度主义和历史新制度主义。前者强调自利动机和个人选择的重要性，即制度会影响个人为追求自身利益而对行为方式的选择；后者突出社会规则和制度在塑造个人行为动机和偏好方面所起的作用。尽管两者有一定差别，但在强调制度对个人行为的影响上是一致的。

诺斯从博弈论的视角考察了制度，认为制度是一种游戏规则，是人们在社会互动过程中由此形成的，并反过来对人们的互动行为加以约束的互动约束或互动框架。他还把这种互动约束分为两大类，即学者们现在普遍认同的正式约束和非正式约束，他所讲的正式约束包括国家的宪法制度、交易中的产权制度和契约制度，而他所讲的非正式约束则包含社会生活中的一般规范和风俗习惯，这种划分奠定了制度经济学中制度理论的基础。与诺斯相似，青木昌彦提出了自己的制度观，他通过比较制度分析，将制度的内涵认定为维系游戏不断持续的规则，并认为制度是在持续不断的博弈过程中所达成的持续不断均衡调整的结果，是均衡结果的重要体现，即制度本身就是博弈达成均衡结果的综合体，这种结果所形成的制度将约束于所有人的行为，并为所有人所遵守，在不断互动中形成新的制度规则[106][28]。舒尔茨在这方面走得更远而且更加切合实际，他将制度的本质界定为人们在社会互动过程中必须遵从的行为准则，这里的社会互动是指广义的社会互动，具体包括人们之间的政治互动、经济互动和社会互动，这些互动方式构成了人们互动的基本单元[107][253]。

制度作为制度经济学的研究对象以及研究范畴，其本身有着丰富的内涵，主要包括：第一，制度与人的动机、行为有着内在的联系。一方面，历史上任何制度的形成，都是人的利益及其选择的结果；另一方面，分析人的行为要从现实的制度出发，因为人是在现实制度所赋予的制约条件中活动的。传统的经济理论假设人是“理性的经济人”，是追求效用最大化的。在此假设下，若缺乏制度的有效约束，那么人人追求效用最大化的结果，只能造成整个国家社会经济活动的混乱无序和低效率。第二，制度是一种公共产品，具有非竞争性和非排他性。制度作为一种行为规则，并不是针对某一个人的，而是针对所有人的，是一种公共规则。第三，制度是社会的博弈规则，是作为社会互动角色的人们在社会互动过程中创造出来，用以约束人们之间的政治互动、经济互动以及社会互动等互动行为的约束规则。

就停车制度来讲，停车制度是激励停车供给和抑制停车需求、促进停车供求动态平衡的一系列政策、法规和相关制度的总和。停车供给制度指促进和规范停车供给的相关制度，如停车规划制度、停车投资制度、停车建设制度、停车经营和服务制度、停车收费制度等；停车需求制度是指抑制和规范停车需求的相关制度，如停车设施产权制度、车辆停放制度等，这些制度构成了对停车供给和停车需求行为的基本激励或约束，具体见表3－7。

表3－7　停车制度分类

停车供给制度	停车需求制度
停车规划制度 停车投融资制度 停车建设制度 停车经营和服务制度 停车收费制度等	停车设施产权制度 车辆停放制度

（2）制度的构成。

制度构成了人们社会活动的外部环境，是人们发生互动行为的制度基础和游戏规则，制度的构成要素包括三个部分，即非正式约束、正式约束及其实施机制。这三种要素存在一定的层次关系，其中非正式约束层次较低，正式约束层次较高，而且这两种制度都有各自的实施机制[103][38]。

①非正式约束（Informal Constraints）。学者们对于非正式约束的界定基本是一致的。他们中的大多数人认为，它是人们在持续不断的社会互动中自发衍生出来的，并由此形成的互动活动的习俗的重要内核。从社会演化的视角来看，在人类社会进入文明社会之前，即处于野蛮时代之时，人与人之间的互动关系大多依赖于非正式约束来调整，非正式约束构成了其他制度大厦得以植根的土壤或根基，即使到了文明社会，其演进沿着奴隶社会、封建社会、资本主义社会和社会主义社会等不同社会形态的轨迹，其间各种社会形态中的正式约束在所有制度约束中也只占很小的比例，大多数社会互动行为仍依赖于非正式约束来调整，这种非正式约束涉及的领

域广泛，包括意识形态、风俗习惯、价值理念、道德观念、伦理规范等，不一而足。非正式约束对正式约束有扩展、细化和限制作用。一般来讲，非正式约束也有一定的局限性，即其实施缺乏必要的强制性。如果没有正式约束的补充和协助，则非正式约束的遵守和执行必将难以奏效。

②正式约束（Formal Constraints）。学者们对于正式约束的界定是建立在非正式约束的基础上的，是与非正式约束相对应的。他们中的大多数人认为，正式约束是人们自主制定的具有完整体系的制度规则。正式约束涉及人们政治活动、经济活动以及交易活动，其主要内容包括政治活动应遵守的规则、经济应遵守的规则以及交易活动应遵守的契约，这些规则具有特定的层次关系，通过这种层次关系，由抽象到具体、从粗略到细致，共同调整人们之间的互动关系。一个国家的正式规则应该包括以下方面：首先，明确人们在社会或组织中的角色和在分工中的责权利的规则，这种规则中最基本的是宪法和法律；其次，规范人们行为的规则；最后，惩罚的规则。正式规则对一个国家和社会来讲很重要，看一个国家政治文明的程度，其中一项很重要的内容是看这个国家正式规则的成熟程度，看这个国家经济生活、政治生活乃至社会生活规范程度，看这个国家的公众对现行正式规则的认可程度，这成为判定一个国家文明程度的重要标志。

③实施机制。实施机制是指构成事物的各要素之间的结构关系及运作原理。鉴别一个国家制度要素的结构是否合理、运作过程是否顺畅、实施效果是否明显，一方面要考察该国的法律、法规、规范等正式约束是否全面具体，考察道德、伦理、风俗习惯等是否稳定，及其与正式约束是否彼此适应；另一方面还要考察正式约束和非正式约束的具体实施机制，即除了要有健全的静态制度系统和层次外，还应有促进静态制度实施的有效的实施机制。若没有动态的实施机制，则静态的制度将难以达成其调整互动行为的目的。这种强制性的实施机制就是由政府相关部门所构成的执行和监督机构以及法院系统，这些部门的运作按照自己独有的程序进行，运作程序构成了实施机制的一部分，它可以有效克服人的机会主义行为和由于信息的不对称性所导致的道德风险，从而保障正式约束的有效遵守和执行。至此，学者们提出另一个问题，即鉴别一国的制度实施机制运行效果标准

的应然性问题，很多学者认为这一标准应归结为违约或违规成本的高低。若违约或违规的收益大于违约或违规的成本，并大到一定的激励程度，则“理性的经济人”将会铤而走险。

在明确了判断实施机制是否有效的标准外，还应讨论另一个问题，即实施机制的主体和客体问题。实施机制的客体是正式约束所规定的互动双方当事人之间的权利义务关系，而实施机制的主体则是国家，根据契约论的观点，民众通过让渡一部分权利给国家，并委托国家代为履行对社会的管理职能，国家能否有效对社会实施管理，取决于官僚们的私人目标和社会目标的吻合程度，以及发现和惩罚违规者的成本。若是前者，则会出现由于委托代理问题所导致的政府“失灵”；若是后者，即成本太高，会因财政困难而导致实施机制疲软乏力。

④非正式约束与正式约束之间的关系。前者是指很难加以改变并始终约束着人们行为的各种规则；后者则是指可以决定并对在文化进化过程中的规则内的行为实行约束的各种规则。从变迁速度来看，正式约束可以迅速改变，即可以是暴风骤雨式的，而非正式约束的变迁则是潜移默化的，是和风细雨式的，需经历漫长的历史演化阶段。从可移植性来看，一些具有普适性的可以超越国界的正式约束，在对其进行必要的适应性改造之后，可以将其从一个国家移植到另一个国家，其可移植性较强。而植根于民族习俗和文化传统基础上的非正式约束，由于其所拥有的民族特点而具有相对的稳定性，其可移植性相对较差。制度移植能否成功，在很大程度上取决于制度输入国的非正式约束环境以及对移植制度的相容程度[108]。

就停车制度来讲，停车制度也应该包括正式约束、非正式约束和实施机制等。停车制度的正式约束是指政府或行业协会等组织有意识制定的一系列政策、法律、法规或规则，包括涉及促进和规范停车供给，抑制和规范停车需求的各种政策、法律、法规和规则；停车制度的非正式约束是指人们在长期停车供给和停车需求过程中无意识形成的，并构成停车文化的一部分的软约束，主要包括停车价值理念、伦理规范、道德观念、风俗习惯等因素。除了应具有正式的法律规范来规范人们的停车行为外，还应有良好的停车文化来约束人们的停车行为，营造良好的文明停车秩序。

（3）制度的功能。

制度是在文化、风俗习惯等积淀的基础上人为地制定出来的、构成人与人之间相互作用关系的约束规则。制度由正式规则、非正式规则以及其实施机制构成。制度决定了社会和经济的激励与约束结构，制度的具体作用包括以下内容。

①降低交易成本。威廉姆森认为决定交易成本的因素有两类：一是交易要素，即市场的不确定性和潜在交易对手的数量；二是人性要素，即有限理性（bounded rationality）和机会主义（opportunism）。人性的要素，使交易双方常常在利益的讨价还价中争执不下，以致谈判难以进行。由于信息的不对称，从而导致了人们对某一事件发生的预期的不一致，由于预期的不一致，必然增加各方达成一致的交易成本。交易成本包括搜集信息的成本和谈判的成本。在商品市场上，由于信息的不对称，交易双方会对商品的价格预期存在不一致，于是双方必须搜集足够的相关商品信息，经过多次讨价还价，就商品价格达成一致，这种因搜集商品价格信息和进行讨价还价所花费的成本，称为交易成本。新制度经济学家将契约看作制度的一个组成部分，认为契约是解决交易过程中的交易成本问题、减少交易风险、抑制交易双方的投机行为的重要手段，也是确保交易得以顺利进行的必要保障。

②制度为合作创造条件。市场经济既是竞争经济，也是合作经济，制度为人们之间的合作奠定了必要的基础。制度是人们在持续不断的互动、交往、交易过程中所达成的诸多明文的或口头的契约的总和。这种契约是建立在人们之间通过多次交易而构建的互信体系的基础上的，并为人们的下一步合作所提供的人人必须遵守的行为框架。这种行为框架的首要目标就是调整和约束人们之间的互动、交往、交易及合作关系，降低交易过程中由于信息不对称所导致的信息成本，以及由此而诱发的不确定性所导致的信任危机，提高交易主体之间信任度和合作意向。市场经济是竞争经济，也是合作经济，社会是竞争与合作的统一，制度为减少人们之间的冲突，增进人们之间的合作创造条件。

③制度提供激励机制。从历史到现在，人们经常用悬赏等办法去激励别人干一件事，即重赏之下，必有勇夫。从横渡大西洋和国际贸易来说，当时这方面发展的一个主要障碍在于航海者没有能力测定船只的精确位置。当时最大的难点是如何发明一种仪器，以解决测定经度的问题。于是欧洲一些国家纷纷悬赏以求得这种仪器。悬赏一直延续到18世纪，最后一个叫约翰·哈里森的人取得了成功，为解决这个问题他耗去了一生大半时光。精确测定航船位置是一项社会性收益，在扩大贸易范围、降低航海贸易成本方面，其价值是无可计量的。如果当时的发明者拥有这一发明的专利，他们会从发明中得到更多的收益，那么，这一项技术突破不知要提前多少年 。当时为鼓励科学家努力工作而提供的奖金具有很大的随意性，如果将这些发明、创新的专利权以法律的形式明文规定，就能对发明和创造提供更普遍的激励，于是后来就有了保护专利权方面的法律。没有这种专利权，就不会有人为了社会的利益拿个人的财产去冒险。从前面的例子来看，社会应该通过制度为人们提供一个持续的、制度化的而不是偶然的激励机制，以激励和规范人们的行为。

④制度可以约束人的机会主义行为。我们知道人是“经济人”，人具有有限理性，人为了自己利益的最大化，可能会做一些利人利己的行为，也可能做一些损人利己的行为。在没有一定约束规则的情况下，“经济人”很可能不遵循已有的竞争规则，投机取巧，而进行不正当的竞争。在经济领域，表现为垄断和将商品价格降低到成本以下，排挤其他厂商进入该商品的生产市场，以及制假售假，严重扰乱了市场经济秩序，使价格调节机制“失灵”。为此许多国家都相继制定了反不正当竞争法和反托拉斯法，由政府出面规范市场秩序。制度在某种程度上确实能够约束人的机会主义行为，需要不断加强制度方面的创新，完善各项制度，改善各种机会主义行为的约束机制[109][9-10]。

3.2.3 三种动力机制的相互关系

通过前述分析，三种动力机制的相互关系如图3-8所示。

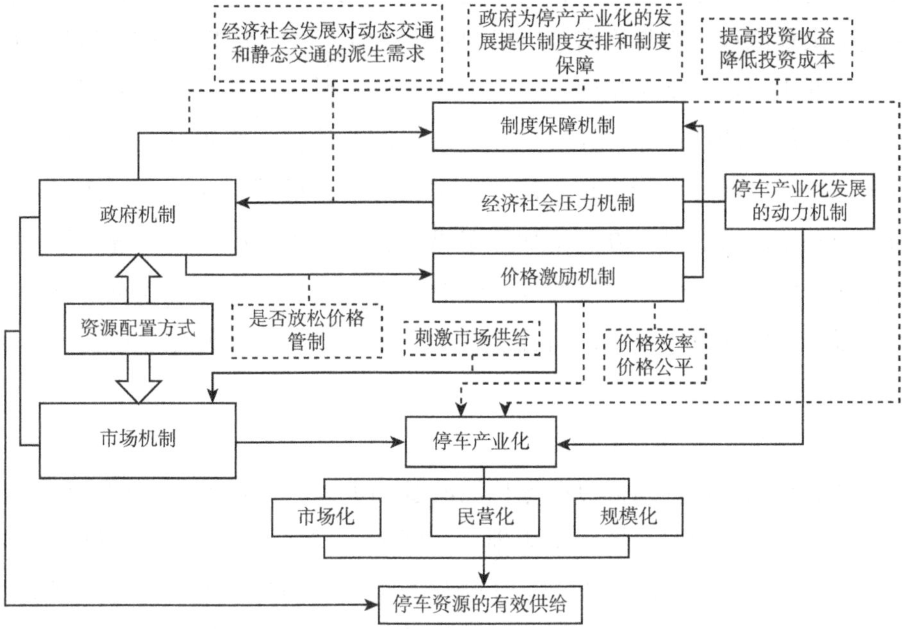

图 3-8　三种机制的关系

（1）经济社会压力机制。

交通运输业属于基础产业，对于其他产业的前向推动作用极其巨大，因此，为了促进国民经济的持续快速增长，必须促进交通运输业的健康发展。而停车产业是交通运输业的派生需求产业，或者也可以说是互补产业，停车产业的利润构成了交通运输业的成本，因此，交通运输业和停车产业是孪生姊妹，密不可分，没有停车产业的健康发展，也就没有交通运输业的健康发展。而其他产业对于交通运输业的巨大需求，也就间接构成了对停车产业的需求。目前，由于停车需求的急剧膨胀和停车供给的严重不足，势必会对交通运输业的健康发展带来不良影响，进而危及整个国民经济的发展，导致诸多社会问题。这种经济社会发展要求的压力，促使政府相关部门出台相关政策，促进停车供给，满足停车需求，促进停车产业及其产业化的健康发展。

（2）市场价格激励机制。

供求机制、价格机制是市场经济的基本机制，价格机制是引导市场供求关系的基本信号，因此价格机制对于供求关系具有激励作用。其具体表现就是供求原理。当价格高于市场均衡价格时，供给大于需求，供过于求；当价格低于市场均衡价格时，需求大于供给，供不应求。在目前停车需求大于停车供给的情况下，政府可以通过对停车价格进行管制，实行最低限价政策，并保证停车价格高于停车成本，使停车投资企业有利可图。一方面抑制停车需求；另一方面增加停车供给，从而刺激民间资本进入停车产业，促进停车产业化的发展。这不仅能够实现市场供给对于政府供给的替代，减轻政府的财政负担，而且能够促进投资主体的多元化、运营的市场化和民营化。

（3）政府制度保障机制。

制度是在文化、风俗习惯等积淀的基础上人为地制定出来的、构成人与人之间相互作用关系的约束规则。制度由正式规则、非正式规则以及它们的实施机制构成。制度决定了社会和经济的激励与约束结构，制度的功能包括：降低交易成本；为合作创造条件；提供激励机制；约束人的机会主义行为。停车产业化发展的制度保障机制包括：（1）消除民间资本的产业进入壁垒，鼓励市场机制实现有效供给；（2）确定合理有效的停车收费价格，激励民间资本投资停车设施；（3）实施停车建设的投资优惠政策，激励民间资本的投资和运营；（4）设立公共停车设施的发展基金，保障政府机制的有效供给。这些制度保障为停车产业的发展提供制度基础。这些内容将在后续详细论述，此处不再赘述。

3.3　本章小结

我国大城市停车产业化发展的基本现状，是汽车产业快速发展和停车需求急剧膨胀，停车设施供给严重不足，停车产业发展仍存短板。因此，需要为停车产业化发展注入新的动力，促进停车产业化的快速发展。这些动力机制主要包括经济社会压力机制、价格激励机制、制度保障机制。

交通运输业属于基础产业，对于其他产业的前向推动作用极其巨大。

为了促进国民经济的持续快速增长，必须促进交通运输业的健康发展。而停车产业是交通运输业的派生需求产业，或者也可以说是互补产业，停车产业的利润构成了交通运输业的成本，因此交通运输业和停车产业是孪生姐妹，密不可分。没有停车产业的健康发展，也就没有交通运输业的健康发展，而其他产业对于交通运输业的巨大需求，也就间接构成了对停车产业的需求。目前，由于停车需求的急剧膨胀和停车供给的严重不足，势必会对交通运输业的健康发展带来不良影响，进而危及整个国民经济的发展，导致诸多社会问题。这种经济社会发展要求的压力，促使政府相关部门出台相关政策，促进停车供给，满足停车需求，促进停车产业及其产业化的健康发展。

供求机制、价格机制是市场经济的基本机制，价格机制是引导市场供求关系的基本信号，因此价格机制对于供求关系具有激励作用。其具体表现就是供求原理。当价格高于市场均衡价格时，供给大于需求，供过于求；当价格低于市场均衡价格时，需求大于供给，供不应求。在目前停车需求大于停车供给的情况下，政府可以通过对停车价格进行管制，实行最低限价政策，并保证停车价格高于停车成本，使停车投资企业有利可图。一方面抑制停车需求；另一方面增加停车供给，从而刺激民间资本进入停车产业，促进停车产业化的发展。这不仅能够实现市场供给对于政府供给的替代，减轻政府的财政负担，而且能够促进投资主体的多元化、运营的市场化和民营化。

制度是在文化、风俗习惯等积淀的基础上人为地制定出来的、构成人与人之间相互作用关系的约束规则。制度由正式规则、非正式规则以及它们的实施机制构成。制度决定了社会和经济的激励与约束结构，制度的功能包括：降低交易成本；为合作创造条件；提供激励机制；约束人的机会主义行为。停车产业化发展的制度保障机制包括：①消除民间资本的产业进入壁垒，鼓励市场机制实现有效供给；②确定合理有效的停车收费价格，激励民间资本投资停车设施；③实施停车建设的投资优惠政策，激励民间资本的投资和运营；④设立公共停车设施的发展基金，保障政府机制的有效供给。

第4章　城市停车产业化发展的经济社会压力机制

停车产业化发展的经济社会压力机制是指由于宏观经济是一个大的系统，产业之间存在各种关联关系，停车产业与交通运输业关系密切，其兴衰会影响交通运输业的发展，进而通过交通运输业波及国民经济其他部门的发展，而国民经济的快速发展对交通运输业的发展提出了更高的要求，交通运输业的发展对停车产业的发展提出配套要求，因此国民经济的快速发展间接对停车产业提出了更高的发展要求，这一发展要求构成了对停车产业化发展的经济和社会压力机制。停车产业化发展的经济社会压力机制是通过交通运输业与其他产业的关联关系以及动态交通对静态交通的依赖性来体现的。

本章基于投入产出法定量研究动态交通的重要性以及动态交通对静态交通的依赖性。这种重要性和依赖性正是推动政府增加停车供给和实现停车产业化的根本动力。动态交通的重要性主要体现在交通运输业对经济和就业的影响方面。本章以北京市为例，利用北京市投入产出表数据，综合运用投入产出模型、产值就业弹性模型、复杂网络可视化技术等，分析交通运输业对就业的促进作用。同时还运用投入产出模型、增长值贡献率模型、复杂网络可视化技术，分析交通运输业对国民经济的促进作用，从而阐明动态交通对经济和社会发展的重要性，进而推论出作为动态交通派生需求的静态交通，即停车问题的重要性，进而表明增加停车供给和促进停车产业化的必要性。这种重要性和必要性正是推动政府增加停车供给和实现停车产业化的根本动力。

4.1　停车产业关联效应及社会波及效应分析

4.1.1　停车产业的派生性及与其他产业的关联效应

对停车设施的需求源于社会经济对于交通运输的需求，交通运输业属于公共事业，是基础设施产业，对国民经济的发展具有基础性作用。交通运输离不开停车设施，没有停车设施交通运输就无法完成，因此交通运输业包含停车产业，停车产业是交通运输业的互补产业，对停车产业的需求源于国民经济对交通运输业的需求，因此对停车设施的需求是派生需求，停车产业是交通运输业的派生产业，对停车设施的需求构成了交通运输业的运营成本。

停车设施构成交通运输业的成本，停车产业的发展会影响交通运输业的兴衰，进而会通过产业间的关联关系波及其他产业，影响其他产业的发展。因此，停车产业主要是通过交通运输业与其他产业的关联关系影响和波及其他产业发展的。产业关联是联系交通运输业与其他产业关系的桥梁和纽带。

产业关联是指国民经济各产业部门间投入品与产出品相互供给和需求的数量比例关系。产业关联理论是对产业之间的投入产出关系，通过构建投入产出表和投入产出模型，将投入和产出加以数量联系的一种研究方法，投入产出法用以测定部门之间在生产、交换、分配环节中体现出的关联关系。产业关联包括产品和服务的联系，就业、投资等方面的联系，技术层面的联系，价格方面的联系等。从产业链上产业之间的供求关系出发，将产业关联分为前向关联、后向关联和环向关联。其中，前向关联是指某一产业的产品作为供给要素被其他产业利用而形成的产业关联；后向关联是指某一产业在其生产过程中对其他产业的产品产生需求所引起的产业关联；环向关联是指经济活动中各产业通过复杂的技术经济联系形成的环状关联，产业与产业之间既前向关联又后向关联。实际经济生活中产业之间单纯的前向关联或后向关联并不多见，更多的是环向关联。

停车泊位与机动车存在互补关系。一般认为，停车泊位和机动车的正常比例应该是1.1～1.3。对停车泊位的需求是派生需求，源于对机动车的需求。因此，停车产业与交通运输业存在互补关系，对停车产业的需求，源于对交通运输业的需求。对停车产业的需求是引致需求或派生需求，因此停车产业的产业地位取决于交通运输业的产业地位。停车产业对其他产业也具有前向关联效应、后向关联效应、侧向关联效应和环向关联效应。停车产业包含在交通运输产业之中，停车产业的关联效应取决于交通运输业的产业关联效应。从理论上讲，由于交通运输业位于产业链的前端，因此其中间投入率较小，而中间需求率相对较大，应属于中间产品型基础产业，其对于其他产业的后向拉动效应较小，即影响力较小，而对于其他产业的前向推动效应较大，即感应度较大。停车产业也应该属于中间产品型基础产业，对国民经济的发展具有基础性作用。

本章以产业关联理论为基础，分析北京市交通运输业对相关产业的后向拉动效应和前向推动效应，运用投入产出模型揭示产业链条上交通运输业与其密切关联产业之间的后向、前向关联关系和内在结构，为客观认识交通运输业对北京市国民经济的波及范围和程度提供量化基础，同时也说明停车产业对国民的经济发展所发挥的基础性作用。

4.1.2 动态交通发展的社会经济关联效应

动态交通对于其他产业的关联效应可以通过其与其他产业的前向关联系数和后向关联系数来表示，并可以运用前向关联系数和后向关联系数来测算交通运输业对社会经济的波及效应。其波及效应主要包括交通运输业对就业的带动效应和对经济的拉动效应。

（1）动态交通对就业的带动效应。

关于就业理论的研究涵盖两大学派，即古典就业理论和凯恩斯就业理论，这两大理论体系有着本质上的差别，这种差别源于两种学说对于劳动力价格即工资弹性认识的不同。

古典就业理论认为劳动力市场上的工资是完全富有弹性的，根据劳动力的供求状况上下波动，自动调节到劳动力出清状态，因此认为劳动力市场上不存在失业。如果存在失业的话，也只能说存在自愿失业和短期的摩擦失业，这两种失业并不能说明存在失业，因为重新就业是需要时间进行调整的，这与充分就业并不矛盾。因此，该理论认为经济始终处于充分就业状态，无需政府干预。

凯恩斯的就业理论认为经济并非总是处于充分就业状态，由于存在边际消费倾向递减、资本边际效率递减、流动偏好这三大基本心理规律，经济社会中通常会出现有效需求不足现象，从而影响社会就业总量。他还提出了“非自愿失业”这一新的概念，认为非自愿失业正是由于社会有效需求不足造成的。解决失业问题、增加社会有效需求，需要国家加强对经济活动的积极干预。为了说明具体经济干预的效果，凯恩斯提出了乘数理论，用以说明经济变量变化所引起的连锁效应。

凯恩斯认为，经济系统各构成要素之间存在一定的关联关系，其中某一要素的变动会以乘数扩张的形式波及整个国民经济，然而这种波及效应的大小，抑或是乘数效应的大小，只是停留在经过演绎的纯粹理论阶段，无法实现对乘数效应大小的实际测算，直到 20 世纪 30 年代，经济学家里昂惕夫提出投入产出理论，才使得乘数理论从纯粹的理论阶段发展到实际的应用阶段，从理论变为现实。

增加对汽车的消费需求和停车的消费需求，同时增加交通运输业的投资，增加交通运输业的投资需求，会扩大社会总需求，刺激社会就业的增加。本章通过投入产出法对北京市交通运输业的就业效应进行研究。

（2）动态交通对经济的拉动效应。

根据以上分析，交通运输业的发展对经济的发展同样具有拉动效应，其拉动效应的机理是通过产业之间的投入产出关系来实现的，由于汽车产业的发展，增加了对道路交通的需求，即增加了对交通运输设施的需求，交通运输设施投资的增加包含停车设施的增加，于是也增加了对停车设施的供给；反过来讲，交通运输设施的增加，降低了资源运输成本，从而增加了产品的竞争力，并通过产业之间的关联关系波及其他产业，促进整个国民经济的发展。

4.2 动态交通就业效应的定量测算

交通运输业从本质上讲应该由动态交通和静态交通组成，两者的作用很难进行分解并加以测度。交通运输业对就业的带动效应来源于两个方面：一是交通运输业本身发展所产生的直接就业效应；二是交通运输业发展带动相关产业发展所产生的间接就业效应。产值就业弹性是衡量产业发展带动就业的重要指标。本节综合运用投入产出模型、产值就业弹性模型、复杂网络可视化技术，对北京市交通运输业的就业效应进行测算。

研究交通运输业对就业影响的文献不算太多，汪传旭用投入产出法和产业关联理论测算了交通运输业每增加一单位产值对国内生产总值所产生的波及效应，测度了交通运输业对国民生产总值增长的贡献和对劳动就业人数增长的贡献，并测算了交通运输业产值增加对国民生产总值和就业人数的乘数效应[110]。庞宇征运用投入产出法测度了公路运输业对国民经济增长的贡献度和对就业的贡献度。他利用吉林省的投入产出表，将公路运输业对国民经济的贡献界定为直接贡献和波及贡献，其中波及贡献包括后向波及、前向波及和消费波及，以此为基础计算了公路运输业的影响力系数和感应度系数，测算了公路运输业对国民经济的贡献度和对劳动就业的贡献度[111][25-51]。任倩在分析铁路运输业发展现状的基础上，从劳动力供求、劳动力流动和收入分配三个方面，研究了铁路运输业对中国就业的直接影响，并分析了铁路运输业通过关联产业对中国就业产生的间接影响[112][52-53]。同类文献还有一些。但运用产值就业弹性模型来测定交通运输业对就业影响的文献还较少。本章拟综合运用投入产出模型、产值就业弹性模型、复杂网络可视化技术，用最新数据对北京市交通运输业的就业效应进行测算，直接说明动态交通对就业的乘数效应，间接说明停车产业对就业的影响。

4.2.1　主要模型

（1）投入产出模型及关联系数。

投入产出模型包括投入产出表和投入产出数学模型两种形式，连接两者的纽带是各种投入产出关联系数[113][85-87]。投入产出表有实物型和价值型两种，这里使用价值型投入产出表。投入产出表中所体现的数学模型包括行平衡关系、列平衡关系、总量平衡关系。本书中产业间的关联系数主要包括后向关联系数和前向关联系数。后向关联系数用完全消耗系数表示，前向关联系数用完全分配系数表示[114][56-57]。

完全消耗系数矩阵为：

$$B=A(I-A)^{-1}=(I-A)^{-1}-I \tag{4-1}$$

其中，A 为直接消耗系数矩阵，I 为单位阵，$(I-A)^{-1}$ 为完全需求系数矩阵。B 矩阵中元素为 $\bar{b}_{ij}(i,j=1,\cdots,42)$，$\bar{b}_{ij}$ 越大说明 j 产业对 i 产业产品的需求量越大，对 i 产业的拉动性越强，对 i 产业的后向关联度越大。交通运输业在 42 个产业中代码为 27，所以将它对其他产业 i 拉动的后向关联系数命名为 $\bar{b}_{i,27}(i=1,\cdots,42)$。

完全分配系数矩阵为：

$$D=(I-R)^{-1}R=(I-R)^{-1}-I \tag{4-2}$$

其中，R 为直接分配系数矩阵，I 为单位阵。D 矩阵中元素为 $d_{ij}(i,j=1,\cdots,42)$，d_{ij} 越大说明 i 产业对 j 产业产品的供给量越大，对 j 产业的推动性越强，对 j 产业的前向关联度越大。交通运输业在 42 个产业中代码为 27，所以将它对其他产业 j 推动的前向关联系数命名为 $d_{27,j}(j=1,\cdots,42)$。

（2）产值就业弹性模型。

产值就业弹性，是指产值增加 1% 所导致的就业增加的百分比。若用 α 表示产值就业弹性，L 表示就业数量，Y 表示产值，则产值就业弹性可表示为：

$$e=\frac{\mathrm{d}L/L}{\mathrm{d}Y/Y}=\frac{\mathrm{d}\ln L}{\mathrm{d}\ln Y} \tag{4-3}$$

产值就业弹性模型的函数关系可以表示为[115][35]：

$$L = f(Y) = \alpha Y^{e} \varepsilon \tag{4-4}$$

其中，L 表示某产业就业人数，α 表示常数项，e 表示产值就业弹性，ε 表示随机误差项。为了便于该模型求解，可将式（4－4）对数化，得：

$$\ln L = \ln\alpha + e\ln Y + \varepsilon \tag{4-5}$$

42 个产业中某一产业的产值就业弹性可以用 $e_i(i=1,\cdots,42)$ 或者 $e_j(j=1,\cdots,42)$ 来表示，在分析北京市交通运输业后向间接就业拉动效应时用 e_i 来表示，在分析北京市交通运输业前向间接就业推动效应时用 e_j 来表示。因交通运输业在 42 个产业中代码为 27，故将交通运输业的产值就业弹性命名为 e_{27}。

4.2.2 交通运输业就业效应的测算

交通运输业对就业的带动效应来源于两个方面：一是交通运输业本身发展所产生的直接就业效应；二是交通运输业发展带动相关产业发展所产生的间接就业效应。

4.2.2.1 北京市交通运输业的直接就业效应

北京市交通运输业直接就业效应用交通运输业的产值就业弹性来衡量。北京市交通运输业产值就业弹性的测算思路是：首先，利用 1998～2023 年《北京统计年鉴》，收集北京市 1997～2022 年交通运输业产值和就业人数数据，数据见表 4－1。然后，利用产值就业弹性模型（4－5），用线性回归的方法求得交通运输业产值就业弹性 $e_{27}=0.685$。这表明北京市交通运输业的产值每增加 1%，将增加就业 0.685%。这说明北京市交通运输业的直接就业带动效应较强。

表4-1　　1997~2022年北京市交通运输业产值和就业人数

年份	交通运输业产值 Y（亿元）	交通运输业就业人数 L（人）	年份	交通运输业产值 Y（亿元）	交通运输业就业人数 L（人）
1997	135.79	209627	2010	712.01	477846
1998	154.45	200397	2011	808.95	550454
1999	167.54	186792	2012	816.31	555438
2000	220.60	195243	2013	871.80	592000
2001	254.20	190204	2014	948.10	602000
2002	281.10	282691	2015	984.40	600000
2003	356.80	284472	2016	1061.00	582000
2004	356.80	313897	2017	1208.40	706000
2005	403.30	330250	2018	1346.20	753000
2006	455.20	384142	2019	1025.30	730000
2007	497.50	405372	2020	844.40	711000
2008	498.90	423825	2021	900.90	700000
2009	556.64	469420	2022	879.20	701000

数据来源：1998~2023年《北京统计年鉴》。

4.2.2.2　北京市交通运输业间接就业效应

北京市交通运输业间接就业效应测算思路是：首先，利用投入产出模型分别测算出北京市交通运输业同相关产业的后向关联度系数 $\bar{b}_{i,27}(i=1,\cdots,42)$ 和前向关联度系数 $d_{27,j}(j=1,\cdots,42)$。其次，利用产值就业弹性模型测算与北京市交通运输业相关联产业的产值就业弹性系数 $e_i(i=1,\cdots,42)$ 或 $e_j(j=1,\cdots,42)$。再次，分别用北京市交通运输业与其所有后向和前向相关产业的关联度系数修正各相关产业的直接就业弹性系数，求得因北京市交通运输业发展带动相关产业发展而产生的后向间接就业拉动效应和前向间接就业推动效应。最后，后向间接就业拉动效应与前向间接就业推动效应相加，就得到北京市交通运输业间接就业总效应[116]。

（1）后向间接就业拉动效应。

①北京市交通运输业后向关联产业类型及关联度。利用北京市2010年、2015年、2020年投入产出延长表，根据式（4-1）计算得到2010年、

2015 年、2020 年北京市交通运输业后向关联产业类型及后向关联度系数 $\bar{b}_{i,27}(i=1,\cdots,42)$，如表 4－2 所示。

表 4－2　2010 年、2015 年、2020 年北京市交通运输业后向关联产业类型及关联度

后向关联产业类型及代码	2010 年后向关联度 $\bar{b}_{i,27}$	2015 年后向关联度 $\bar{b}_{i,27}$	2020 年后向关联度 $\bar{b}_{i,27}$
01 农业	0.0124	0.0127	0.0076
02 煤炭开采和洗选业	0.0350	0.0253	0.0491
03 石油和天然气开采业	0.0590	0.1694	0.1208
04 金属矿采选业	0.0263	0.0172	0.0356
05 非金属矿采选业	0.0010	0.0045	0.0069
06 食品制造及烟草加工业	0.0475	0.0116	0.0162
07 纺织业	0.0073	0.0090	0.0111
08 服装皮革羽绒及其制品业	0.0051	0.0044	0.0061
09 加工及家具制造业	0.0061	0.0061	0.0050
10 造纸印刷及文教用品制造业	0.0271	0.0175	0.0191
11 石油加工、炼焦及核燃料加工业	0.2020	0.2678	0.2585
12 化学工业	0.0545	0.0566	0.0462
13 非金属矿物制品业	0.0102	0.0143	0.0146
14 金属冶炼及压延加工业	0.0646	0.0915	0.0575
15 金属制品业	0.0243	0.0180	0.0151
16 通用、专用设备制造业	0.0455	0.0396	0.0208
17 交通运输设备制造业	0.4246	0.1742	0.2530
18 电气、机械及器材制造业	0.0374	0.0200	0.0275
19 通信设备、计算机等制造业	0.0620	0.0543	0.0510
20 仪器仪表及文化办公用机械制造业	0.0233	0.0185	0.0084
21 其他制造业	0.0073	0.0019	0.0029
22 废品废料	0.0039	0.0047	0.0043
23 电力、热力的生产和供应业	0.1161	0.1157	0.1879
24 燃气生产和供应业	0.0098	0.0089	0.0223
25 水的生产和供应业	0.0030	0.0024	0.0022
26 建筑业	0.0257	0.0089	0.0213

续表

后向关联产业类型及代码	2010 年后向关联度 $\bar{b}_{i,27}$	2015 年后向关联度 $\bar{b}_{i,27}$	2020 年后向关联度 $\bar{b}_{i,27}$
27 交通运输及仓储业	0.1854	0.4538	0.8771
28 邮政业	0.0075	0.0010	0.0016
29 信息传输、计算机服务和软件业	0.0608	0.0210	0.0156
30 批发和零售贸易业	0.0345	0.0751	0.1651
31 住宿和餐饮业	0.0318	0.0269	0.0342
32 金融保险业	0.1619	0.0552	0.0764
33 房地产业	0.0048	0.0139	0.0122
34 租赁和商务服务业	0.0672	0.0410	0.1078
35 旅游业	0.0055	0.0076	0.0097
36 科学研究事业	0.0071	0.0230	0.0473
37 综合技术服务业	0.0765	0.0034	0.0042
38 其他社会服务业	0.0316	0.0114	0.0096
39 教育事业	0.0129	0.0062	0.0146
40 卫生、社会保障和社会福利业	0.0010	0.0001	0.0002
41 文化、体育和娱乐业	0.0151	0.0088	0.0121
42 公共管理和社会组织	0.0023	0.0096	0.0929
后向关联系数平均数	0.0487	0.0460	0.0655

数据来源：根据北京市 2010 年、2015 年和 2020 年投入产出延长表计算得到。

从表 4－2 可见，北京市交通运输业与各产业的后向关联度不同，交通运输业与交通运输设备制造业，石油加工、炼焦及核燃料加工业，电力、热力的生产和供应业，石油和天然气开采业等产业后向关联度较强，与教育事业，文化、体育和娱乐业等产业后向关联性较差。为了更清晰地展示北京市交通运输业及其主要后向相关产业，以三年平均后向关联系数的 1/3 为分界点，即以 0.017 为分界点，将表 4－2 中的数据用 UCINET 软件进行二值化处理，大于 0.017 的取 1，小于 0.017 的取 0，并对二值化数据绘制关联拓扑网络图 4－1，图 4－1 中展示了 2010 年、2015 年、2020 年北京市交通运输业后向关联产业的主要类型。

②北京市交通运输业关联产业的产值就业弹性。利用产值就业弹性系数模型（4－5）和收集到的 1997～2022 年北京市 42 个产业产值和各产业

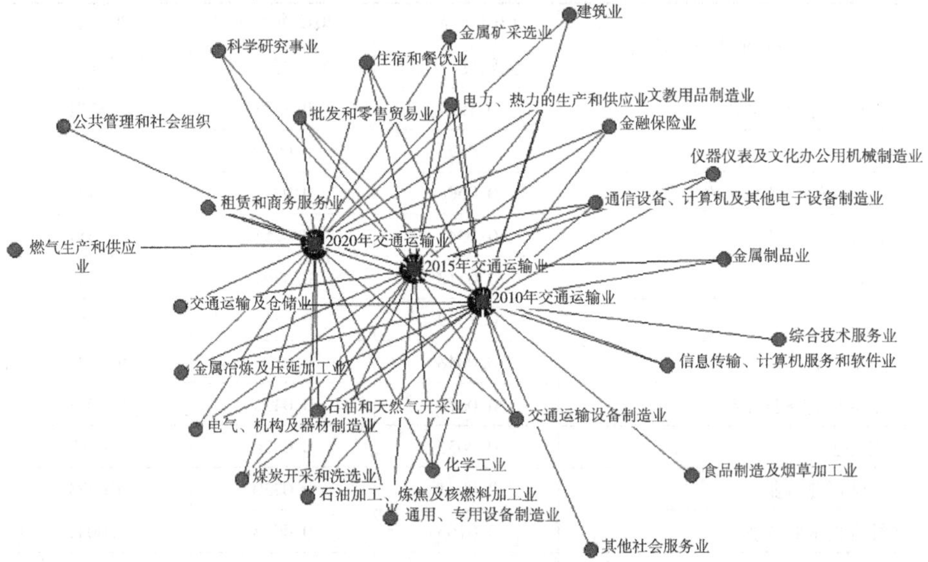

图4-1　2010年、2015年、2020年北京市交通运输业后向关联产业的主要类型

就业人数数据，用回归分析方法计算出42个产业的产值就业弹性系数，结果如表4-3所示。

从表4-3可以看出，产值就业弹性比较大的产业有农业，石油和天然气开采业，非金属矿采选业，信息传输、计算机服务和软件业，金融保险业，住宿和餐饮业，交通运输及仓储业，科学研究事业，卫生、社会保障和社会福利业，房地产业，租赁和商务服务业，水利、环境和公共设施管理等。总的来看，第三产业对就业的带动效应最大。其中，有些产业的产值就业弹性呈现为负值，如纺织业，造纸印刷及文教用品制造业，石油加工、炼焦及核燃料加工业，金属冶炼及压延加工业等，其原因主要是国家逐步淘汰落后产能，促进产业结构升级，鼓励劳动力向新兴产业和第三产业转移的结果。随着这些产业规模的收缩，加之技术的进步，资本要素对劳动力要素替代，对劳动力的需求在逐步减少。为了更加直观地展示各产业就业效应的大小，绘制各产业的产值就业弹性分布图，如图4-2所示。其中，横轴代表42个产业类型的代码，纵轴表示产值就业弹性系数的大小。

表 4-3　　北京市交通运输业的 42 个关联产业的产值就业弹性

关联产业及代码	弹性 e_i 或 e_j	关联产业及代码	弹性 e_i 或 e_j
01 农林牧渔业	3.2810	22 废品废料业	-0.0120
02 煤炭开采和洗选业	0.0680	23 电力、热力的生产和供应业	0.2600
03 石油和天然气开采业	0.6810	24 燃气生产和供应业	-0.9270
04 金属矿采选业	0.5100	25 水的生产和供应业	0.2380
05 非金属矿采选业	0.7840	26 建筑业	-0.2610
06 食品制造及烟草加工业	0.1520	27 交通运输及仓储业	0.6360
07 纺织业	-0.4630	28 邮政业	0.1240
08 服装皮革羽绒及其制品业	-0.2600	29 信息传输、计算机服务和软件业	0.9090
09 木材加工及家具制造业	0.1240	30 批发和零售贸易业	0.2130
10 造纸印刷及文教用品制造业	-0.7070	31 住宿和餐饮业	0.2240
11 石油加工、炼焦及核燃料加工业	-0.5510	32 金融保险业	0.7870
12 化学工业	0.2150	33 房地产业	0.4750
13 非金属矿物制品业	-0.0390	34 租赁和商务服务业	0.2943
14 金属冶炼及压延加工业	-0.8220	35 水利、环境和公共设施管理	0.2990
15 金属制品业	0.0540	36 科学研究事业	0.4890
16 通用、专用设备制造业	-0.2570	37 综合技术服务业	0.0420
17 交通运输设备制造业	0.1030	38 其他社会服务业	-0.0530
18 电气、机械及器材制造业	0.0910	39 教育事业	0.1070
19 通信设备、计算机及其他电子设备制造业	0.3430	40 卫生、社会保障和社会福利业	0.2250
20 仪器仪表及文化办公用机械制造业	0.0510	41 文化、体育和娱乐业	0.0530
21 工艺品及其他制造业	0.0120	42 公共管理和社会组织	0.1350

数据来源：根据 1998 ~2023 年《北京统计年鉴》数据计算得到。

③后向间接就业拉动效应。北京市交通运输业后向间接就业拉动效应用后向关联产业的修正产值就业弹性来表示。后向关联产业的修正产值就业弹性（%）等于交通运输业后向关联产业的后向关联度系数乘以该产业的产值就业弹性（%），即式（4-6）。

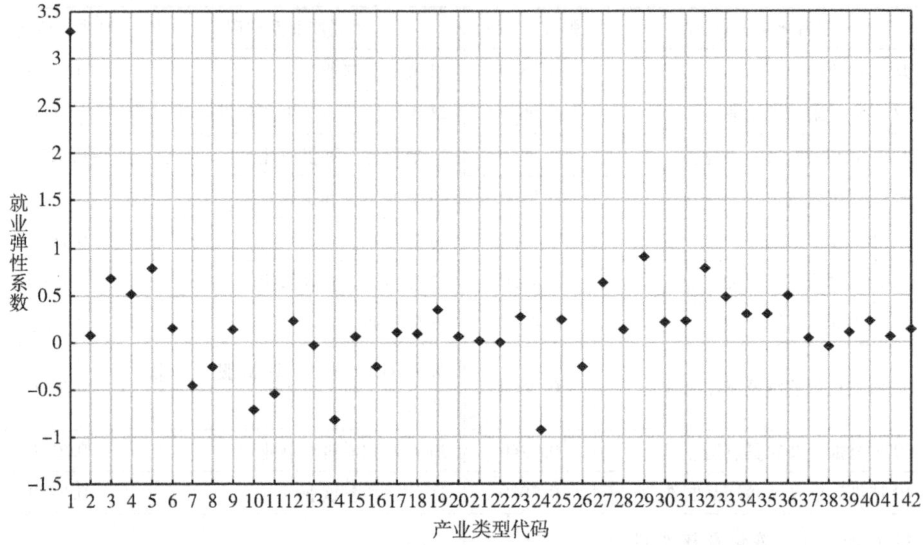

图 4-2 北京市交通运输业的 42 个关联产业的产值就业弹性分布

$$e_i^{backward} = \bar{b}_{i,27} \times e_i \qquad (i = 1, \cdots, 42) \tag{4-6}$$

其中，$e_i^{backward}$ 表示后向关联产业的修正产值就业弹性，即交通运输业间接拉动后向第 i 个产业的修正产值就业弹性。因为交通运输业在投入产出表中是第 27 个部门，所以用 $\bar{b}_{i,27}$ 表示交通运输业对第 i 个产业的后向关联系数。e_i 表示第 i 个产业的产值就业弹性系数。式（4-6）也可以用矩阵表示，即：

$$\begin{bmatrix} e_{1(2010)}^{backward} & e_{1(2015)}^{backward} & e_{1(2020)}^{backward} \\ e_{2(2010)}^{backward} & e_{2(2015)}^{backward} & e_{2(2020)}^{backward} \\ \vdots & \vdots & \vdots \\ e_{i(2010)}^{backward} & e_{i(2015)}^{backward} & e_{i(2020)}^{backward} \\ \vdots & \vdots & \vdots \\ e_{42(2010)}^{backward} & e_{42(2015)}^{backward} & e_{42(2020)}^{backward} \end{bmatrix} = \begin{bmatrix} e_1 & & & & & \\ & e_2 & & & & \\ & & \ddots & & & \\ & & & e_i & & \\ & & & & \ddots & \\ & & & & & e_{42} \end{bmatrix} \begin{bmatrix} \bar{b}_{1,27}^{(2010)} & \bar{b}_{1,27}^{(2015)} & \bar{b}_{1,27}^{(2020)} \\ \bar{b}_{2,27}^{(2010)} & \bar{b}_{2,27}^{(2015)} & \bar{b}_{2,27}^{(2020)} \\ \vdots & \vdots & \vdots \\ \bar{b}_{i,27}^{(2010)} & \bar{b}_{i,27}^{(2015)} & \bar{b}_{i,27}^{(2020)} \\ \vdots & \vdots & \vdots \\ \bar{b}_{42,27}^{(2010)} & \bar{b}_{42,27}^{(2015)} & \bar{b}_{42,27}^{(2020)} \end{bmatrix}。$$

利用式（4-6）分别求得 2010 年、2015 年、2020 年北京市交通运输业拉动后向关联产业的产值就业弹性，如表 4-4 所示。

表 4－4　　北京市交通运输业对后向关联产业就业量的拉动效应

后向关联产业及代码	2010 年后向关联产业产值就业弹性	2015 年后向关联产业产值就业弹性	2020 年后向关联产业产值就业弹性
01 农林牧渔业	0.0406	0.0416	0.0250
02 煤炭开采和洗选业	0.0024	0.0017	0.0033
03 石油和天然气开采业	0.0402	0.1154	0.0823
04 金属矿采选业	0.0134	0.0088	0.0182
05 非金属矿采选业	0.0008	0.0036	0.0054
06 食品制造及烟草加工业	0.0072	0.0018	0.0025
07 纺织业	－0.0034	－0.0042	－0.0051
08 服装皮革羽绒及其制品业	－0.0013	－0.0011	－0.0016
09 木材加工及家具制造业	0.0008	0.0008	0.0006
10 造纸印刷及文教用品制造业	－0.0191	－0.0123	－0.0135
11 石油加工、炼焦及核燃料加工业	－0.1113	－0.1475	－0.1424
12 化学工业	0.0117	0.0122	0.0099
13 非金属矿物制品业	－0.0004	－0.0006	－0.0006
14 金属冶炼及压延加工业	－0.0531	－0.0752	－0.0473
15 金属制品业	0.0013	0.0010	0.0008
16 通用、专用设备制造业	－0.0117	－0.0102	－0.0054
17 交通运输设备制造业	0.0437	0.0179	0.0261
18 电气、机械及器材制造业	0.0034	0.0018	0.0025
19 通信设备、计算机制造业	0.0213	0.0186	0.0175
20 仪器仪表及文化办公用机械制造业	0.0012	0.0009	0.0004
21 其他制造业	0.0001	0.0000	0.0000
22 废品废料	0.0000	－0.0001	－0.0001
23 电力、热力的生产和供应业	0.0302	0.0301	0.0488
24 燃气生产和供应业	－0.0091	－0.0083	－0.0207
25 水的生产和供应业	0.0007	0.0006	0.0005
26 建筑业	－0.0067	－0.0023	－0.0056
27 交通运输及仓储业	0.1179	0.2886	0.5578
28 邮政业	0.0009	0.0001	0.0002
29 信息传输、计算机服务和软件业	0.0553	0.0191	0.0142
30 批发和零售贸易业	0.0074	0.0160	0.0352

续表

后向关联产业及代码	2010 年后向关联产业产值就业弹性	2015 年后向关联产业产值就业弹性	2020 年后向关联产业产值就业弹性
31 住宿和餐饮业	0.0071	0.0060	0.0077
32 金融保险业	0.1274	0.0434	0.0601
33 房地产业	0.0023	0.0066	0.0058
34 租赁和商务服务业	0.0198	0.0121	0.0317
35 旅游业	0.0017	0.0023	0.0029
36 科学研究事业	0.0035	0.0113	0.0231
37 综合技术服务业	0.0032	0.0001	0.0002
38 其他社会服务业	-0.0017	-0.0006	-0.0005
39 教育事业	0.0014	0.0007	0.0016
40 卫生、社会保障和社会福利业	0.0002	0.0000	0.0000
41 文化、体育和娱乐业	0.0008	0.0005	0.0006
42 公共管理和社会组织	0.0003	0.0013	0.0125
合计	0.3502	0.4023	0.7550

数据来源：利用式（4-6）计算得到。

从横向来看，北京市交通运输业后向关联产业产值就业弹性三年都较大的几个产业包括农林牧渔业，石油和天然气开采业，化学工业，交通运输设备制造业，电力、热力的生产和供应业，金融保险业，信息传输、计算机服务和软件业，批发和零售贸易业等，其中第三产业占有较大比重。个别产业，如纺织业，石油加工、炼焦及核燃料加工业，金属冶炼及压延加工业，为负的原因主要是这些产业随着产值的增加和技术的进步，对就业的需求反而下降，加之产业结构升级和淘汰落后产能的结果。从纵向来看，后向总弹性 2010 年为 0.35，2015 年为 0.40，2020 年为 0.75，对就业的拉动效应明显，且呈上升趋势。为了更加直观地展示 2010 年、2015 年和 2020 年北京市交通运输业对后向关联的 42 个产业就业量的拉动效应，根据表 4-4 的数据，绘制图 4-3。图 4-3 中横轴表示与交通运输业后向关联的 42 个产业的代码，点的位置表示交通运输业对后向关联产业就业拉动效应的大小。

（2）前向间接就业推动效应。

①北京市交通运输业前向关联产业类型及关联度。利用北京市 2010

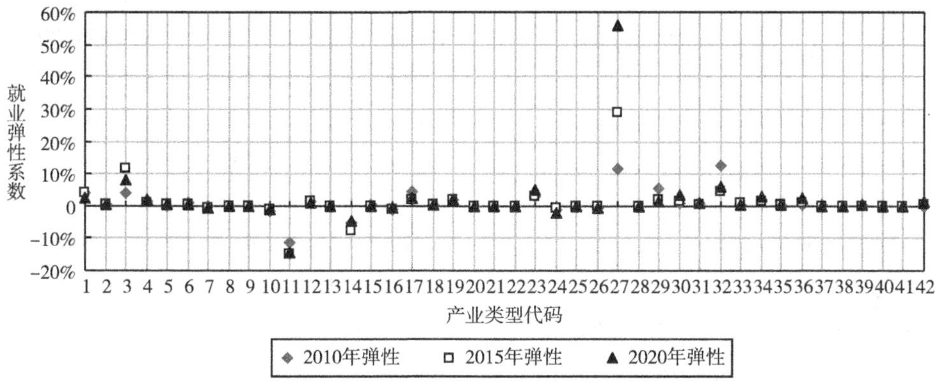

图4-3 北京市交通运输业对后向关联产业就业量的拉动效应

年、2015年和2020年投入产出延长表，根据式（4-2）计算得到2010年、2015年、2020年北京市交通运输业前向关联产业类型及前向关联度系数 $d_{27,j}$（$j=1,\cdots,42$），如表4-5所示。

表4-5 2010年、2015年、2020年北京市交通运输业前向关联产业类型及关联度

前向关联产业类型及代码	2010年前向关联度 $d_{27,j}$	2015年前向关联度 $d_{27,j}$	2020年前向关联度 $d_{27,j}$
01 农业	0.0246	0.0197	0.0365
02 煤炭开采和洗选业	0.0364	0.0232	0.1583
03 石油和天然气开采业	0.0000	0.0034	0.0245
04 金属矿采选业	0.0012	0.0006	0.0490
05 非金属矿采选业	0.0015	0.0011	0.0015
06 食品制造及烟草加工业	0.0483	0.0512	0.1034
07 纺织业	0.0085	0.0057	0.0100
08 服装皮革羽绒及其制品业	0.0134	0.0081	0.0168
09 木材加工及家具制造业	0.0072	0.0075	0.0145
10 造纸印刷及文教用品制造业	0.0195	0.0200	0.0288
11 石油加工、炼焦及核燃料加工业	0.0558	0.1161	0.1442
12 化学工业	0.0654	0.0973	0.1795
13 非金属矿物制品业	0.0373	0.0549	0.0906

续表

前向关联产业类型及代码	2010 年前向关联度 $d_{27,j}$	2015 年前向关联度 $d_{27,j}$	2020 年前向关联度 $d_{27,j}$
14 金属冶炼及压延加工业	0.0437	0.0628	0.0697
15 金属制品业	0.0176	0.0249	0.0461
16 通用、专用设备制造业	0.0546	0.0787	0.1523
17 交通运输设备制造业	0.0816	0.0889	0.2589
18 电气、机械及器材制造业	0.0254	0.0304	0.0977
19 通信设备、计算机及其他电子设备制造业	0.2156	0.2357	0.3130
20 仪器仪表及文化办公用机械制造业	0.0189	0.0190	0.0298
21 其他制造业	0.0106	0.0063	0.0194
22 废品废料业	0.0000	0.0008	0.0033
23 电力、热力的生产和供应业	0.0795	0.0397	0.2679
24 燃气生产和供应业	0.0011	0.0006	0.0220
25 水的生产和供应业	0.0034	0.0034	0.0078
26 建筑业	0.2960	0.2328	0.5229
27 交通运输及仓储业	0.1854	0.4538	0.8771
28 邮政业	0.0139	0.0166	0.0242
29 信息传输、计算机服务和软件业	0.1704	0.1572	0.2818
30 批发和零售贸易业	0.1308	0.1275	0.4421
31 住宿和餐饮业	0.0391	0.0359	0.1087
32 金融保险业	0.0532	0.0752	0.2730
33 房地产业	0.0334	0.0367	0.1240
34 租赁和商务服务业	0.1850	0.1297	0.5814
35 旅游业	0.0342	0.0514	0.1150
36 科学研究事业	0.0479	0.1573	0.4382
37 综合技术服务业	0.1395	0.0117	0.0287
38 其他社会服务业	0.0572	0.0161	0.0220
39 教育事业	0.0466	0.0444	0.0720
40 卫生、社会保障和社会福利业	0.0315	0.0463	0.0893
41 文化、体育和娱乐业	0.0412	0.0464	0.0875
42 公共管理和社会组织	0.0728	0.0575	0.1919
前向关联系数平均数	0.0583	0.0642	0.1530

数据来源：根据北京市 2010 年、2015 年和 2020 年投入产出延长表计算得到。

从表 4－5 可见，北京市交通运输业与各产业的前向关联度不同，交通运输业与租赁和商务服务业，批发和零售贸易业，信息传输、计算机服务和软件业，建筑业，电力、热力的生产和供应业，通信设备、计算机及其他电子设备制造业等产业前向关联度较强。为了更清晰地展示北京市交通运输业及其主要前向相关产业，以三年平均前向关联系数的 1/3 为分界点，即以 0.0306 为分界点，将表 4－5 中的数据用 UCINET 软件进行二值化处理，大于 0.0306 的取 1，小于 0.0306 的取 0，并将二值化数据绘制关联拓扑网络图 4－4，图 4－4 中展示了 2010 年、2015 年、2020 年北京市交通运输业前向关联产业的主要类型。

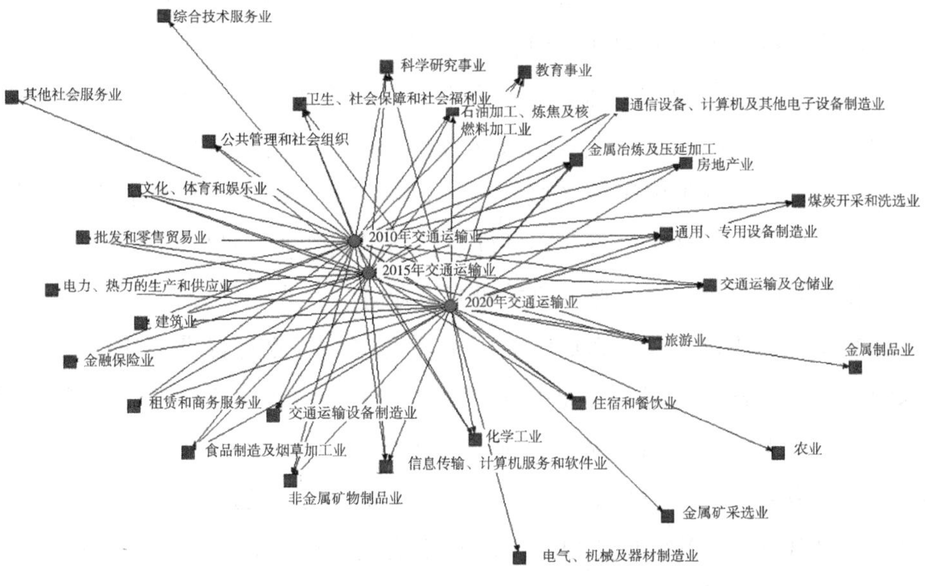

图 4－4　2010 年、2015 年、2020 年北京市交通运输业前向关联产业的主要类型

②前向间接就业推动效应。北京市交通运输业前向间接就业推动效应用前向关联产业的修正产值就业弹性来表示。前向关联产业的修正产值就业弹性（%）等于交通运输业前向关联产业的前向关联度系数乘以该产业的产值就业弹性（%），即：

$$e_j^{forward} = d_{27,j} \times e_j \qquad (j = 1, \cdots, 42) \tag{4-7}$$

其中，$e_j^{forward}$ 表示前向关联产业的修正产值就业弹性，即交通运输业间接推

动前向第 j 个产业的产值就业弹性。因为交通运输业在投入产出表中是第 27 个部门，所以用 $d_{27,j}$表示交通运输业对第 j 个产业的前向关联系数。e_j 表示第 j 个产业的产值就业弹性系数。式（4－7）也可以用矩阵表示，即：

$$\begin{bmatrix} e^{forward}_{1(2010)} & e^{forward}_{1(2015)} & e^{forward}_{1(2020)} \\ e^{forward}_{2(2010)} & e^{forward}_{2(2015)} & e^{forward}_{2(2020)} \\ \vdots & \vdots & \vdots \\ e^{forward}_{j(2010)} & e^{forward}_{j(2015)} & e^{forward}_{j(2020)} \\ \vdots & \vdots & \vdots \\ e^{forward}_{42(2010)} & e^{forward}_{42(2015)} & e^{forward}_{42(2020)} \end{bmatrix} = \begin{bmatrix} e_1 & & & & & \\ & e_2 & & & & \\ & & \ddots & & & \\ & & & e_j & & \\ & & & & \ddots & \\ & & & & & e_{42} \end{bmatrix} \begin{bmatrix} d^{(2010)}_{27,1} & d^{(2015)}_{27,1} & d^{(2020)}_{27,1} \\ d^{(2010)}_{27,2} & d^{(2015)}_{27,2} & d^{(2020)}_{27,2} \\ \vdots & \vdots & \vdots \\ d^{(2010)}_{27,j} & d^{(2015)}_{27,j} & d^{(2020)}_{27,j} \\ \vdots & \vdots & \vdots \\ d^{(2010)}_{27,42} & d^{(2015)}_{27,42} & d^{(2020)}_{27,42} \end{bmatrix}。$$

利用式（4－7）分别求得 2010 年、2015 年、2020 年交通运输业推动前向产业间接产值就业弹性，如表 4－6 所示。

根据表 4－6，从横向来看，北京市交通运输业前向关联产业产值就业弹性三年都较大的几个产业包括农林牧渔业，交通运输设备制造业，通信设备、计算机及其他电子设备制造业，化学工业，电力、热力的生产和供应业，信息传输、计算机服务和软件业，金融保险业，批发和零售贸易业，租赁和商务服务业，旅游业，科学研究事业等，其中大部分仍是第三产业。个别产业，如建筑业等，为负的原因主要是这些产业随着投资的增加和技术的进步，对就业的需求反而下降；而且由于交通运输业的发展，减少了对搬运工的需求。从纵向来看，前向总弹性 2010 年为 0.5176，2015 年为 0.6884，2020 年为 1.7697，推动效应明显，且呈上升趋势。为了更加直观地展示 2010 年、2015 年和 2020 年北京市交通运输业对前向关联的 42 个产业就业量的推动效应，根据表 4－6 的数据，绘制图 4－5。图 4－5 中横轴表示与交通运输业前向关联的 42 个产业的代码，点的位置表示交通运输业对前向关联产业就业推动效应的大小。

表 4－6　北京市交通运输业对前向关联的 42 个产业就业量的推动效应

前向关联产业及代码	2010 年前向关联产业产值就业弹性	2015 年前向关联产业产值就业弹性	2020 年前向关联产业产值就业弹性
01 农林牧渔业	0.0806	0.0647	0.1198
02 煤炭开采和洗选业	0.0025	0.0016	0.0108

续表

前向关联产业及代码	2010 年前向关联产业产值就业弹性	2015 年前向关联产业产值就业弹性	2020 年前向关联产业产值就业弹性
03 石油和天然气开采业	0.0000	0.0023	0.0167
04 金属矿采选业	0.0006	0.0003	0.0250
05 非金属矿采选业	0.0012	0.0008	0.0012
06 食品制造及烟草加工业	0.0073	0.0078	0.0157
07 纺织业	-0.0040	-0.0027	-0.0046
08 服装皮革羽绒及其制品业	-0.0035	-0.0021	-0.0044
09 木材加工及家具制造业	0.0009	0.0009	0.0018
10 造纸印刷及文教用品制造业	-0.0138	-0.0141	-0.0204
11 石油加工、炼焦及核燃料加工业	-0.0307	-0.0640	-0.0794
12 化学工业	0.0141	0.0209	0.0386
13 非金属矿物制品业	-0.0015	-0.0021	-0.0035
14 金属冶炼及压延加工业	-0.0359	-0.0516	-0.0573
15 金属制品业	0.0010	0.0013	0.0025
16 通用、专用设备制造业	-0.0140	-0.0202	-0.0392
17 交通运输设备制造业	0.0084	0.0092	0.0267
18 电气、机械及器材制造业	0.0023	0.0028	0.0089
19 通信设备、计算机制造业	0.0740	0.0809	0.1073
20 仪器仪表及文化办公用机械制造业	0.0010	0.0010	0.0015
21 其他制造业	0.0001	0.0001	0.0002
22 废品废料	0.0000	0.0000	0.0000
23 电力、热力的生产和供应业	0.0207	0.0103	0.0697
24 燃气生产和供应业	-0.0010	-0.0005	-0.0204
25 水的生产和供应业	0.0008	0.0008	0.0019
26 建筑业	-0.0773	-0.0608	-0.1365
27 交通运输及仓储业	0.1179	0.2886	0.5578
28 邮政业	0.0017	0.0021	0.0030
29 信息传输、计算机服务和软件业	0.1549	0.1429	0.2561
30 批发和零售贸易业	0.0279	0.0272	0.0942
31 住宿和餐饮业	0.0088	0.0080	0.0243
32 金融保险业	0.0419	0.0592	0.2148

续表

前向关联产业及代码	2010 年前向关联产业产值就业弹性	2015 年前向关联产业产值就业弹性	2020 年前向关联产业产值就业弹性
33 房地产业	0.0158	0.0174	0.0589
34 租赁和商务服务业	0.0544	0.0382	0.1711
35 旅游业	0.0102	0.0154	0.0344
36 科学研究事业	0.0234	0.0769	0.2143
37 综合技术服务业	0.0059	0.0005	0.0012
38 其他社会服务业	-0.0030	-0.0009	-0.0012
39 教育事业	0.0050	0.0048	0.0077
40 卫生、社会保障和社会福利业	0.0071	0.0104	0.0201
41 文化、体育和娱乐业	0.0022	0.0025	0.0046
42 公共管理和社会组织	0.0098	0.0078	0.0259
合计	0.5176	0.6884	1.7697

数据来源：利用式（4-7）计算得到。

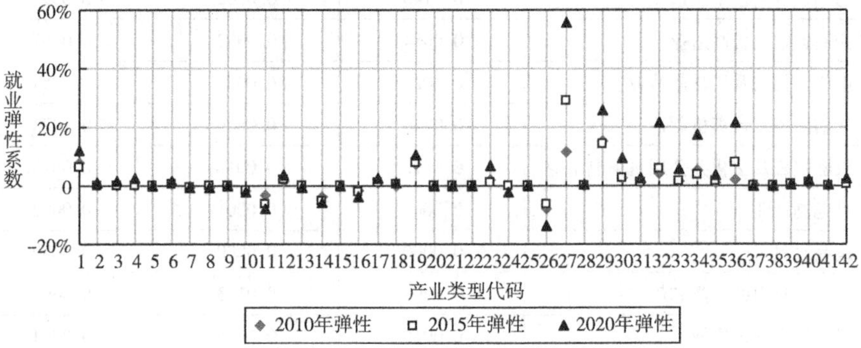

图4-5　北京市交通运输业对前向关联产业就业量的推动效应

（3）总间接就业效应。

根据第（1）部分和第（2）部分的分析，总间接就业带动效应就等于后向间接就业的拉动效应与前向间接就业的推动效应之和。即：

$$e_{sum}^{indrect} = \sum_{i=1}^{42} e_i^{backward} + \sum_{j=1}^{42} e_j^{forward} \tag{4-8}$$

根据式（4-8）和表4-4、表4-6的数据得到总间接就业带动效应，结果如表 4－7 所示。

表 4－7　　北京市交通运输业的总间接就业带动效应

年份	后向间接拉动效应	前向间接推动效应	总间接效应（$e_{sum}^{indrect}$）
2010	0.3502	0.5176	0.8678
2015	0.4023	0.6884	1.0907
2020	0.7550	1.7697	2.5247

数据来源：利用式（4－8）计算得到。

4.2.2.3　北京市交通运输业的就业总效应

北京市交通运输业对就业的总带动效应等于直接带动效应与间接带动效应的总和，即：

$$e_{sum} = e^{direct} + e_{sum}^{indrect} = e_{27} + \sum_{i=1}^{42} e_i^{backward} + \sum_{j=1}^{42} e_j^{forward} \quad (4-9)$$

计算结果如表 4－8 所示。

表 4－8　　北京市交通运输业对就业的总带动效应

项目	弹性	合计（e_{sum}）
交通运输业直接吸纳自身产值就业弹性	0.6850	
2010 年后向相关产业产值就业弹性	0.3502	1.5528
2010 年前向相关产业产值就业弹性	0.5176	
交通运输业直接吸纳自身产值就业弹性	0.6850	
2015 年后向相关产业产值就业弹性	0.4023	1.7757
2015 年前向相关产业产值就业弹性	0.6884	
交通运输业直接吸纳自身产值就业弹性	0.6850	
2020 年后向相关产业产值就业弹性	0.7550	3.2097
2020 年前向相关产业产值就业弹性	1.7697	

数据来源：利用式（4－9）计算得到。

从表 4－8 可以看出，2010 年总效应为 1.5528，2015 年总效应为 1.7757，2020 年总效应为 3.2097，表明北京市交通运输业的就业带动效应比较大，而且呈逐年递增的趋势。这种递增趋势得益于近年来北京市旅游资源的开发、交通基础设施投资的增加以及物流业的发展等。根据表 4－1

和表4-8的相关数据可以得到北京市交通运输业产值增加量通过关联效应带动的其他产业就业增加人数的相关数据，见表4-9。

表4-9 交通运输业产值增加量导致的就业增加量

年份	交通运输业产值（亿元）	交通运输业就业人数（人）	总就业弹性（%）	产值增加量（亿元）	带动其他产业就业人数（人）
2010	712.01	477846	1.5528	7.1201	110561
2015	984.40	600000	1.7757	9.8440	174800
2020	844.40	711000	3.2097	8.4440	271027

4.2.3 研究结论

（1）北京市交通运输业直接就业带动效应用北京市交通运输业产值就业弹性指标来测度，根据相关数据计算的产值就业弹性为0.685。这表明北京市交通运输业的产值每增加1%，将增加就业0.685，说明北京市交通运输业对就业的直接带动作用是正向的而且很强。另外，计算的其他产业的产值就业弹性中有的为正，有的为负。为正的表明此产业对就业的直接带动作用是正向的，即随着此产业产值的增加，就业量增加；为负的表明此产业对就业的直接带动作用是负向的，即随着此产业产值的增加，就业量减少，为负的原因主要是技术的进步导致资本要素对劳动力要素的替代。

（2）北京市交通运输业间接就业带动效应包括后向间接就业拉动效应和前向间接就业推动效应。后向间接就业拉动效应，从横向来看，交通运输业后向关联就业弹性较大的几个产业包括交通运输设备制造业，金融保险业，电力、热力的生产和供应业，信息传输、计算机服务和软件业，批发和零售贸易业，农林牧渔业，石油和天然气开采业，化学工业等；从纵向来看，后向总弹性2010年为0.3502，2015年为0.4023，2020年为0.7549，拉动效应明显，且呈上升趋势。前向间接就业推动效应，从横向来看，交通运输业前向关联就业弹性较大的几个产业包括交通运输设备制造业，金融保险业，电力、热力的生产和供应业，信息传输、计算机服务和软件业，批发和零售贸易业，农林牧渔业，化学工业，租赁和商务服务业，旅游业，科学研究事业等；从纵向来看，前向总弹性 2010 年为 0.5176，2015 年为 0.6884，2020 年为 1.7697，拉动效应明显，且呈上升趋势。因此，北京市交通运输业的间接就业效应，无论是前向还是后向，也无论是横向还是纵向，都比较大。总间接就业带动效应等于后向间接就业的拉动效应与前向间接就业的推动效应之和。测算的总效应的结果是 2010 年为 1.5528，2015 年为 1.7757，2020 年为 3.2097，都比较大，而且呈逐年上升的趋势，更加说明了交通运输业的基础地位。

（3）北京市交通运输业对就业影响巨大，因此应该强化交通运输业的基础地位，加大交通投资力度，加快交通基础设施建设，增加就业，促进北京市和谐与稳定。

（4）交通运输业对就业的巨大促进作用，说明了动态交通的重要性，同时也说明了作为互补产业的静态交通对就业也具有举足轻重的作用。

4.3 动态交通经济效应的定量测算

交通运输业从本质上讲应该由动态交通和静态交通组成，两者的作用很难进行分解并加以测度。由于产业之间的关联，交通运输业对国民经济的带动效应来源于两个方面：一是交通运输业本身发展所产生的直接经济效应，即直接贡献率；二是交通运输业发展带动相关产业发展所产生的间接经济效应，即间接贡献率。本节以复杂网络可视化技术展示了交通运输业与其他产业的关联关系，并运用投入产出模型、增长值贡献率模型，测度了北京市交通运输业对国民经济的拉动和推动效应。

传统经济学理论认为，交通运输业是国民经济的基础产业，交通运输业的快速发展有利于国民经济的持续、健康、快速发展。管廷华通过协整分析，验证了 1952～2004 年河北省交通运输业与宏观经济总量之间存在长期稳定的均衡关系[117][28-33]。张孟陶运用投入产出法对交通运输业及其内部各行业在国民经济中的地位、作用以及与其他产业的关联和波及效果进行了研究[118][1-2]。黄凌鹤以 2007 年全国铁路运输业投入产出调查汇总资料为基础，运用投入产出分析的基本理论与方法，对铁路运输业与其他国民经济产业部门之间的投入产出关系进行了实证研究，并阐述其对国民经济的贡献作用[119][22-37]。研究交通运输业对国民经济影响的还有闫振华[120][7-28]，胡盛楠[121]，郭晓明[122][6-7]，付宗琛、李卫东[123]等。本节在借鉴上述理论和方法的基础上，引入复杂网络可视化技术，描述交通运输业与其他产业间的关联关系，用最新数据对北京市交通运输业的经济效应进行测算。

4.3.1 主要模型

（1）投入产出模型及关联系数。

投入产出模型包括投入产出表和投入产出数学模型，连接两者的纽带是各种投入产出关联系数。本书中产业间的关联系数主要包括后向关联系数和前向关联系数。后向关联系数用完全消耗系数表示，前向关联系数用完全分配系数表示。其具体模型和系数为式（4-1）和式（4-2），这里不再赘述。

（2）增长值贡献率模型。

增长值贡献率模型用于测算某产业对国民经济的贡献率，即该产业增加值的增量与国民经济总产值增量的比率，反映了该产业对国民经济的贡献程度。用 G_t^i 和 G_{t-1}^i 分别表示第 i 个产业当期和基期的不变价产值，GDP_t 和 GDP_{t-1} 分别表示国民经济当期和基期的不变价产值，则 42 个产业中第 i 个产业的增长值贡献率为：

$$\alpha_i = \frac{G_t^i - G_{t-1}^i}{GDP_t - GDP_{t-1}} \times 100 \qquad (i = 1, \cdots, 42) \tag{4-10}$$

α_i 值越大，说明第 i 个产业对国民经济的贡献程度越大，反之就越小。交通运输业在 42 个产业中代码为 27，所以将它对国民经济的增长值贡献率命名为 α_{27}。

4.3.2 交通运输业经济效应的测算

本书以北京市为例，北京市交通运输业的经济效应来源于两个方面：一是交通运输业本身发展所产生的直接经济效应；二是交通运输业发展带动相关产业发展所产生的间接经济效应。

4.3.2.1 北京市交通运输业的直接经济效应

（1）数据预处理。

直接经济效应用直接贡献率这一指标测度。利用增长值贡献率模型（4－10）测算北京市交通运输业对北京市国民经济的直接贡献率。由于从北京市统计年鉴查到的数据是按当年价格计算的现价 GDP，为了具有可比性，必须消除价格因素影响，将现价 GDP 用一定方法转化为不变价 GDP，以测算北京市各产业对北京市国民经济的真实贡献率。具体方法是：

不变价 GDP ＝ 现价 GDP/GDP 平减指数

不变价 GDP 也可以表示为：

$$GDP = \frac{Y_t}{d_t} = \frac{Y_t \times Y_0 \times y_t}{100Y_t} = \frac{Y_0 \times y_t}{100} \tag{4-11}$$

其中，Y_t 为当年名义 GDP；Y_0 为基年名义 GDP；y_t 为当年定基实际 GDP 指数；d_t 为当年 GDP 平减指数。根据式（4－11），将 2000～2023 年北京市 GDP 与北京市交通运输业增加值转换成以 2000 年为基期的不变价数据，结果如表 4－10 所示。

表 4－10 以 2000 年为基期的 2000～2022 年北京市 GDP 与交通运输业增加值不变价值

年份	名义 GDP（Y_t）（亿元）	交通运输业名义增加值（亿元）	指数（y_i）（2000＝100）	不变价 GDP（亿元）	交通运输业不变价增加值（亿元）
2000	3227.80	206.20	100.00	3277.80	206.20
2001	3861.50	227.60	103.10	3745.45	220.76
2002	4525.70	249.20	101.24	4470.44	246.16

续表

年份	名义 GDP（Y_t）（亿元）	交通运输业名义增加值（亿元）	指数（y_i）（2000 = 100）	不变价 GDP（亿元）	交通运输业不变价增加值（亿元）
2003	5267.20	271.10	101.44	5192.18	267.24
2004	6252.50	303.40	102.46	6102.60	296.13
2005	8387.00	333.90	104.00	8064.62	321.07
2006	8897.80	373.50	104.93	8479.86	355.96
2007	10425.50	412.50	107.45	9702.74	383.90
2008	11813.10	429.40	110.92	10649.78	387.11
2009	12900.90	449.20	111.22	11599.26	403.88
2010	14964.00	570.40	113.89	13139.38	500.85
2011	17188.80	637.30	120.26	14293.02	529.93
2012	19024.70	650.50	121.23	15693.66	536.60
2013	21134.60	670.60	123.32	17138.13	543.79
2014	22926.00	724.80	130.37	17584.79	555.94
2015	24779.10	739.80	132.72	18670.50	557.42
2016	27041.20	790.80	134.58	20093.00	587.61
2017	29883.00	901.00	137.13	21791.29	657.03
2018	33106.00	1015.90	140.57	23551.54	722.71
2019	35445.10	1045.80	141.80	24997.40	737.54
2020	35943.30	1089.40	143.24	25093.88	760.57
2021	41045.60	1193.90	147.84	27763.39	807.56
2022	42610.90	1398.20	150.46	28320.88	929.30

数据来源：2001 ~ 2023 年北京统计年鉴。

（2）直接经济效应测算。

运用式（4 - 10）计算北京市交通运输业对北京市国民经济直接经济效应的测度指标——直接贡献率 α_{27}，即北京市交通运输业不变价产业增加值的增量与北京市国民经济总产值增量的比率，反映了该产业对国民经济的直接贡献程度[124]。

表 4 - 11 的结果显示，自 2000 ~ 2022 年以来，北京市交通运输业对北京市国民经济的直接贡献率不太稳定，各年差距较大。其中，随着物流产业的发展，2020 年和 2022 年直接贡献率稍大，总平均值为 4.28%，这表

明 2001 ~ 2022 年北京市国民经济每增加 100 单位产值，交通运输业的平均直接贡献为 4.28 个单位。这也表示，在 GDP 的增长速度中，平均有 4.28% 是由交通运输业直接贡献的。

表 4 – 11　2001 ~ 2022 年按不变价格计算的北京市交通运输业对北京市国民经济的直接贡献率

年份	不变价 GDP（亿元）	不变价 GDP 增量（亿元）	交通运输业不变价增加值（亿元）	交通运输业不变价增加值增量（亿元）	交通运输业直接贡献率（%）（α_{27}）
2000	3277.80	—	206.20	—	—
2001	3745.45	467.65	220.76	14.56	3.11
2002	4470.44	724.99	246.16	25.40	3.50
2003	5192.18	721.74	267.24	21.08	2.92
2004	6102.60	910.42	296.13	28.89	3.17
2005	8064.62	1962.02	321.07	24.94	1.27
2006	8479.86	415.24	355.96	34.89	8.40
2007	9702.74	1222.88	383.90	27.95	2.29
2008	10649.78	947.04	387.11	3.21	0.34
2009	11599.26	949.49	403.88	16.76	1.77
2010	13139.38	1540.11	500.85	96.97	6.30
2011	14293.02	1153.64	529.93	29.09	2.52
2012	15693.66	1400.64	536.60	6.67	0.48
2013	17138.13	1444.47	543.79	7.19	0.50
2014	17584.79	446.65	555.94	12.15	2.72
2015	18670.50	1085.71	557.42	1.48	0.14
2016	20093.00	1422.50	587.61	30.18	2.12
2017	21791.29	1698.29	657.03	69.42	4.09
2018	23551.54	1760.25	722.71	65.68	3.73
2019	24997.40	1445.86	737.54	14.83	1.03
2020	25093.88	96.48	760.57	23.02	23.86
2021	27763.39	2669.51	807.56	46.99	1.76
2022	28320.88	557.49	929.30	121.74	21.84
均值	—	—	—	—	4.28

4.3.2.2 北京市交通运输业的间接经济效应

北京市交通运输业间接经济效应测算思路是：首先，运用投入产出法测算北京市交通运输业对相关产业的后向关联度和前向关联度，后向关联度与前向关联度相加，就得到北京市交通运输业对其他产业的总关联度，即总带动效应；其次，与北京市交通运输业对国民经济的贡献率测算方法相同，运用模型（4－3）测算各相关产业对北京市国民经济的直接贡献率；最后，用总关联度修正各产业的贡献率，从而算出交通运输业对国民经济的间接贡献率，即间接经济效应[124]。

（1）北京市交通运输业后向关联产业类型及关联度。

利用北京市2010年、2015年和2020年投入产出延长表，根据式（4－1）计算得到2010年、2015年、2020年北京市交通运输业后向关联产业类型及后向关联度系数，如表4－12所示。

表4－12　2010年、2015年、2020年北京市交通运输业后向关联产业类型及关联度

后向关联产业类型及代码	2010年后向关联度 $\bar{b}_{i,27}$	2015年后向关联度 $\bar{b}_{i,27}$	2020年后向关联度 $\bar{b}_{i,27}$
01 农业	0.0124	0.0127	0.0076
02 煤炭开采和洗选业	0.0350	0.0253	0.0491
03 石油和天然气开采业	0.0590	0.1694	0.1208
04 金属矿采选业	0.0263	0.0172	0.0356
05 非金属矿采选业	0.0010	0.0045	0.0069
06 食品制造及烟草加工业	0.0475	0.0116	0.0162
07 纺织业	0.0073	0.0090	0.0111
08 服装皮革羽绒及其制品业	0.0051	0.0044	0.0061
09 木材加工及家具制造业	0.0061	0.0061	0.0050
10 造纸印刷及文教用品制造业	0.0271	0.0175	0.0191
11 石油加工、炼焦及核燃料加工业	0.2020	0.2678	0.2585
12 化学工业	0.0545	0.0566	0.0462
13 非金属矿物制品业	0.0102	0.0143	0.0146

续表

后向关联产业类型及代码	2010 年后向关联度 $\bar{b}_{i,27}$	2015 年后向关联度 $\bar{b}_{i,27}$	2020 年后向关联度 $\bar{b}_{i,27}$
14 金属冶炼及压延加工业	0.0646	0.0915	0.0575
15 金属制品业	0.0243	0.0180	0.0151
16 通用、专用设备制造业	0.0455	0.0396	0.0208
17 交通运输设备制造业	0.4246	0.1742	0.2530
18 电气、机械及器材制造业	0.0374	0.0200	0.0275
19 通信设备、计算机制造业	0.0620	0.0543	0.0510
20 仪器仪表及文化办公用机械制造业	0.0233	0.0185	0.0084
21 其他制造业	0.0073	0.0019	0.0029
22 废品废料	0.0039	0.0047	0.0043
23 电力、热力的生产和供应业	0.1161	0.1157	0.1879
24 燃气生产和供应业	0.0098	0.0089	0.0223
25 水的生产和供应业	0.0030	0.0024	0.0022
26 建筑业	0.0257	0.0089	0.0213
27 交通运输及仓储业	0.1854	0.4538	0.8771
28 邮政业	0.0075	0.0010	0.0016
29 信息传输、计算机服务和软件业	0.0608	0.0210	0.0156
30 批发和零售贸易业	0.0345	0.0751	0.1651
31 住宿和餐饮业	0.0318	0.0269	0.0342
32 金融保险业	0.1619	0.0552	0.0764
33 房地产业	0.0048	0.0139	0.0122
34 租赁和商务服务业	0.0672	0.0410	0.1078
35 旅游业	0.0055	0.0076	0.0097
36 科学研究事业	0.0071	0.0230	0.0473
37 综合技术服务业	0.0765	0.0034	0.0042
38 其他社会服务业	0.0316	0.0114	0.0096
39 教育事业	0.0129	0.0062	0.0146
40 卫生、社会保障和社会福利业	0.0010	0.0001	0.0002
41 文化、体育和娱乐业	0.0151	0.0088	0.0121
42 公共管理和社会组织	0.0023	0.0096	0.0929
后向关联系数平均数	0.0487	0.0460	0.0655

从表4－12可见，北京市交通运输业与各产业的后向关联度不同，交通运输业与交通运输设备制造业，石油加工、炼焦及核燃料加工业，电力、热力的生产和供应业，石油和天然气开采业，金属冶炼及压延加工业，通信设备、计算机及其他电子设备制造业，化学工业，煤炭开采和洗选业，金融保险业，批发和零售贸易业，租赁和商务服务业等产业后向关联度较强，与教育事业、文化、体育和娱乐业等产业后向关联性较差。为了更清晰地展示北京市交通运输业及其主要后向相关产业，以0.017为分界点，将表4－12中的数据用UCINET软件进行二值化处理，大于0.017的取1，小于0.017的取0，并对二值化数据绘制关联网络图4－6，图4－6中展示了2010年、2015年、2020年北京市交通运输业后向关联产业的主要类型。中间的■表示三年的交通运输业。箭头方向表示拉动。边缘的●表示交通运输业后向关联的主要产业，●越靠近中心的产业表明交通运输业对其拉动效应越大，●越靠近边缘的产业表明交通运输业对其拉动效应越小，或者说拉动效应的大小取决于■和●距离的大小，不同年份交通运输业对各个产业的拉动效应的大小取决于各年份与该产业的距离，距离越小，拉动效应越大，反之则相反。前述分析表明，拉动效应的大小取决于交通运输业的发展对其他产业产品需求量的多少。

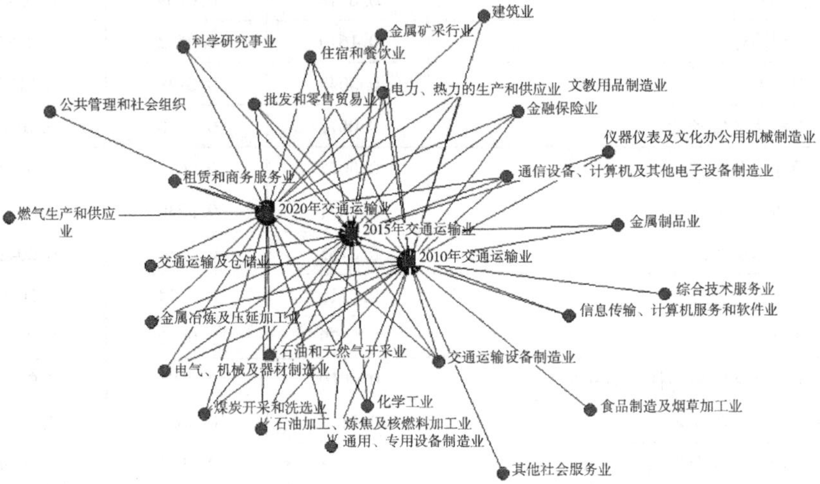

图4－6　2010年、2015年、2020年北京市交通运输业后向关联产业的主要类型关联网络

（2）北京市交通运输业前向关联产业类型及关联度。

利用北京市 2010 年、2015 年投入产出延长表和 2020 年投入产出表，根据式（4 – 2）计算得到 2010 年、2015 年、2020 年北京市交通运输业前向关联产业类型及前向关联度系数 $d_{27,j}$（$j=1$，…，42），如表 4 – 13 所示。

表 4 – 13　　2010 年、2015 年、2020 年北京市交通运输业前向关联产业类型及关联度

前向关联产业类型及代码	2010 年前向关联度 $d_{27,j}$	2015 年前向关联度 $d_{27,j}$	2020 年前向关联度 $d_{27,j}$
01 农业	0.0246	0.0197	0.0365
02 煤炭开采和洗选业	0.0364	0.0232	0.1583
03 石油和天然气开采业	0.0000	0.0034	0.0245
04 金属矿采选业	0.0012	0.0006	0.0490
05 非金属矿采选业	0.0015	0.0011	0.0015
06 食品制造及烟草加工业	0.0483	0.0512	0.1034
07 纺织业	0.0085	0.0057	0.0100
08 服装皮革羽绒及其制品业	0.0134	0.0081	0.0168
09 木材加工及家具制造业	0.0072	0.0075	0.0145
10 造纸印刷及文教用品制造业	0.0195	0.0200	0.0288
11 石油加工、炼焦及核燃料加工业	0.0558	0.1161	0.1442
12 化学工业	0.0654	0.0973	0.1795
13 非金属矿物制品业	0.0373	0.0549	0.0906
14 金属冶炼及压延加工业	0.0437	0.0628	0.0697
15 金属制品业	0.0176	0.0249	0.0461
16 通用、专用设备制造业	0.0546	0.0787	0.1523
17 交通运输设备制造业	0.0816	0.0889	0.2589
18 电气、机械及器材制造业	0.0254	0.0304	0.0977
19 通信设备、计算机制造业	0.2156	0.2357	0.3130
20 仪器仪表及文化办公用机械制造业	0.0189	0.0190	0.0298
21 其他制造业	0.0106	0.0063	0.0194
22 废品废料业	0.0000	0.0008	0.0033
23 电力、热力的生产和供应业	0.0795	0.0397	0.2679
24 燃气生产和供应业	0.0011	0.0006	0.0220

续表

前向关联产业类型及代码	2010 年前向关联度 $d_{27,j}$	2015 年前向关联度 $d_{27,j}$	2020 年前向关联度 $d_{27,j}$
25 水的生产和供应业	0.0034	0.0034	0.0078
26 建筑业	0.2960	0.2328	0.5229
27 交通运输及仓储业	0.1854	0.4538	0.8771
28 邮政业	0.0139	0.0166	0.0242
29 信息传输、计算机服务和软件业	0.1704	0.1572	0.2818
30 批发和零售贸易业	0.1308	0.1275	0.4421
31 住宿和餐饮业	0.0391	0.0359	0.1087
32 金融保险业	0.0532	0.0752	0.2730
33 房地产业	0.0334	0.0367	0.1240
34 租赁和商务服务业	0.1850	0.1297	0.5814
35 旅游业	0.0342	0.0514	0.1150
36 科学研究事业	0.0479	0.1573	0.4382
37 综合技术服务业	0.1395	0.0117	0.0287
38 其他社会服务业	0.0572	0.0161	0.0220
39 教育事业	0.0466	0.0444	0.0720
40 卫生、社会保障和社会福利业	0.0315	0.0463	0.0893
41 文化、体育和娱乐业	0.0412	0.0464	0.0875
42 公共管理和社会组织	0.0728	0.0575	0.1919
前向关联系数平均数	0.0583	0.0642	0.1530

从表4－13可见，北京市交通运输业与各产业的前向关联度不同，交通运输业与租赁和商务服务业，金融保险业，批发和零售贸易业，信息传输、计算机服务和软件业，建筑业，电力、热力的生产和供应业，通信设备、计算机及其他电子设备制造业，交通运输设备制造业等产业前向关联度较强。为了更清晰地展示北京市交通运输业及其主要前向相关产业，以0.0306为分界点，将表4－13中的数据用UCINET软件进行二值化处理，大于0.0306的取1，小于0.0306的取0，并将二值化数据绘制关联网络图4－7，图4－7中展示了2010年、2015年、2020年北京市交通运输业前向关联产业的主要类型。中间的●表示三年的交通运输业，箭头方向表示推

动。边缘的■表示交通运输业前向关联的主要产业，■越靠近中心的产业表明交通运输业对其推动效应越大，■越靠近边缘的产业表明交通运输业对其推动效应越小，或者说推动效应的大小取决于■和●距离的大小，不同年份交通运输业对各个产业的推动效应的大小取决于各年份与该产业的距离，距离越小，推动效应越大，反之则相反。前述分析表明，推动效应的大小取决于交通运输业的发展对其他产业产品的生产供给量的多少。

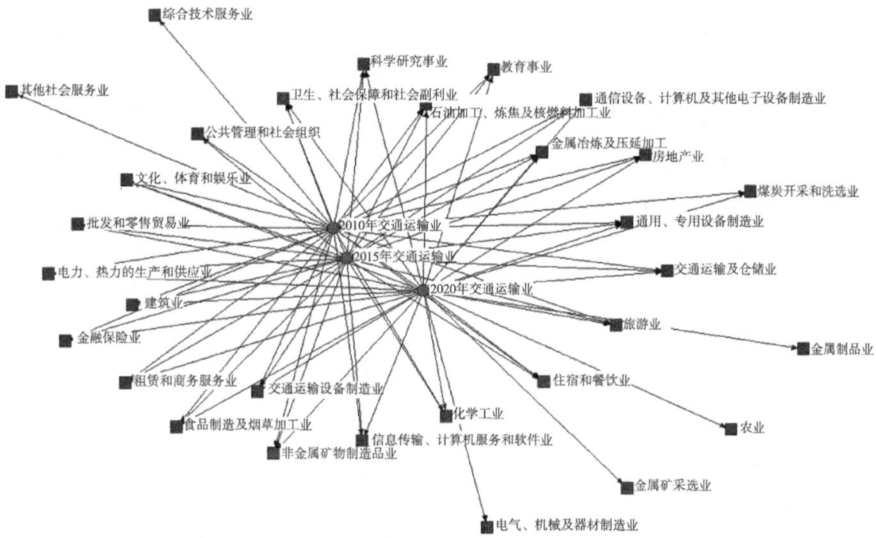

图 4－7　2010 年、2015 年、2020 年北京市交通运输业前向关联产业的主要类型关联网络

（3）交通运输业与相关产业的总关联度。

将表 4－12 和表 4－13 中相应年份与北京市交通运输业相关联的同一产业的前向关联度和后向关联度相加，就得到总关联度，即按下式进行：

$$c_i = \bar{b}_{i,27} + d_{27,j} \qquad (\text{其中 } i = j; i, j = 1, \cdots, 42) \qquad (4-12)$$

根据式（4－12）得到结果如表 4－14 所示。为了更加直观地展示北京市交通运输业与各关联产业总关联度的大小，根据表 4－14 的数据绘制总关联度分布图，如图 4－8 所示，其中横轴表示 42 个产业的代码，纵轴表示总关联度的大小。

表 4-14　　北京市交通运输业与相关产业的总关联度

关联产业类型及代码	2010 年 总关联度 c_i	2015 年 总关联度 c_i	2020 年 总关联度 c_i
01 农林牧渔业	0.0369	0.0324	0.0441
02 煤炭开采和洗选业	0.0714	0.0485	0.2074
03 石油和天然气开采业	0.0590	0.1728	0.1453
04 金属矿采选业	0.0275	0.0178	0.0846
05 非金属矿采选业	0.0026	0.0056	0.0084
06 食品制造及烟草加工业	0.0959	0.0628	0.1196
07 纺织业	0.0158	0.0148	0.0211
08 服装皮革羽绒及其制品业	0.0185	0.0125	0.0229
09 木材加工及家具制造业	0.0133	0.0135	0.0194
10 造纸印刷及文教用品制造业	0.0466	0.0374	0.0479
11 石油加工、炼焦及核燃料加工业	0.2577	0.3839	0.4027
12 化学工业	0.1198	0.1539	0.2257
13 非金属矿物制品业	0.0476	0.0691	0.1053
14 金属冶炼及压延加工业	0.1084	0.1543	0.1272
15 金属制品业	0.0420	0.0429	0.0612
16 通用、专用设备制造业	0.1001	0.1183	0.1732
17 交通运输设备制造业	0.5062	0.2631	0.5118
18 电气、机械及器材制造业	0.0628	0.0503	0.1252
19 通信设备、计算机制造业	0.2776	0.2900	0.3640
20 仪器仪表及文化办公用机械制造业	0.0422	0.0375	0.0382
21 其他制造业	0.0179	0.0081	0.0224
22 废品废料业	0.0039	0.0055	0.0076
23 电力、热力的生产和供应业	0.1956	0.1555	0.4558
24 燃气生产和供应业	0.0109	0.0095	0.0444
25 水的生产和供应业	0.0064	0.0058	0.0100
26 建筑业	0.3217	0.2417	0.5442
27 交通运输及仓储业	0.3707	0.9075	1.7542
28 邮政业	0.0215	0.0176	0.0258
29 信息传输、计算机服务和软件业	0.2312	0.1783	0.2974
30 批发和零售贸易业	0.1654	0.2027	0.6072

续表

关联产业类型及代码	2010 年 总关联度 c_i	2015 年 总关联度 c_i	2020 年 总关联度 c_i
31 住宿和餐饮业	0.0709	0.0628	0.1428
32 金融保险业	0.2152	0.1303	0.3493
33 房地产业	0.0381	0.0506	0.1362
34 租赁和商务服务业	0.2522	0.1707	0.6892
35 旅游业	0.0397	0.0590	0.1247
36 科学研究事业	0.0550	0.1804	0.4855
37 综合技术服务业	0.2161	0.0151	0.0329
38 其他社会服务业	0.0888	0.0275	0.0316
39 教育事业	0.0595	0.0506	0.0866
40 卫生、社会保障和社会福利业	0.0325	0.0464	0.0894
41 文化、体育和娱乐业	0.0563	0.0553	0.0996
42 公共管理和社会组织	0.0751	0.0670	0.2848
合计	4.4963	4.6293	9.1770

从表 4－14 的数据和图 4－8 可见，与北京市交通运输业关联度高的产业主要是一些直接为交通运输业提供生产资料和服务的产业，以及交通运输业为其提供生产资料和服务的产业。前者如交通运输及仓储业、交通运输设备制造业、金融保险业；后者如石油加工、炼焦及核燃料加工业，通信设备、计算机及其他电子设备制造业，建筑业，信息传输、计算机服务和软件业，租赁和商务服务业，批发和零售贸易业，电力、热力的生产和供应业，化学工业。这些产业中主要是第二产业和第三产业。由于交通运输业在产业链中的位置比较靠前，也就决定了它的前向波及效应比后向拉动效应更大、更广泛。

（4）相关产业对国民经济的直接经济效应。

由于 2001～2022 年北京市各产业的产值数据较多，由于篇幅所限，从略，根据式（4－10）和北京市各产业的产值数据计算得到 2010 年、2015 年和 2020 年与交通运输业相关的各产业的直接贡献率 $\alpha_i(i=1,\cdots,42)$，如表 4－15 所示。

根据表 4－15，将对国民经济直接贡献率比较大的产业进行排序，主

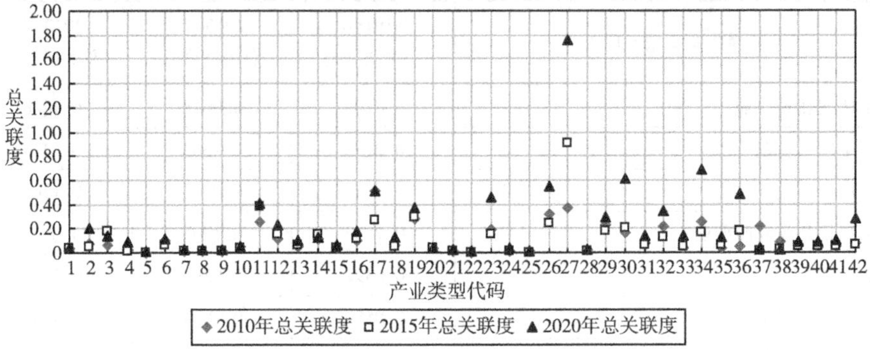

图 4－8 北京市交通运输业与相关产业的总关联度

要包括废品废料业，建筑业，通信设备、计算机及其他电子设备制造业，金融保险业，石油加工、炼焦及核燃料加工业，金属冶炼及压延加工业，信息传输、计算机服务和软件业，交通运输设备制造业，批发和零售贸易业，租赁和商务服务业，房地产业等。这些产业大多是国民经济的支柱产业。这些产业是交通运输业或动静交通对国民经济的影响的主要传递媒介。

表 4－15 2010 年、2015 年和 2020 年与交通运输业相关的各产业的直接贡献率

单位：%

相关产业类型及代码	2010 年相关产业的直接贡献率	2015 年相关产业的直接贡献率	2020 年相关产业的直接贡献率
01 农林牧渔业	2.25	2.24	2.27
02 煤炭开采和洗选业	0.76	0.75	0.77
03 石油和天然气开采业	0.17	0.18	0.19
04 金属矿采选业	0.21	0.21	0.21
05 非金属矿采选业	0.04	0.04	0.04
06 食品制造及烟草加工业	1.09	1.09	1.09
07 纺织业	0.96	0.96	0.96
08 服装皮革羽绒及其制品业	1.40	1.40	1.40
09 木材加工及家具制造业	0.64	0.64	0.64

续表

相关产业类型及代码	2010 年相关产业的直接贡献率	2015 年相关产业的直接贡献率	2020 年相关产业的直接贡献率
10 造纸印刷及文教用品制造业	0. 81	0. 81	0. 81
11 石油加工、炼焦及核燃料加工业	6. 50	6. 50	6. 50
12 化学工业	2. 70	2. 70	2. 70
13 非金属矿物制品业	2. 70	2. 70	2. 70
14 金属冶炼及压延加工业	7. 30	7. 30	7. 30
15 金属制品业	1. 52	1. 52	1. 52
16 通用、专用设备制造业	2. 64	2. 64	2. 64
17 交通运输设备制造业	5. 47	5. 47	5. 47
18 电气、机械及器材制造业	2. 42	2. 42	2. 42
19 通信设备、计算机制造业	20. 7	20. 7	20. 7
20 仪器仪表及文化办公用机械制造业	1. 52	1. 52	1. 52
21 其他制造业	0. 32	0. 32	0. 32
22 废品废料业	28. 27	28. 27	28. 27
23 电力、热力的生产和供应业	2. 03	2. 03	2. 03
24 燃气生产和供应业	0. 23	0. 23	0. 23
25 水的生产和供应业	0. 32	0. 32	0. 32
26 建筑业	24. 45	24. 45	24. 45
27 交通运输及仓储业	6. 30	0. 14	23. 86
28 邮政业	1. 96	1. 96	1. 96
29 信息传输、计算机服务和软件业	6. 46	6. 46	6. 46
30 批发和零售贸易业	5. 29	5. 29	5. 29
31 住宿和餐饮业	1. 62	1. 62	1. 62
32 金融保险业	13. 02	13. 02	13. 02
33 房地产业	3. 78	3. 78	3. 78
34 租赁和商务服务业	4. 96	4. 96	4. 96
35 旅游业	1. 98	1. 98	1. 98
36 科学研究事业	1. 98	1. 98	1. 98
37 综合技术服务业	0. 63	0. 63	0. 63
38 其他社会服务业	1. 27	1. 27	1. 27

续表

相关产业类型及代码	2010年相关产业的直接贡献率	2015年相关产业的直接贡献率	2020年相关产业的直接贡献率
39 教育事业	2.27	3.70	3.70
40 卫生、社会保障和社会福利业	0.77	1.71	1.71
41 文化、体育和娱乐业	0.18	2.59	2.59
42 公共管理和社会组织	0.21	2.96	2.96

（5）相关产业对国民经济的间接经济效应。

根据表4－14和表4－15中的数据，用总关联度修正各产业的直接贡献率，就得到交通运输业通过某一产业对国民经济的间接贡献率 $\alpha_i^{indirect}$，即用下式进行修正。

$$\alpha_i^{indirect} = c_i \times \alpha_i \qquad (4-13)$$

根据式（4－13）和表4－14和表4－15中的数据，计算得到如表4－16所示的结果。

从表4－16可以看出，2010年、2015年和2020年的间接国民经济贡献率合计分别为30.93%、31.03%和58.86%，说明北京市交通运输业对国民经济的间接拉动和间接推动作用比较大，即国民经济每增加100个单位中，靠北京市交通运输业推动和拉动其他产业生产的增加值总和分别31个、31个、59个单位，而且呈逐年上升的趋势。三年中，各产业间接贡献率平均值2010年为0.74%，2015年为0.74%，2020年为1.40%。其中，受交通运输业拉动或推动比较大的产业分别为通信设备、计算机及其他电子设备制造业，建筑业，金融保险业，石油加工、炼焦及核燃料加工业，交通运输设备制造业，信息传输、计算机服务和软件业，租赁和商务服务业，金属冶炼及压延加工业等。这突出体现了交通运输业或动静交通的基础产业地位。鉴于交通运输业如此大的间接经济贡献率，应重视动静交通的发展，为动静交通的发展创造条件。为了更加直观地展示各产业间接贡献率的大小，绘制各产业的间接贡献率分布图，如图4－9所示，其中横轴表示42个产业类型的代码，纵轴表示间接贡献率的大小。

表 4－16　2010 年、2015 年和 2020 年北京市交通运输业各相关产业间接贡献率

单位：%

相关产业类型及代码	2010 后的间接贡献率	2015 后的间接贡献率	2020 后的间接贡献率
01 农林牧渔业	0.08	0.07	0.10
02 煤炭开采和洗选业	0.05	0.04	0.16
03 石油和天然气开采业	0.01	0.03	0.03
04 金属矿采选业	0.01	0.00	0.02
05 非金属矿采选业	0.00	0.00	0.00
06 食品制造及烟草加工业	0.10	0.07	0.13
07 纺织业	0.02	0.01	0.02
08 服装皮革羽绒及其制品业	0.03	0.02	0.03
09 木材加工及家具制造业	0.01	0.01	0.01
10 造纸印刷及文教用品制造业	0.04	0.03	0.04
11 石油加工、炼焦及核燃料加工业	1.67	2.49	2.62
12 化学工业	0.32	0.41	0.61
13 非金属矿物制品业	0.13	0.19	0.28
14 金属冶炼及压延加工业	0.79	1.13	0.93
15 金属制品业	0.06	0.07	0.09
16 通用、专用设备制造业	0.26	0.31	0.46
17 交通运输设备制造业	2.77	1.44	2.80
18 电气、机械及器材制造业	0.15	0.12	0.30
19 通信设备、计算机制造业	5.75	6.00	7.53
20 仪器仪表及文化办公用机械制造业	0.06	0.06	0.06
21 其他制造业	0.01	0.00	0.01
22 废品废料业	0.11	0.15	0.22
23 电力、热力的生产和供应业	0.40	0.32	0.92
24 燃气生产和供应业	0.00	0.00	0.01
25 水的生产和供应业	0.00	0.00	0.00
26 建筑业	7.87	5.91	13.31
27 交通运输及仓储业	2.41	5.91	11.43
28 邮政业	0.04	0.03	0.05
29 信息传输、计算机服务和软件业	1.49	1.15	1.92
30 批发和零售贸易业	0.88	1.07	3.21

续表

相关产业类型及代码	2010 后的间接贡献率	2015 后的间接贡献率	2020 后的间接贡献率
31 住宿和餐饮业	0.11	0.10	0.23
32 金融保险业	2.80	1.70	4.55
33 房地产业	0.14	0.19	0.52
34 租赁和商务服务业	1.25	0.85	3.42
35 旅游业	0.08	0.12	0.25
36 科学研究事业	0.11	0.36	0.96
37 综合技术服务业	0.14	0.01	0.02
38 其他社会服务业	0.11	0.03	0.04
39 教育事业	0.22	0.19	0.32
40 卫生、社会保障和社会福利业	0.06	0.08	0.15
41 文化、体育和娱乐业	0.15	0.14	0.26
42 公共管理和社会组织	0.22	0.20	0.84
合计	30.93	31.03	58.86
平均值	0.74	0.74	1.40

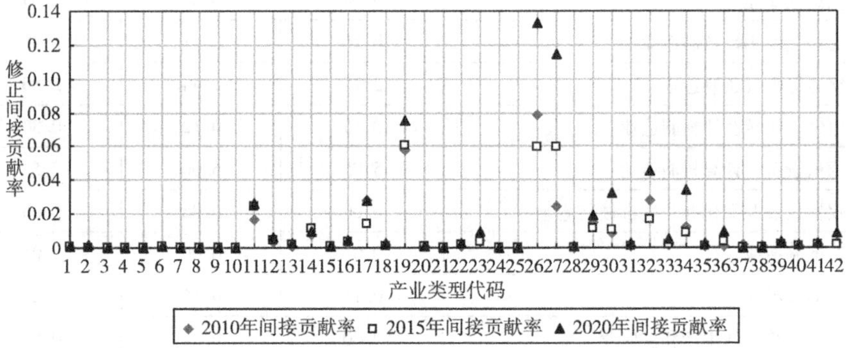

图 4-9　2010 年、2015 年和 2020 年北京市交通运输业各相关产业间接贡献率

4.3.2.3　北京市交通运输业对国民经济的总效应

北京市交通运输业对北京市国民经济的总贡献率 α_{sum} 等于交通运输业的直接贡献率 α_{27} 加上间接贡献率的和，即：

$$\alpha_{sum} = \alpha_{27} + \sum_{i=1}^{42} \alpha_i^{indirect} \qquad (4-14)$$

由表4－11和表4－16的数据，根据式（4－14）计算得到2010年、2015年、2020年北京市交通运输业的经济总效应，即国民经济贡献率的总和，如表4－17所示。

表4－17　2010年、2015年、2020年北京市交通运输业的经济总效应　　单位：%

效应类型	2010年交通运输业经济效应	2015年交通运输业经济效应	2020年交通运输业经济效应
直接经济效应	6.30	0.14	23.86
间接经济效应	30.93	31.03	58.86
总经济效应（α_{sum}）	37.23	31.17	82.72

从表4－17可以看出，北京市交通运输业对北京市国民经济总贡献率分别为：2010年37.23%，2015年31.17%，2020年82.72%，表明2010年、2015年和2020年三年中，每100个单位的GDP增加值中，北京市交通运输业通过直接和间接经济效应分别共计贡献了37.23个、31.17个、82.72个单位，对北京市的经济贡献度比较大，而且三年的总效应呈增长趋势，尤其2020年增长比较快，达到82.72%，表明动静交通对经济发展具有重要作用。

4.3.3　研究结论

（1）通过后向和前向关联分析以及网络可视化分析发现，交通运输业或动静交通对其他产业的拉动效应和推动效应的大小取决于两者在产业链中的距离的大小。距离越小，推动和拉动效应越大，距离越大，拉动和推动效应越小。与此同时，拉动和推动效应的大小还取决于交通运输业对其他产业产品的需求和供给量的多少。需求和供给量越大，交通运输业或动静交通对其他产业的拉动和推动效应就越大。反之，则相反。

（2）通过后向关联分析和前向关联分析发现，北京市交通运输业2010年、2015年和2020年的后向关联系数的平均数分别为0.0487、0.0460、

0.0655，前向关联系数的平均数分别为0.0583、0.0642、0.1530，后者明显大于前者，表明交通运输业或动静交通对其他产业的前向推动效应大于后向拉动效应，导致这一现象的原因恰恰是交通运输业是基础设施产业，位于产业链的前端，是上游产业。而且三年均呈递增趋势，说明交通运输业或动静交通对经济的后向拉动与前向推动作用在日渐增强。

（3）通过直接贡献率和间接贡献率分析发现，交通运输业或动静交通对国民经济的影响主要是通过一些支柱产业进行传递的。媒介产业按直接贡献率大小进行排序，主要包括废品废料业，建筑业，通信设备、计算机及其他电子设备制造业，金融保险业，石油加工、炼焦及核燃料加工业，金属冶炼及压延加工业，信息传输、计算机服务和软件业，交通运输设备制造业，批发和零售贸易业，租赁和商务服务业，房地产业等。因此，任何产业对国民经济作用的大小就取决于其与支柱产业的关联程度，关联程度越大，后向拉动和前向推动效应就越大。

（4）2010年、2015年和2020年三个年份，北京市交通运输业的直接国民经济贡献率分别为6.30%、0.14%和23.86%，仅次于废品废料业、建筑业、金融保险业，在42个产业部门中列第4位，对国民经济的直接贡献率显著，表现出动静交通基础产业的共性。

（5）2010年、2015年和2020年三个年份，北京市交通运输业间接国民经济贡献率合计分别为30.93%、31.03%和58.86%，说明北京市交通运输业对国民经济的间接后向拉动和间接前向推动作用比较大，而且呈逐年上升的趋势。三年中，间接贡献率平均值2010年为0.74%，2015年为0.74%，2020年为1.40%。其中受交通运输业拉动和推动比较大的产业分别为通信设备、计算机及其他电子设备制造业，建筑业，金融保险业，石油加工、炼焦及核燃料加工业，交通运输设备制造业，信息传输、计算机服务和软件业，租赁和商务服务业，金属冶炼及压延加工业等。

（6）北京市交通运输业对国民经济总贡献率分别为2010年37.23%，2015年31.17%，2020年82.72%，对北京市的经济贡献度比较大，而且三年的总效应呈增长趋势，尤其2020年增长比较快，达到82.72%，这与北京市交通基础设施的改善有很大关系。

总之，本书的研究丰富和发展了产业关联理论，得出了不同寻常的结论。即，任何一个产业的经济效应的大小不仅取决于其直接经济效应，也取决于其间接经济效应。经济效应的大小取决于其在产业链中的位置、与其他支柱产业的关联程度和与其他支柱产业的产业距离。产业位置靠前，其拉动效应小于推动效应，产业位置靠后，其拉动效应大于推动效应。经济效应的大小还取决于其对其他产业产品需求的大小以及其他产业对该产业产品需求的大小。北京市交通运输业作为基础产业，对国民经济影响巨大，因此应该强化交通运输业或动静交通的基础地位，积极发挥其对国民经济的后向拉动作用，尤其是其更大的前向推动作用。

4.4　动态交通发展对停车设施的需求依赖性

根据前面的研究结论，交通运输业对社会经济的发展发挥着重要的作用，有力地推动了就业和国民经济的增长。由于历史统计数据的缺陷，上述统计数据中只有动态交通的统计数据，缺乏静态交通的统计数据。前面对于交通运输业的社会经济效应的测度也仅使用了动态交通的数据，但动态交通与静态交通具有互补性，即交通运输业与停车产业是互补产业，两者有效结合才能发挥积极作用，因此动态交通的发展离不开静态交通的支撑，即动态交通作用的发挥依赖于静态交通的发展。

城市停车作为静态交通的组成部分，静态交通发生在出行的端点，动态交通发生在出行的过程中，由于动静交通的系统性特征，再加之两者之间的互补性和需求的派生性，因而动、静态交通之间是相互影响、相互制约的和相互依赖的，必须均衡发展。

4.5　本章小结

停车产业化发展的经济社会压力机制是指由于宏观经济是一个大的系统，产业之间存在各种关联关系，停车产业与交通运输业关系密切，其兴衰会影响交通运输业的发展，进而通过交通运输业波及国民经济其他部门的发展，因此国民经济的快速发展对交通运输业的发展提出了更高的要求，交通运输业的发展对停车产业的发展提出配套要求，因此国民经济的快速发展间接对停车产业提出了更高的发展要求，这一发展要求构成了对停车产业化发展的经济和社会压力机制。停车产业化发展的经济社会压力机制是通过交通运输业与其他产业的关联关系以及动态交通对静态交通的依赖性来体现的。

本章基于投入产出法定量研究动态交通的重要性以及动态交通对静态交通的依赖性。这种重要性和依赖性正是推动政府增加停车供给和实现停车产业化的根本动力。动态交通的重要性体现在交通运输业对经济和就业的影响方面。本章以北京市为例，利用北京市投入产出表数据，综合运用投入产出模型、产值就业弹性模型、复杂网络可视化技术，分析交通运输业对就业的促进作用。同时还运用投入产出模型、增长值贡献率模型、复杂网络可视化技术，分析交通运输业对国民经济的促进作用，从而阐明动态交通对经济和社会的重要性，进而推论出作为动态交通派生需求的静态交通，即停车问题的重要性。这表明停车供给和停车产业化的必要性，这种重要性和必要性正是推动政府增加停车供给和实现停车产业化的根本动力，即经济社会发展对停车产业发展的派生需求。

通过北京市交通运输业经济效应的测算发现，任何一个产业的经济效应的大小不仅取决于其直接经济效应，也取决于其间接经济效应。经济效应的大小取决于其在产业链中的位置、与其他支柱产业的关联程度和与其他支柱产业的产业距离。产业位置靠前，其拉动效应小于推动效应；产业位置靠后，其拉动效应大于推动效应。经济效应的大小还取决于其对其他产业产品需求的大小以及其他产业对该产业产品需求的大小。北京市交通运输业作为基础产业，对国民经济影响巨大，因此应该强化交通运输业或动静交通的基础地位，积极发挥其对国民经济的后向拉动作用，尤其是其更大的前向推动作用。

第5章　城市停车产业化发展的价格激励机制

停车收费的目的，一方面可以减少机动车出行，控制停车需求；另一方面可以提高停车设施投资者的收益，刺激停车供给，实现停车供求的动态平衡。本章主要介绍停车收费的基本原理、我国的停车收费政策、停车价格对停车设施的配置现状、停车定价的影响因素、停车设施的定价策略、停车价格变动对社会公平的影响等。

5.1　停车收费的基本原理

肯尼思·巴顿认为，停车收费是补偿交通拥挤外部成本的庇古税，他用一个直观的图解模型来描述停车需求管理的基本机理，着重分析限制停车位供应数量和停车收费这两种基本方式在补偿交通拥挤的外部成本及停车的社会成本、削减交通量、缓解交通拥挤上的机理及效果，并将之与拥挤道路收费和其他交通限制措施进行停车需求管理的机理分析比较。停车收费原理如图5-1所示。

在图5-1中，成本曲线有三条。其中，*MPC* 曲线表示边际私人成本，即道路建设边际成本曲线；*MSC* 表示边际社会成本曲线；*TMSC* 表示总的边际社会成本曲线。这三条曲线之间存在叠加关系。首先，$MSC = MPC + t$，其中 t 表示交通拥挤带来的边际外部成本，也可以称为消除交通拥挤而征收的庇古税；其次，$TMSC = MPC + R$，其中 R 表示道路拥堵收费。为了分析问题的方便，假设所有的道路通行者都需要停车，所有的停车泊位都由政府来管理，并且停放时间相等。在图5-1中，总的边际社会成本曲线 *TMSC* 曲线和需求曲线 D 交于 E^* 点，此点是包括拥挤的边际外部成本和

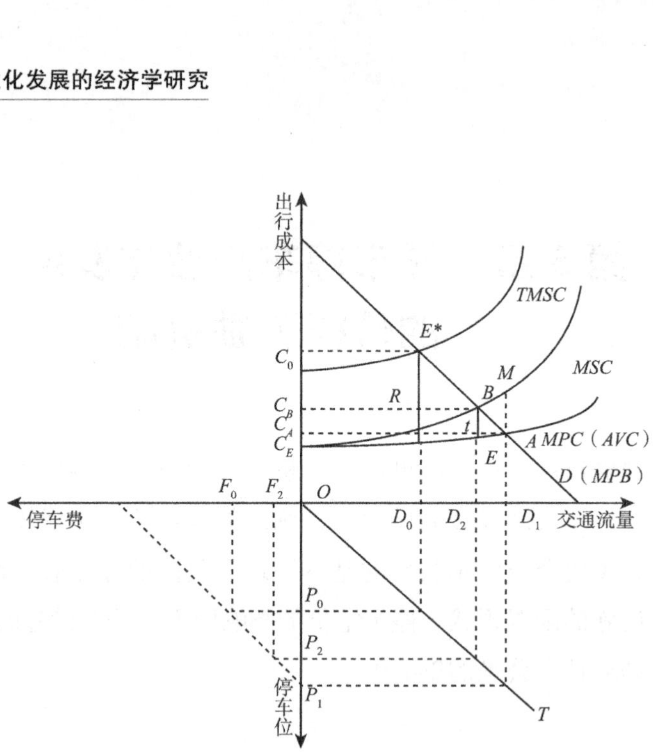

图 5-1　停车收费图解模型[125][260]

停车的边际成本后的均衡点，在这一点总的边际社会成本等于边际效益 MPB 或者价格 P，在这一点，既将拥挤的外部成本内部化了，又满足效率条件 P = TMSC。均衡交通量 D_0 可以通过道路拥堵收费来实现，即向通行者征收通行费 R，通行费 R 既补偿了拥堵的边际外部成本，又弥补了停车的边际社会成本。但是收取通行费操作起来相对麻烦，而且进入中心区和进入边缘地区的车辆应区别对待，收取的通行费应有所差别，而以增加的停车费取代通行费会减少许多麻烦，并可以通过差异化停车收费取代中心区与边缘地区、高峰时段与非高峰时段的通行费。在图 5-1 中，左边的横轴表示停车费 F，下边的纵轴表示停车泊位的需求。在 MPC 曲线和需求曲线 D 的交点 A 处，停车费 F = 0，即停车泊位免费提供，对应的交通量是 D_1，对停车泊位的需求量是 P_1；在 MSC 曲线和需求曲线 D 的交点 B 处，停车费 F > 0，对应的交通量是 D_2，对停车泊位的需求量是 P_2；在 TMSC 曲线和需求曲线 D 的交点 E^* 处，停车费进一步提高，对应的交通量是 D_0，对停车泊位的需求量是 P_0，并可得到相应的停车需求曲线。随着停车费 F 的增加，对停车泊位的需求以及由此引发的交通量在逐渐下降，均衡交通量 D_0

可通过收取停车费 F_0 来实现。因此，停车收费具有重要的作用，它不仅补偿了停车的边际社会成本和交通拥堵的边际外部成本，能够促进停车供给，而且削减了路网的交通流量，优化了城市路网的拥堵水平，减少了停车需求，可以促进均衡交通量的实现和停车供求的动态均衡。

停车收费采用倒逼机制，首先影响停车需求，进而影响交通需求，有效缓解城市交通拥堵。因此，从总体来讲，应当充分发挥停车收费这一价格杠杆的作用，提高城市中心区的停车收费标准，控制汽车进入中心区的数量。经济学是研究资源的有效配置和合理利用的学科，应充分发挥政府对于停车价格的管制职能，利用价格杠杆来调节停车者对现有停车资源的有效利用以及停车供给者对于停车资源的有效供给。根据停车设施时空资源的特点以及停车需求管理的需要，应有效利用现有的停车资源，包括有效的空间利用、时间利用以及不同停车属性的利用，这些有效利用通过差别化定价得以实现，坚持中心高于边缘、路内高于路外、地上高于地下、高峰期高于非高峰期的停车定价原则。同时，还应根据停车者的具体需要和停车管理的需要，有效配置停车资源，合理投资建设中心区停车设施和边缘区停车设施、路内停车设施和路外停车设施、地上停车设施和地下停车设施，实现各类停车设施供给比例合理。

5.2　停车收费的作用

从停车收费思想的提出到其得到应有的重视，经历了一个曲折的过程。较早研究停车收费的应属美国加州大学的 Donald Shoup 教授，他认为交通拥堵大多因驾驶者为寻找免费停车位而引起，无效交通是引起交通拥堵的重要原因，并提议停车价格应由市场自发调节，减少价格管制。他认为停车收费的真正目的不是增加财政收入，而是合理配置停车资源，合理的停车价格应确保现有路内停车位的 85% 得到充分利用，并留出 15% 的空余车位以备周转使用。另外，经济学家 William Vickery 在 1952 年也曾提出通过市场调节停车价格来缓解纽约的交通拥堵问题，但其停车收费的思想在当时并未得到应有的重视，直到他获得1996年诺贝尔经济学奖时，出于他的影响，他的停车收费思想才开始得到重视和倡导。

从停车收费思想的提出到其得到普遍的认可虽然道路曲折，但这种思想还是最终被诸多城市付诸实施。停车收费已经在城市和谐发展中发挥着越来越重要的作用，它不仅可以通过路内停车收费使城市建设获得部分发展资金，而且可以通过路外停车收费激发民间资本参与路外停车设施建设，引导停车产业走产业化发展的道路，增加停车供给；并通过停车收费调节城市交通需求，缓解城市中心区的交通压力。

（1）停车收费可以改变驾驶人对出行方式和出行时间的选择。在驾驶人对各种出行方式的偏好既定的情况下，通过停车收费，改变自驾车的出行成本，使得自驾车的出行成本与其他出行方式的成本发生相对变化，进而使得驾驶人在收入约束既定的情况下，因为自驾车属于正常物品，所以停车收费导致的其他出行方式对自驾车出行方式的替代效应大于收入效应，导致对自驾车的需求曲线向下倾斜，即停车收费越高，对自驾车需求就越少，并增加了对其替代品诸如公共交通和出租车的需求，即改变了对出行方式的选择。同样道理，在驾驶人对两种出行时间的偏好既定的情况下，通过提高高峰时段的停车收费，改变自驾车的高峰时段出行成本，使得自驾车的高峰时段出行成本与非高峰时段的出行成本发生相对变化，进而使得驾驶人在收入约束既定的情况下，停车收费导致的非高峰时段出行对高峰时段出行的替代效应大于收入效应，因此导致对高峰时段出行的需求曲线向下倾斜，即高峰时段停车收费越高，对高峰时段的出行需求就越少，并增加了对其替代品非高峰时段出行的需求，即改变了对出行时间的选择。除了直接提高停车费外，还有间接提高停车费的办法，如减少停车泊位供给、提高停车成本、鼓励开发商将停车设施建设和维护的费用向前转嫁给驾驶人等。

（2）停车收费可以用于改善自驾车的替代品公共交通的建设。停车收费的最初归宿由停车需求者和停车设施经营者构成，两者对收费的分担程度取决于停车需求者的需求价格弹性和停车设施经营者的供给价格弹性。谁的弹性越大，谁最初负担的收费就越少。一般来讲，停车需求价格弹性要小于停车供给弹性，因此提高停车收费会使收费的大部分由停车需求者负担，对需求者不利。停车收费通常基于土地价值、占地面积、运营成本等，对停车设施进行收费可以有效弥补停车设施的建设和运营成本，提高停车设施的管理效能，为发展公共交通和其他运输方式提供必要的资金支持，从而增加市民出行的可选择性。

（3）停车收费可能减少对静态交通互补品动态交通的需求，部分影响国民经济的发展，并可能诱发社会公平问题。实行停车收费虽然可以改变驾驶人对出行方式和出行时间的选择，调节城市交通需求，缓解城市中心区的交通压力，并将收费资金用于改善自驾车的替代品公共交通的建设，但是也应该警惕停车收费有可能带来的负面影响。虽然经济社会对动态交通的需求是缺乏弹性的，但是如果提高停车收费的价格有可能会在一定程度上减少对于动态交通的需求，进而有可能影响其他行业的发展。好在动态交通可以将停车收费作为成本，将其部分地向前转嫁给对动态交通的需求者，即乘客和货主，乘客和货主再将部分停车费用摊入最终消费品，向前转嫁给消费者，停车费用最终由消费者来买单，消费者成为停车收费的最终归宿，影响社会公平。因此停车收费虽然可以使小汽车驾驶人改变出行方式，缓解交通拥堵，但也有可能诱发对停车收费的转嫁问题，损害社会公平。

5.3　我国的停车收费政策

5.3.1　停车收费的分类

我国长期以来缺乏停车收费的思想，停车设施长期实行免费提供，加之政府对于停车行业的进入管制和价格管制，导致民间资本缺乏进入停车行业的动力。另外，不同城市的交通具体情况也有很大不同，导致我国不同城市的停车收费制度缺乏统一的规定，具有很大差异性。我国的停车收费大致分为两类：一类是路内停车收费，另一类是路外停车收费。

（1）路内停车收费。

我国路内停车收费大致包括免费、统一费率、差别化收费、计时累进收费四类。①免费停车。停车难是近些年才发生的事情，我国长期以来缺乏停车收费的思想和理念，缺乏用收费手段调节市场供求关系的基本意识，导致广大的县级城市和部分地级城市，从政府部门到普通百姓普遍缺乏停车收费观念，并把禁止路内停车收费作为一项便民措施加以推广，但是随着交通拥堵从大城市向中等城市的逐步扩散，路内免费停车的理念将会逐步淘汰，停车收费的思想会深入人心，并将获得公众的支持。②统一费率。某些城市为了管理的方便和省事，未考虑差别化停车收费对交通流的调节作用，不分区域、不分时段、不分停车场类型，均按照一个价格进行收费或者按次收费。③差别化定价。各城市按照城市分区不同停车费率也不同，中心区停车收费高、非中心区停车收费低。④计时累进费率。为了提高停车泊位的周转率和利用率，对长时停车和短时停车区别对待，实行计时累进费率，停车时间越长，收费的费率越高。

（2）路外停车收费。

我国路外停车收费的基本特点主要表现在政府管制、差别化收费两个方面。政府管制包括经济管制和社会管制两大方面，经济管制又包括进入管制和价格管制两个方面。目前许多城市虽然出台相关政策鼓励民间资本进入停车产业，投资建设路外停车设施，并简化许可经营手续，但由于停车产业巨大的沉没成本、微薄的利润和较长的投资回收期，使很多投资者望而却步。要想消除投资者的投资顾虑，政府首先应该确保投资者的应有利润，并实施相应的投资优惠政策，如土地优惠政策、税收减免政策等，以降低经营者的运营成本，增大获利空间。目前，城市停车定价主要有三种方式，即政府定价、市场指导价和市场价，对于是否由市场定价存在争议，有很多人倡导市场定价，认为亚当·斯密所倡导的“看不见的手”，即市场价格能够实现市场出清，并引导资源进行优化配置。但是这种倡议却存在很多问题，如亚当·斯密认为“市场是万能”的观点是存在一定的条件的。制度经济学家认为，进行市场交易的首要前提是产权明晰，其次是完全竞争，最后是要素自由流动、信息完全、进入退出容易。首先来看完全竞争假设，长期完全竞争的结果使企业的利润接近于零经济利润，再加上巨大的沉没成本，因此很多投资者不会选择投资停车产业，激烈竞争还会导致中心区和边缘区竞争、路内路外竞争、地下地上竞争，停车价格引导交通流量的政策失效，进而导致停车需求管理政策的全面破产，因此对停车行业应实行必要的进入管制，保证停车市场的一定集中度和垄断性是必要的，对其进行价格管制也是必要的。政府应该根据市场供求关系和停车需求管理的需要，制定合理的停车收费价格。再看要素自由流动假设，停车资源属于时空资源，具有时间上的不可存储性和空间上的不可转移性，因此其不具有时间和空间上的自由流动性，不能满足这一基本假设。至于进入退出容易的假设由于沉没资本巨大亦不能满足，因此应保证停车行业持续合理的收入，政府定价既要保证停车企业盈利，又要遏制停车企业的停车垄断价格，平衡停车企业和停车者的利益。对于停车产业进行社会管制也是必要的，社会管制主要包括停车服务质量的管制、乱收费的管制等，其能解决停车设施经营者和停车者之间由于停车问题而引发的矛盾和冲突。

5.3.2　停车收费价格制定的理念与特征

（1）差别化停车收费理念。

在我国，各级政府的物价主管部门，即各级政府的发展改革委员会或物价局负责制定停车收费价格。各个城市为了有效调节交通需求，合理引导交通流量，逐步确立了停车收费的差别化定价的理念。停车收费的差别化定价理念具体包括：①地区差别化定价理念。扩大城市中心区与边缘地区停车收费价格的差异，中心区停车收费价格应明显高于边缘地区，通过地区差别化定价，提高城市中心区的自驾车出行成本，削减城市中心区的交通需求，遏制交通拥堵。②时间差别化定价理念。时间差别化定价包括高峰期与非高峰期差别化定价、白天与夜间差别化定价和按停车时长进行差别化定价。通过高峰期与非高峰期差别化定价引导和分散车辆的出行时间，避免出现交通拥堵；通过白天与夜间差别化定价提高白天停车泊位的使用效率和周转率；按停车时长进行差别化定价，车辆停放时间越长，停车费率提高幅度越大，提高停车设施的周转率。③类型差别化定价理念。类型差别化定价包括路内高于路外、地上高于地下、室外高于室内、大车高于小车等定价原则，鼓励驾驶人尽量选择不占用道路通行资源及公共空间资源的停车方式。

根据差别化定价理念，我国基本形成了差别化停车定价理论体系，各城市物价管理部门根据各自的不同市情制定了各城市具体的价格体系，我国部分城市小客车停车收费价格体系见表5－1。从表5－1中可以发现，目前，我国绝大多数大城市均已确立了差别化停车收费制度。

表5－1　　我国部分城市小客车差别化停车收费价格体系

城市	停车场类型	白天			夜间
		一类地区	二类地区	三类地区	
北京	路侧停车场	10元，首小时 15元/小时	6元，首小时 9元/小时	2元，首小时 3元/小时	0.5元/小时
	路外露天停车场	8元/小时	5/小时	2元/小时	0.5元/小时
	非露天停车场	6元/小时	5元/小时	2元/小时	5元/小时
上海	道路停车场	15元，首小时 20元/小时	10元，首小时 12元/小时	7元，首小时 8元/小时	10元/次
	高密度立体停车库	11元/小时	10元/小时	9元/小时	—
	自行式停车库	10元/小时	9元/小时	8元/小时	—
	简易停车库	9元/小时	8元/小时	7元/小时	—
	大型水泥地坪停车场	8元/小时	7元/小时	6元/小时	—
	一般水泥地坪停车场	7元/小时	6元/小时	5元/小时	—
天津	道路停车泊位	4元/30分钟	3元/30分钟	1元/30分钟	4元/次
	地面公共停车场	3元/30分钟	2元/30分钟	1元/30分钟	
	地下停车（楼）场	最高不超过3元/30分钟			
沈阳	路内停车	3元/30分钟、24小时最高限价40元	2元/30分钟、24小时最高限价25元	1元/30分钟、24小时最高限价10元	免费
	路外停车	2.5元/30分钟、24小时最高限价30元	1.5元/30分钟、24小时最高限价15元	1元/30分钟、24小时最高限价10元	同白天

续表

城市	停车场类型	白天			夜间
		一类地区	二类地区	三类地区	
大连	占道停车场	3 元/30 分钟，最高不超过 50 元	2 元/30 分钟，最高不超过 40 元	—	5 元/次
	露天停车场	2.5 元/30 分钟，最高不超过 35 元	1.5 元/30 分钟，最高不超过 30 元	—	—
	室内停车场	2.5 元/30 分钟，最高不超过 35 元	1.5 元/30 分钟，最高不超过 30 元	—	—
南京	道路停车泊位	3 元/15 分钟，首小时 4 元/15 分钟	1.5 元/15 分钟，首小时 2 元/15 分钟	0.5 元/15 分钟	1 元/小时
	停车场	1.5 元/15 分钟	1 元/15 分钟	0.5 元/15 分钟	1 元/小时
呼和浩特	路侧和地面公共停车场	2 元/小时（每超过 1 小时单价增收 2 元，最高不超过 15 元）	2 元/小时（每超过 1 小时单价增收 1 元，最高不超过 10 元）	—	—

资料来源：各市停车管理部门相关文件。

（2）我国停车收费的特征。

通过前面的规范分析，认为路内停车设施具有更强的公共产品属性，适于政府提供，具有公共产权；路外停车设施具有较强的私人物品属性，适于市场提供或政府提供，具有私人产权或公共产权；公共建筑配建停车设施具有较强的公共产品属性，适于政府提供，具有公共产权；私人建筑配建停车设施具有较强的私人物品属性，适于市场提供，具有私人产权。

从规范分析的角度来看，由于停车设施产权的不同，停车收费定价主体也应有所不同。路内停车实行政府定价，路外停车实行市场价格或政府指导价，公共建筑配建停车设施实行政府指导价，私人住宅配建停车设施实行市场价格。然而，从表 5－1 发现我国现实的停车价格制定具有以下几个特点：①路内公共停车设施和路外公共停车设施多以政府定价为主，公建配建停车设施多依照政府指导价，由具体业主在不超过政府规定的收费上限范围内，自行制定收费价格。对于住宅小区配建停车设施，少数城市实行政府指导价，大部分城市由小区物业部门自行制定收费价格，并以包月或包车的形式与驾驶人构成停车收费契约。②部分城市，如呼和浩特、沈阳、大连等，均规定停车价格上限，以满足驾驶人的长时停车需求。③部分城市，如北京、呼和浩特、上海、南京等，为了提高泊位利用效率，对停放时间超过 1 小时的车辆按更高的单价收取停车费。而与之相反，部分城市，对停放时间超过 1 小时的车辆，降低停车收费费率。④绝大部分城市对于夜间停车都采取低价收费政策，大多按次收取，少数按停放时间收取，但总体每晚停车费用不超过 10 元。⑤北京、上海等城市中心区的停车收费价格最高，均超过 10 元/小时，这些城市的汽车保有量全部超过 300 万辆，均为我国汽车保有量最多的城市。可见，这些城市希望通过使用差别化收费来调控中心城区交通需求的意愿最为强烈。⑥中西部城市停车收费价格普遍较低，中部城市大多在 10 元/小时或 10 元/次以下，西部城市在 5 元/小时或 5 元/次以下。

（3）国外停车价格的制定。

国外的停车定价主体与我国类似，政府投资建设的公共停车设施一般由政府来定价或实行政府指导价，但国外停车定价一般由交通部门来制定，而我国则由价格主管部门来制定。国外由私人或企业投资兴建的停车设施，其停车价格一般由私人或企业自主决定，私人和企业为了吸引更多驾驶人前来停车，有时会采取价格竞争等方式压低停车价格，但在政府提供的公共停车位稀缺的黄金地段，私人停车位的价格会明显高于公共停车位。国外部分城市停车收费价格如表 5－2 所示。

表 5－2　国外部分城市停车收费价格[101][82]

城市	收费标准		价格制定部门
纽约（曼哈顿）	路侧停车位	3 美元/小时	纽约市交通局
	地下停车场	40 美元/天	业主自行定价
	私人停车场	20 美元/小时	
东京商业区	立体停车场	600 日元/小时	东京都厅
	平面停车场	800 日元/小时	
	路边停车场	300 日元/小时	

续表

城市	收费标准	价格制定部门
伦敦（威斯敏斯特）	4.4 英镑/小时	伦敦市交通局
巴黎	3.6 欧元/小时	巴黎市交通局

5.3.3　停车收费的权力主体

随着停车收费观念的深入人心，越来越多的城市开始认识到停车收费的重要性，并相继将停车收费付诸实施。停车收费除了定价机制透明和停车价格制定合理外，还涉及停车收费主体的合法性问题，即应该由谁来负责实施收费。在我国，目前的城市停车收费的权力主体有 3 种类型：①委托收费。停车设施包括路内停车设施、路外停车设施、公共配建停车设施和私人住宅配建停车设施，停车设施的类别不同，一般收费的主体也不同。对于路内公共停车设施，因其一般由政府投资兴建，具有公共产权属性，定价主体一般为政府价格主管部门，其价格由价格主管部门批准后，一般由交通主管部门委托停车企业进行收费。对于路外公共停车设施，因其一般由民间资本投资兴建，具有私人产权属性，定价主体一般为私人投资企业，在停车经营企业以特许经营的方式取得政府经营许可后，自行或委托收费企业进行收费。对于公共配建停车设施和私人住宅配建停车设施，一般由建筑开发商或经营业主自行或委托物业管理公司进行收费。②属地管理。辖区内的街道办事处对辖区内所有的路内公共停车设施、路外公共停车设施及配建停车设施进行收费管理。由街道办事处聘请停车收费员对公示备案的路内公共停车设施、路外公共停车设施及其泊位进行收费管理。对于配建停车设施，相关单位在停车设施建成之后，街道办事处根据一定的补偿机制，按照新建停车泊位数量多少对该单位进行一次性补偿。③合同外包。通过政府招标的形式，将停车设施经营权外包给中标企业，由该企业自主经营，自主定价，自主收费，自负盈亏，并接受政府相关部门的监督。

国外的停车管理经验值得借鉴，国外的停车收费主要由停车公司负责实施。欧、美、日等高度市场化国家全权委托停车公司或企业进行停车收费和停车管理工作，这类停车公司有国营和私营之分，具体见表5-3。在荷兰阿姆斯特丹，所有的停车收费企业全部由政府出资兴建。在日本东京，由东京都道路整备保全公社负责东京的停车收费，它是一家公益财团，其运营出于公益价值，不以营利为目的。

表5-3　国外部分停车收费或经营企业及相关功能[101][83]

停车收费或经营企业	服务城市	主要功能
VINCI Park	法国南特	路内/路外停车场经营、投资与管理
Q - Park	英国利兹	对停车秩序和停车场维护进行监督 出售停车季票和月票
PARKEON	意大利米兰 西班牙马德里 法国巴黎 德国基尔 英国普尔 美国穆尔斯顿	经营管理停车场 汽车维修 超市 电子支付、充值 出售火车票（火车站停车场）
Allmobile	瑞士苏黎世	货车停车服务及休息区

5.3.4　停车收费的归属与去向

各大城市每年的停车收益是一笔非常巨大的数字，部分城市存在停车收益去向不明的问题，引起了公众和媒体的广泛关注。停车设施包括路内停车设施、路外停车设施、公共配建停车设施和私人住宅配建停车设施。按照规范分析的要求，停车收益的去向应取决于各类停车设施的经济属性，进而取决于产权的划分与归属，即取决于所有权和经营权的划分。（1）对于路内停车设施而言，由于其产权属于国家，即使采用合同外包等民营化经营方式进行经营，除去经营费用、员工工资和合理利润外，停车收益的剩余部分均应上缴国家财政，并纳入国家财政预算。路内停车设施停车收费管理包括两个方面，一是停车收费的上缴标准，二是停车收益的去向。早在2011年，北京市交通委员会和北京市财政局联合下发了《北京市城市道路停车占道费征收管理办法》（以下简称《办法》），《办法》规定了路内公共停车位停车占道费上缴标准，一类地区每停车泊位每天上缴 35 元，二类地区每停车泊位每天上缴 15 元，三类地区每停车泊位每天上缴 3.6 元。《办法》还规定停车占道费按 2∶8 的比例实行市、区两级分成，上缴的停车占道费纳入同级财政预算。上缴财政的停车占道费主要用于道路设施维修养护、停车管理和交通管理，具体使用按照财政预算管理有关规定执行。除此之外，北京市财政局还表示，北京市停车占道费纳入预算统筹安排，还可用于其他领域，如住房、教育等[101][84]。（2）对于路外停车设施而言，由于有些路外停车设施由私人投资兴建，具有私人产权属性，其投资和经营以盈利为目的，故其停车收益除了弥补投资和经营成本并缴纳部分税收之外，其余部分归自己所有；有些路外停车设施由国家财政投资兴建，具有公共产权属性，此类停车设施的收益去向参照路内停车设施进行管理。（3）对于公建配建停车设施而言，由于公建配建停车设施具有俱乐部产品属性，一般由物业公司承包经营，其停车收益除了缴纳相应的税费之外，剩余的部分归停车设施的所有者和物业公司按照约定进行划分。（4）对于私人住宅配建停车设施而言，一般也由物业公司经营，由物业公司按照纳税标准向税务部门缴纳营业税，剩余收入按照物业管理的相关规定在业主和物业公司之间进行分配。

相对国内而言，国外的停车收费收益管理十分明确，不仅公开具体的年停车收费总额，而且开列出详尽的使用去向。就伦敦而言，其一年的停车收费达 3000 万英镑，政府将这笔费用的 12% 用作老年人免费乘坐公共交通的补贴，余下的费用则由政府财政部门统筹安排。就西班牙的巴塞罗那而言，该市一年的停车收费约为 500 万欧元，政府将这笔费用用于建设和改善城市慢行交通系统，如修建和维护自行车道或步行道、增加自行车停车位等。除此之外，部分停车收费还用于其他公益事业。

从国内外停车收益的管理情况来看，国外停车收费的总额和去向公开透明，停车收益主要用于改善公共交通环境，并用于其他公益事业。而国内在停车收费去向也应更加公开透明，接受公众的监督。

5.4 停车定价的影响因素

本节通过梳理相关文献，对停车定价的影响因素进行了理论研究，并根据这些因素之间以及这些因素与停车价格之间的相关关系或因果关系，利用对中等城市的调查数据，运用结构方程模型就这些因素对停车价格影响的大小进行了实证分析，以现有的对大城市的研究结果为参照，比较大城市和中等城市停车定价的影响因素的异同，并分析停车政策的有效性。

5.4.1 停车定价影响因素的规范分析

世界各国都经历过停车难的问题，解决停车问题要做好两个方面的工作，一方面是增加停车供给，另一方面是抑制停车需求。增加停车供给，主要包括政府供给和市场供给，且应以满足停车需求为限。市场供给的主要手段是实现停车产业化。美国公共政策与公共行政管理学者安东尼·当斯（Anthony Downs）指出："在政府对城市交通不进行有效管制和控制的情况下，新建的道路设施会诱发新的交通量，而交通需求总是倾向于超过交通供给。"控制停车需求包括停车收费、拥堵收费、优先发展公共交通、交通管制等措施，在大城市中心区增加停车供给受到用地限制的情况下，停车收费被认为是既便于操作又切实可行的措施，而停车定价问题是停车收费的核心问题。为了实现科学定价，必须研究停车价格的影响因素。

程铁信和王新等对城市中心商业区停车定价的影响因素进行了研究，以国内特大城市如北京、上海、天津等为样本，采用网络调查法，通过对相关数据的实证分析发现，影响停车价格的主要因素包括停车需求水平、停车难度，比较而言，停车需求水平对停车价格的影响更为显著，而停车供给水平对停车价格的影响不显著[126][133-154]。这些研究为初步认识停车价格与其相关影响因素的相关关系或因果关系提供了有益的参考，然而，其研究的不足之处在于研究对象仅限于特大城市，没有对中等城市进行研究，没有将大城市和中等城市的情况进行比较，因为大城市的情况毕竟不同于中等城市。本节力图通过梳理相关文献，对停车定价的影响因素进行理论分析，根据这些因素之间以及这些因素与停车价格之间的相关关系或因果关系，利用对中等城市的调查数据，运用结构方程模型就这些因素对停车价格影响的大小进行实证研究，比较大城市和中等城市停车定价的影响因素的异同，分析停车政策的有效性，以期对相关部门制定合理的停车价格、有效解决停车问题提供借鉴和帮助，并弥补相关研究的不足。

对于停车价格的影响因素，安实等认为路外停车定价应考虑行业平均建设成本和运营费用、路外停车供给状况、停车行为偏好、路外停车需求状况、停车者对停车收费的容忍度、停车政策法规、车辆类型等[25]。吴涛等认为停车定价的依据可从 10 个方面考虑，即土地级差、服务成本、服务价格、合理报酬、停车设施的投资回收期、停车设施的类型及设备条件和可达性、停车需求特征、支付能力、城市交通政策目标等。借鉴前人的研究成果，本书将影响停车价格的因素概括为四个方面，即停车环境、停车供求、停车需求者和停车制度[26]。

（1）停车环境。

停车环境是指城市中心区所处的客观环境条件，综合以往的研究文献，将道路拥挤程度和公共交通水平作为停车环境因素的衡量构面。

①道路拥挤程度。路网的容量在一定的时间和空间内是有限的，路网不能无限拓宽，如果拓宽路网将会吸引更大的交通流量。道路拥挤容易造成停车困难，停车困难产生无效交通，Allen 指出在拥挤的城市中心区无效停车交通量可以占到总交通量的 30%[127]，特别是路边停车会降低道路通行能力，车辆行驶速度下降，路上滞留时间延长，容易导致交通事故，因此在道路拥挤的区域，需要较高的交通管理水平，要求运用各种管理或管制措施缓解交通拥挤。例如，某些城市实行车号限行政策，有效地降低了城市交通拥挤程度和减少了停车需求数量。因此，理论上认为道路拥挤程度与停车难度之间存在正相关关系。

②公共交通水平。公共交通是自驾车出行方式的替代品，公共交通水平越高，可达性、舒适性越高，会吸引更多的出行者乘坐公共交通，有效

降低路网流量，减少拥堵。城市中心区作为城市的核心区域，通常交通比较拥挤，停车价格相对较高，以购物休闲为主要目的节假日出行者，时间和费用不是其主要的考虑因素，需求价格缺乏弹性。如果城市中心区缺乏便利的公共交通，出行者就会选择自驾出行；相反，若公共交通比较发达，则停留时间较长的旅游、购物的人群通常会选择乘坐公共交通出行，而短时工作出行才会选择驾车前往，这将大大减小中心区的停车时长。所以，理论上认为公共交通水平与停车需求存在负相关关系，公共交通水平与停车时间存在负相关关系。

（2）停车供求。

政府和市场是两种重要的资源配置方式，我国停车行业正逐步引入市场机制，市场对于价格的影响越来越大。影响停车价格的市场因素包括成本、利润、需求和供给等。根据前人的研究成果，将停车服务成本、需求水平、供给水平和停车难度作为停车供求因素的衡量构面。

①停车服务成本。停车服务成本主要包括停车场投资成本和运营成本，其中投资成本主要为停车场土地成本以及停车设施建设成本。在停车场的总成本中，投资成本往往占有很大的比例。路外停车场一般由企业投资和经营，收费定价多采用边际成本定价法和经济效益分析法，因此停车价格应该包括停车场投资成本、运营成本和经济利润。停车成本越高所制定的停车价格也相应越高，从理论上讲，停车服务成本与停车价格存在正相关关系。

②停车需求水平。一个地区的停车需求水平与该地区的交通吸引力有关，土地利用的性质不同和开发程度不同对交通的吸引力也会不同，进而对该地区的停车需求也不同。美国学者 Levinson 指出，一个以商业为主的地区短时间停车需求是由该地区进行的商业活动引起的，而长时间停车需求则是由雇员上班出行引起的。国际上不同城市的发展经验表明，经济发展水平越高，交通吸引量越大，停车需求水平越高。为了有效控制停车需求，吴涛等给出了一个体现停车需求时间差异的高峰时段和非高峰时段的停车费率，并指出中心区停车费应实行计时累进制，以提高停车位的周转率和使用效率，同时规定高峰时段要高于非高峰时段[26]。目前，我国各大城市开始根据停车场所处区域的不同，实行分区差别定价。根据国际经验，

经济发展水平越高，交通吸引量越大，停车需求越大，停车价格相对较高，反之停车价格则相对较低。

③停车供给水平。国内外相关研究指出，城市汽车保有量与公共停车位的合理比例应为 7∶1 左右，香港的比例约为 3.6∶1，内地许多城市大多在 10∶1 以上。其原因在于我国部分地区由于城市化进程太快，城市规划缺乏前瞻性，停车设施建设未能及时跟进，造成历史欠账太多，出现停车难问题。从短期来看，停车场基础投资成本大，投资成本回收周期长，停车供给量很难增长，随着停车需求的不断增加，供需矛盾扩大；从长期来看，为了刺激私人投资，在国家相关政策扶持下，停车场数量会有一定的增加，但是国际经验表明，不考虑路网容量的条件下，在中心区大量建设停车设施，不但会造成浪费，还可能影响中心区交通的畅通。按照供求规律，停车供不应求的区域停车价格应该较高，停车供大于求的区域停车价格应相对较低。

④停车难度。停车难度是指停车者每次停车平均所花费的时间成本，花费时间越短，停车难度越低，反之则越高。相关部门统计表明，每增加 1 辆机动车，应有 1.2～1.5 个停车泊位与之配套。随着我国城市机动车数量急剧增长，许多城市已经诱发了行车难、停车难等问题，极大地阻碍了城市动态交通和静态交通的发展。随着城市机动车保有量的持续增长，若不采取措施，停车难问题将进一步凸显。停车需求水平越高，停车供给水平越低，停车难度越大。

（3）停车需求者。

对于停车者的研究，主要包括停车时间、停车选择、停车目的、价格容忍度等，根据前人相关的研究，将停车时长和价格容忍度作为停车需求者方面的衡量构面。

①停车时长。停车时长是指停车者在停车场停放车辆的时间长度。停车时间过长将会降低停车场周转率和利用率，引起停车困难。为了控制停车时间，保证中心区停车位的有效利用，国际上一般将路外停车场作为长时停车场所，将路边停车场作为短时停车场所。许多城市为鼓励短时停车，在路边停车场实行一定时间内免费停车，并实施超时累进计价收费方式控

制停车需求。

②停车价格容忍度。随着收入水平提高，机动车保有量不断上升，居民对于停车价格的承受能力相应地提高，使得停车者对停车收费的敏感度有着逐渐降低的趋势，停车价格容忍度提高。在原来的停车价格不能发挥调控作用的情况下，只有通过大幅提高停车价格来缓解城市静态交通的压力，降低停车需求水平。因此，价格承受力与停车需求水平存在正相关关系。

（4）停车制度。

公共停车场属于准公共物品，其目的是实现社会效益的最大化，因此停车价格大多采用政府定价和指导价等方式，城市停车是政府的基本职能，将停车管理水平和停车政策完备程度作为停车制度因素的衡量构面。

①停车管理水平。停车管理水平主要表现为政府对停车管理的重视程度。为了缓解交通拥挤，很多城市实施交通需求管理，通过控制交通需求，减少交通拥挤；实行停车换乘，即在城市轨道交通和公交场站周边规划建设一批大型公共停车场，实行低价停车政策，鼓励市民换乘公共交通工具出行，减少进入中心城区的机动车数量；在城市中心区通过调整停车价格，缓解中心区交通拥堵和“停车难”问题。

②政策法规完备程度。由于历史的原因，我国的很多城市建设缺乏长远规划，大多没设置足够的停车场，即使配建有停车场，配建停车位数量和标准也偏低，造成历史欠账。城市缺乏本市的停车收费标准、公共建筑配建停车场标准、城市路外公共停车设施管理办法等停车管理方面的法规规范。停车场规划和建设的国家级管理规定只有2项，停车收费的国家级管理规定只有1项。由于停车场投融资、建设、运营和管理等各种规范的缺乏，以及配建停车场的配建标准难以落实和配建停车场挪为他用，加之由于缺乏具体的停车投资优惠政策，造成民间资本投资缺乏积极性，造成停车供给的严重不足。因此只有建立健全停车场投融资、建设、运营和管理的各项政策，才能促进停车产业的发展，吸引更多社会资本投资停车场建设，增加停车供给。

根据以上分析，建立停车价格影响因素之间及其与停车价格之间相关关系的研究假设，见表5-4。

表5-4 停车价格影响因素及其相关关系的研究假设

因素	研究假设
停车环境	H1a：道路拥挤程度与停车需求水平存在显著的正相关关系
	H1b：道路拥挤程度与停车难度存在显著的正相关关系
	H1c：公共交通水平与停车时间存在显著的负相关关系
	H1d：公共交通水平与停车需求存在显著的负相关关系
停车供求	H2a：停车成本与停车价格存在显著的正相关关系
	H2b：停车需求水平与停车难度存在显著的正相关关系
	H2c：停车需求水平与停车价格存在显著的正相关关系
	H2d：停车供给水平与停车难度存在显著的负相关关系
	H2e：停车供给水平与停车价格存在显著的负相关关系
	H2f：停车难度与停车价格存在显著的正相关关系
停车需求者	H3a：停车时长与停车难度存在显著的正相关关系
	H3b：停车价格承受力与停车需求存在显著的正相关关系
停车制度	H4a：交通管理水平与政策法规完备程度存在显著的正相关关系
	H4b：政策法规完备程度与停车供给存在显著的正相关关系

综合以上理论及研究假设，根据城市中心区停车价格影响因素之间的关系及其对停车价格的影响，建立城市中心区停车价格影响因素理论模型，如图5-2所示。

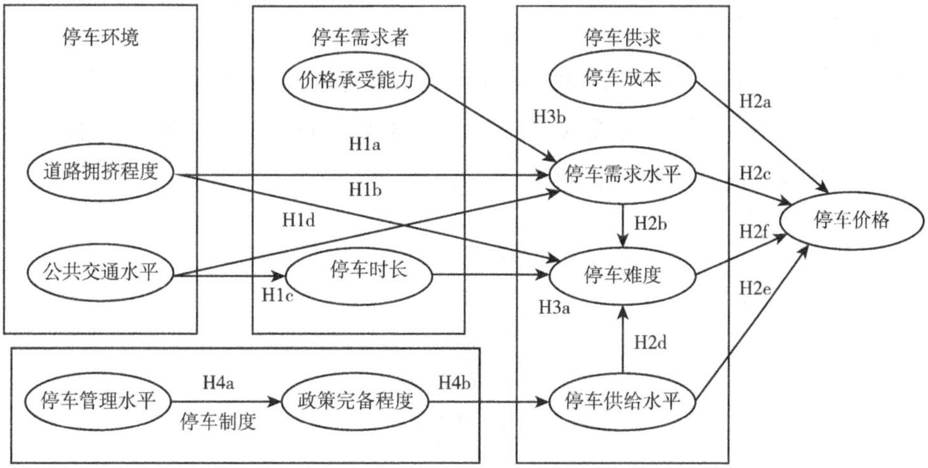

图5-2 停车价格影响因素理论模型路径

5.4.2 停车定价影响因素的实证分析

5.4.2.1 研究设计与问卷分析

(1) 研究设计。

根据停车价格影响因素的理论模型，采用调查问卷的形式收集数据。为了保证问卷的科学性，问卷涉及的变量的观测指标主要借鉴了程铁信等的研究。在此基础上，利用调查数据分析停车环境、停车供求、停车需求者和停车制度四个因素的11个变量如何影响停车价格。

在停车价格方面，借鉴关宏志等[63]和安实等[25]的研究，采用了3个测量指标。在停车环境方面，公共交通水平借鉴张祥永[128]等关于公共交通的研究，采用3个测量指标。道路拥挤程度借鉴裴玉龙等[24]的研究，采用了3个测量指标。在停车供求方面，停车供给水平因素借鉴殷兆进[129]的研究，采用3个测量指标。停车需求水平借鉴了关宏志等[130]和Ye等[131]的研究，采用3个测量指标。停车成本因素借鉴了吴涛等和安实等的研究，采用3个测量指标。停车难度因素借鉴梅振宇等[132]的研究，采用3个测量指标。在停车需求者方面，价格承受能力借鉴David等[133]的研究，采用3个测量指标。停车时长借鉴了关志宏等[134]和姚胜永等[135]的研究，采用2个测量指标。在停车制度方面，政策法规完备性借鉴安实等[136]的研究，采用3个测量指标。停车管理水平借鉴了罗良鑫[57]的研究，采用3个测量指标。11个潜变量的测量指标见表5-5。

表5-5 变量及其测量指标

方面	潜变量	观测变量指标	观测变量编码
停车价格	停车价格	路外停车价格在国内处于较高水平	TCJG1
		路边停车价格在国内处于较高水平	TCJG2
		每次价格上涨幅度高于国内其他地区	TCJG3

续表

方面	潜变量	观测变量指标	观测变量编码
停车环境	公共交通水平	乘坐公交车到达目的地方便	JTSP1
		乘坐出租车到达目的地方便	JTSP2
		乘坐其他公共交通工具到达目的地方便	JTSP3
	道路拥挤程度	中心区附近车辆行驶速度很慢	YJCD1
		中心区周围经常发生堵车现象	YJCD2
		中心区内往来的客流量很大	YJCD3
停车供求	供给水平	中心区的停车泊位数量很多	GJSP1
		中心区建有大型的停车楼和地下停车场	GJSP2
		各购物、餐饮、娱乐场所均配建有停车场	GJSP3
	需求水平	中心区的经济水平高于国内其他地区	XQSP1
		本地区的汽车保有量水平在国内较高	XQSP2
		中心区附近交通车流量很大	XQSP3
	服务成本	中心区内土地价格在国内相对较高	FWCB1
		中心区的停车场设施完备	FWCB2
		停车场工作人员的服务水平高	FWCB3
	停车难度	中心区内寻找停车场花费时间长	TCND1
		中心区内寻找停车位花费时间长	TCND2
		中心区内经常遭遇停车位已满的情况	TCND3
停车需求者	停车价格承受力	收入水平在国内相对较高	JGCS1
		停车费用占总支出的比例很小	JGCS2
		停车价格对今后汽车使用影响很小	JGCS3
	停车时长	平日在中心区停车时间较长	TCSC1
		节假日在中心区停车时间较长	TCSC2
停车制度	政策完备性	相关部门出台了多项相关的停车法规	ZCWB1
		停车价格制定流程规范、透明	ZCWB2
		停车费调整时广泛征求了市民意见	ZCWB3
	停车管理水平	政府鼓励乘坐公交车出行	GLSP1
		政府在中心区外建有换乘停车场	GLSP2
		中心区内乱收费现象很少	GLSP3

调查问卷包括两部分：第一部分为城市中心区停车价格影响因素的相关调查，包括涉及停车价格、公共交通水平、道路拥挤程度、停车供给水

平、停车需求水平、停车场服务成本、停车难度、停车价格承受力、停车时长、停车政策完备性和交通管理水平等 33 个问题；第二部分为调查对象的个人资料，用来分析调查对象的背景信息，包括性别、年龄、所在城市和所从事的行业等。第一部分采用五级量表形式进行测量，被调查者根据所在地区的实际情况给问题打分。

（2）问卷分析。

被调查对象为国内中等城市中心区的相关人员，为了不失一般性，采用实地调查方式，调查了德州、潍坊、邯郸、沧州、安阳、孝感、绵阳、淮安 8 个城市。调查发放问卷 1500 份，收回问卷 1350 份，有效问卷 1325 份，有效回收率为 88.33%。

①信度检验。信度是指测量方法的一致性或稳定性。信度的基本类型主要有重测信度、折半信度、Conbach's α 信度和建构信度。最为常用的是 Cronbach's α 信度系数，Cronbach's α 值越大越好，0.9 以上最好，0.8 左右为非常好，0.7 是适中，0.5 以上可以接受，低于 0.5 不能接受。检验结果表明，各个变量 Cronbach's α 值大多在可以接受的标准值 0.5 水平以上，若显著性水平为 0.1，则其对应 p 值均小于 0.1，该信度系数通过检验。具体结果见表 5－6。

表 5－6　停车价格影响因素及其信度检验

因素	Cronbach's Alpha	Cochran's Test p 值
停车价格	0.761	0.000
公共交通水平	0.302	0.084
道路拥挤程度	0.783	0.000
供给水平	0.653	0.000
需求水平	0.675	0.000
服务成本	0.645	0.000
停车难度	0.845	0.000
停车价格承受力	0.568	0.000

续表

因素	Cronbach's Alpha	Cochran's Test p 值
停车时长	0.679	0.000
政策完备性	0.725	0.000
停车管理水平	0.482	0.000

②效度检验。效度是指测量方法能够测出想要测试的内容的准确程度，效度的基本类型主要有内容效度、标准效度、建构效度。若模型效度不够高，则收集的测量数据就不能有效地反映所要研究的问题。用因子分析法对问卷的效度进行检验，首先用 KMO 和 Bartlett 球度检验用于因子分析的适用性检验，通常 KMO 在 0.5 以上，Bartlett 球度检验的 p 值小于 0.01，表示适合做因子分析。

从表 5 - 7 看到，问卷的 KMO 检验值为 0.781，代表这些问题适合进行因子分析，表中的 Bartlett 球度检验的 χ^2 统计量的显著性概率 $p = 0.000 < 0.01$，说明相关矩阵不是一个单位矩阵，适合作因子分析。

表 5 - 7　停车价格影响因素的效度检验

检验类别	检验值	计算值
KMO 检验	Kaiser - Meyer - Olkin 值	0.781
Barlett 球度检验	近似卡方检验值	2926.332
	自由度	496
	显著性概率 Sig.	0.000

5.4.2.2 探索性因子分析

表 5 - 8 探索性因子分析结果显示，停车环境因素、停车供求因素、停车需求者因素、停车制度因素和停车价格因素的 KMO 值最小为 0.670，Bartlett 球度检验的所有 χ^2 统计量的 $p = 0.000$，均小于 0.01，说明相关矩阵均不是单位矩阵，适合作因子分析。停车环境因素、市场因素、停车者因素、政府因素、停车价格因素分别包含 6 个、12 个、5 个、6 个、3 个指

标，分别提取 2 个、4 个、2 个、2 个、1 个公因子，提取的公因子分别解释了总方差的 67.949%、67.110%、64.057%、58.459%、68.349%。所有因子均可明确命名，且与最初设想基本一致。

表 5-8　　探索性因子分析检验

因子分析因素	检验类别				抽取因子数	累计方差贡献率（%）
	KMO 检验		Barlett 球度检验			
	KMO 值	近似卡方值	自由度	显著性概率 Sig.		
停车环境	0.697	556.008	36	0.000	2	67.970
停车供求	0.781	1036.696	66	0.000	4	67.110
停车需求者	0.693	218.810	10	0.000	2	64.057
停车制度	0.716	302.693	15	0.000	2	58.459
停车价格	0.670	210.254	3	0.000	1	68.349

5.4.2.3　停车价格影响因素的结构方程建模

（1）结构方程模型。

结构方程模型是一种路径分析加验证性因子分析的统计分析方法，它以协方差矩阵为分析手段，通过路径系数来分析潜变量之间的相关关系。结构方程模型包括测量模型和结构模型两部分。

测量模型：

$$x = \Lambda_x \xi + \delta; y = \Lambda_y \eta + \varepsilon \qquad (5-1)$$

其中，x 为外生指标组成的向量；y 为内生指标组成的向量；Λ_x 为外生指标与外生潜变量之间的关系，外生指标在外生潜变量上的因子负荷矩阵；Λ_y 为内生指标与内生潜变量之间的关系，内生指标在内生潜变量上的因子负荷矩阵；δ 为外源指标 x 的误差项；ε 为内生指标 y 的误差项。

结构模型：

$$\eta = B\eta + \Gamma\xi + \zeta \qquad (5-2)$$

其中，η 为内生潜变量；ξ 为外生潜变量；B 为内生潜变量间的关系；Γ 为外生潜变量对内生潜变量的影响；ζ 为结构方程的残差项，反映 η 在方程中未能被解释的部分。

（2）结构方程建模需满足的条件。

①模型识别。本书采用极大似然法估计结构方程，一般认为使用极大似然法估计结构方程时，样本容量应尽可能的最大，大于 200 的样本才算得上是一个中型样本，低于 200 的样本是不鼓励的。本书收集样本容量为 1325 的有效样本，符合结构方程分析的要求，可以进行结构方程分析。确定模型中需要估计的参数，然后进行模型识别，即判断设定模型能否求出唯一的参数估计值。判断模型是否可辨识的必要条件是其自由度，即：

$$df = [(p+q)(p+q+1)/2] - t \tag{5-3}$$

其中，p 为外生观测变量的个数；q 为内生观测变量的个数；t 为需要估计参数的个数。若自由度大于等于 0 则有可能识别，否则不能识别。本书停车价格影响因素结构方程的自由度为 456，大于 0，因此停车价格影响因素结构方程初始模型可以识别。

②数据分布正态性检验。结构方程模型假设样本数据服从多元正态分布，若不服从多元正态分布，结构方程模型估计参数的标准差和显著性检验统计值将会产生偏差，导致估计参数的显著性检验失效。本书采用描述统计方法对各测量指标数据的分布状况做出判断。当峰度和偏度的绝对值为 0 或接近于 0 时，该指标接近正态分布。当偏度的绝对值大于 3.0 时，视为极端的偏态分布。若峰度值大于 10，表示峰度较大，若大于 20，可视为极端尖峰分布。由于篇幅所限，本书未列出各指标的具体描述统计值，绝大部分测量指标偏度的绝对值均小于 3，峰度的绝对值均小于 10，只有公共交通水平的 JTSP2 有些右偏和尖峰分布，因此可以认为各测量指标数据基本符合正态分布，满足结构方程模型分析的假设条件。

③拟合指数。拟合指数是反映预设模型对数据拟合程度的指标，在结构方程模型中主要包括三种拟合指数，即绝对拟合指数、相对拟合指数、简约拟合指数，拟合指数及其判断准则见表 5－9。

表 5－9　　　　拟合指数及其判断准则

拟合指数		判断准则
绝对拟合指数	χ^2/df	<3 时，拟合效果良好
	近似误差均方根 RMSEA	<0. 5 时，拟合非常好，理论模型可以接受；0. 05 ~ 0. 08，拟合还算不错；0. 08 ~ 0. 10，拟合一般；>0. 10 时，拟合效果不能接受
	GFI	GFI >0. 90 时，拟合效果良好
相对拟合指数	IFI	其值介于 0 ~ 1，越大拟合效果越好，IFI >0. 90 时，拟合效果良好
	NNFI	>0. 90 时，拟合效果良好。
	CFI	其值介于 0 ~ 1，越大拟合效果越好，>0. 90 时，拟合效果良好
简约拟合指数	PNFI	>0. 50 时，拟合效果良好
	PGFI	>0. 50 时，拟合效果良好

（3）验证性因子分析。

用于验证搜集数据的模式是否为研究者所预期的模型形式的因子分析称为验证性因子分析，验证性因子分析是对结构方程中测量模型的检验，检验测量变量与潜在变量的关系，用以评估测量工具的选取是否合适。验证性因子分析是结构方程分析的一个前置步骤。

通过对调查量表进行验证性因子分析，拟合结果显示，RMSEA = 0. 079，NNFI = 0. 978，CFI = 0. 954，验证性因子分析效果俱佳。测量指标的标准化负荷系数大部分介于 0. 4 ~ 0. 95，CR 值绝大部分大于 1. 96，量表具有很好的效度。具体结果见表 5 – 10。

表 5－10　　　　量表效度检验

测量指标	负荷系数	CR 值	*P* 值	测量指标	负荷系数	CR 值	*P* 值
TCJG1	0. 815	11. 023	0. 000	JTSP3	0. 173	1. 791	0. 074
TCJG2	0. 804	10. 655	0. 000	FWCB1	0. 393	5. 252	0. 000
TCJG3	0. 592	7. 742	0. 000	FWCB2	0. 784	5. 286	0. 000
JTSP1	0. 398	2. 292	0. 022	FWCB3	0. 716	4. 908	0. 000
JTSP2	0. 174	1. 793	0. 073	TCND1	0. 820	15. 234	0. 000

续表

测量指标	负荷系数	CR 值	P 值	测量指标	负荷系数	CR 值	P 值
TCND2	0. 920	17. 436	0. 000	JGCS1	0. 274	3. 054	0. 004
TCND3	0. 720	12. 558	0. 000	JGCS2	0. 283	3. 092	0. 002
YJCD1	0. 640	9. 011	0. 000	JGCS3	0. 347	3. 204	0. 001
YJCD2	0. 805	9. 984	0. 000	TCSC1	0. 248	3. 065	0. 002
YJCD3	0. 779	9. 013	0. 000	TCSC2	0. 323	3. 092	0. 001
GJSP1	0. 419	4. 814	0. 000	ZCWB1	0. 597	6. 993	0. 000
GJSP2	0. 479	5. 415	0. 000	ZCWB2	0. 658	8. 792	0. 000
GJSP3	0. 459	4. 963	0. 000	ZCWB3	0. 656	8. 501	0. 000
XQSP1	0. 441	4. 843	0. 000	GLSP1	0. 448	4. 385	0. 000
XQSP2	0. 369	5. 099	0. 000	GLSP2	0. 407	4. 230	0. 000
XQSP3	0. 418	5. 384	0. 000	GLSP3	0. 401	4. 170	0. 000

（4）停车价格影响因素结构方程模型验证。

①模型拟合与评价。利用 AMOS 17. 0 对结构方程进行拟合，拟合结果显示，绝对拟合指数、相对拟合指数、简约拟合指数等各项拟合指数大部分在可接受的范围内，理论模型与数据的拟合度基本符合要求。模型详细拟合指数见表 5 – 11。

表 5 – 11　　　停车价格影响因素结构方程模型拟合度检验

拟合指数	绝对拟合指数			相对拟合指数			简约拟合指数	
	χ^2/df	GFI	RMSEA	IFI	NNFI	CFI	PNFI	PGFI
模型结果	3. 011	0. 889	0. 079	0. 961	0. 978	0. 954	0. 489	0. 595
评价标准	<3	>0. 90	<0. 08	>0. 90	>0. 90	>0. 90	>0. 50	>0. 50

理论模型参数值估计如图 5 – 3 所示，其测量模型中各个因素的测量指标的载荷系数大部分大于 0. 5，其结构模型中停车供给水平与停车难度的路径系数、道路拥挤程度与停车需求水平的路径系数相对较小。

②假设验证。假设验证结果见表 5 – 12。是否支持假设，从两个方面考虑，即路径系数的显著性和系数的符号是否与假设相符合，本章提出的 H2b、H2c、H2e、H3b、H4a、H4b 获得了支持，H1a、H1b、H1c、H1d、H2a、H2d、H2f、H3a 未获得支持。

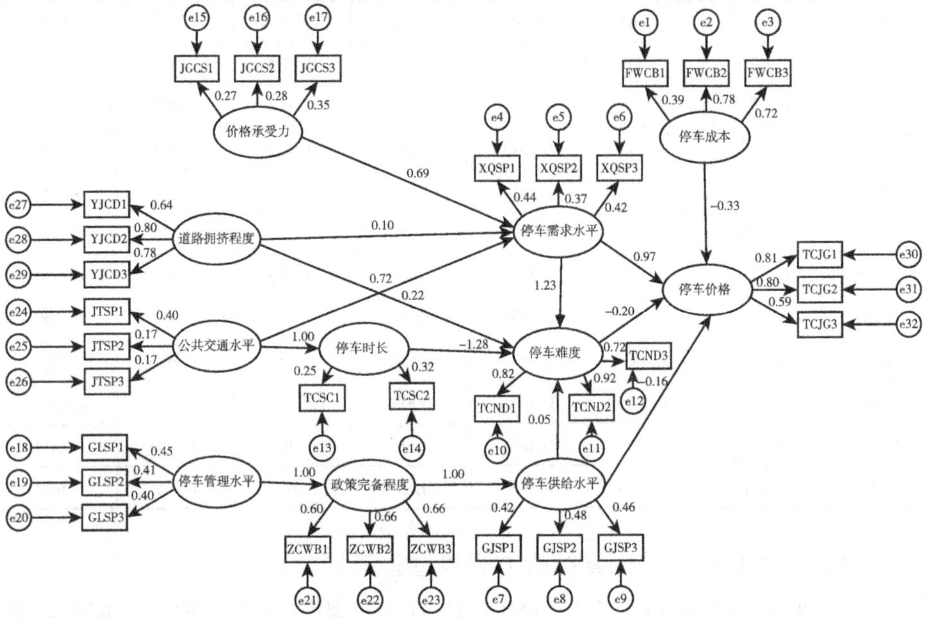

图 5－3　停车价格影响因素的结构方程初始模型标准化路径系数

表 5－12　　　　　　　　路径系数及其显著性检验结果

研究假设	未标准化路径系数	标准化路径系数	S. E.	C. R.	P	检验结果
H1a：停车需求水平 < － － － （＋）道路拥挤程度	0. 066	0. 099	0. 057	1. 171	0. 242	不支持
H1b：停车难度 < － － － （＋）道路拥挤程度	0. 320	0. 221	0. 173	1. 846	0. 065	不支持
H1c：停车时长 < － － － （－）公共交通水平	1. 588	1. 000	0. 716	2. 217	0. 027	不支持
H1d：停车需求水平 < － － － （－）公共交通水平	1. 745	0. 717	0. 765	2. 279	0. 023	不支持
H2a：停车价格 < － － － （＋）停车成本	－0. 493	－0. 334	0. 178	－2. 766	0. 006	不支持
H2b：停车难度 < － － － （＋）停车需求水平	2. 666	1. 228	0. 668	3. 991	0. 000	支持

续表

研究假设	未标准化路径系数	标准化路径系数	S. E.	C. R.	P	检验结果
H2c：停车价格 < - - - （+）停车需求水平	1.353	0.973	0.239	5.668	0.000	支持
H2d：停车难度 < - - - （-）停车供给水平	0.106	0.052	0.173	0.613	0.540	不支持
H2e：停车价格 < - - - （-）停车供给水平	-0.212	-0.162	0.119	-1.786	0.045	支持
H2f：停车价格 < - - - （+）停车难度	-0.127	-0.198	0.085	-1.489	0.137	不支持
H3a：停车难度 < - - - （+）停车时长	-4.268	-1.284	1.152	-3.706	0.000	不支持
H3b：停车需求水平 < - - - （+）价格承受力	1.206	0.690	1.152	3.511	0.000	支持
H4a：政策完备程度 < - - - （+）停车管理水平	2.032	1.000	0.431	4.715	0.000	支持
H4b：停车供给水平 < - - - （+）政策完备程度	0.630	1.000	0.119	5.313	0.000	支持

注："< - - -"表示后者影响前者，"+"表示正向影响，"-"表示负向影响。

5.4.2.4　大中城市停车价格影响因素异同的比较分析

根据表 5-12 的结果，以下对大城市的假设检验结果和中等城市的假设检验结果比较如表 5-13 所示，其中大城市的假设检验结果来源于程铁信和王新的研究结果。

表 5-13　　大中城市停车价格影响因素比较分析

研究假设	大城市		中等城市	
	检验结果	不支持的原因	检验结果	不支持的原因
H1a：停车需求水平 < - - - （+）道路拥挤程度	支持	—	不支持	路径系数不显著

续表

研究假设	大城市		中等城市	
	检验结果	不支持的原因	检验结果	不支持的原因
H1b：停车难度 < - - - （+）道路拥挤程度	支持	—	不支持	路径系数不显著
H1c：停车时长 < - - - （-）公共交通水平	支持	—	不支持	路径系数符号相反且显著
H1d：停车需求水平 < - - - （-）公共交通水平	不支持	路径系数不显著	不支持	路径系数符号相反且显著
H2a：停车价格 < - - - （+）停车成本	不支持	路径系数不显著	不支持	路径系数符号相反且显著
H2b：停车难度 < - - - （+）停车需求水平	支持	—	支持	—
H2c：停车价格 < - - - （+）停车需求水平	支持	—	支持	—
H2d：停车难度 < - - - （-）停车供给水平	不支持	路径系数不显著	不支持	路径系数符号相反但不显著
H2e：停车价格 < - - - （-）停车供给水平	不支持	路径系数不显著	支持	—
H2f：停车价格 < - - - （+）停车难度	支持	—	不支持	路径系数符号相反但不显著
H3a：停车难度 < - - - （+）停车时长	支持	—	不支持	路径系数符号相反且显著
H3b：停车需求水平 < - - - （+）价格承受力	支持	—	支持	—
H4a：政策完备程度 < - - - （+）停车管理水平	支持	—	支持	—
H4b：停车供给水平 < - - - （+）政策完备程度	支持	—	支持	—

5.4.2.5　关于实证结果的讨论

根据表 5 – 12 和表 5 – 13，并结合经济学和运输经济学的相关理论，对停车价格的影响因素进行讨论，并指出停车政策的有效性。

（1）关于停车价格影响因素的讨论。

①停车环境。公共交通水平与停车时长的关系。对于大城市来讲，公共交通水平与停车时长呈显著的负相关关系；而对于中等城市来讲，却呈显著的正相关关系，即公共交通水平越高，停车时长越长。这表明短期内中等城市提高公共交通水平并不能减少长时间停车的数量，不能提高停车场的停车周转率。究其原因在于中等城市的路网容量尚未达到饱和，道路拥挤程度较低，停车位供应相对充足，而且停车价格也偏低，而且大部分路边停车位免费。

公共交通水平与停车需求的关系。对于大城市来讲，公共交通水平与停车需求水平存在负相关关系，但不显著；而对于中等城市来讲，公共交通水平与停车需求不存在负相关关系，而存在显著的正相关关系，与原假设不一致，表明公共交通水平的提高，包括车次的增加、发车间隔的缩小、服务质量的提高，与停车需求同步增长。综合大中城市两种情况，当前提高公共交通水平不能降低停车需求水平，究其原因主要在于我国城市公共交通水平普遍较低，公共交通短时难以提升，同时随着我国汽车产业的发展，汽车进入普通家庭还有很大的发展空间，小汽车数量急剧增加，城市停车需求依然旺盛。从目前来说，提高公共交通水平难以控制停车需求。从另一个侧面也说明了目前城市通过发展公共交通抑制停车需求没有显著效果，但从国际大城市的经验以及长远来看，发展公共交通有助于解决停车问题。

道路拥挤程度与停车难度及停车需求的关系。对于大城市的研究结果表明，道路拥挤程度越高，停车难度越大；道路拥挤程度越高，停车需求越高。因此，单方面拓宽道路，并不能从根本上解决停车问题，可以通过交通管制和拥堵收费、控制入市车辆数量、发展公共交通等，引导居民出行行为，从而降低道路拥挤程度，控制停车需求，减少停车难度。对于中等城市的研究结果表明，道路拥挤程度与停车难度及停车需求水平均存在正相关关系，但影响不显著。

②停车供求。停车供求水平与停车难度的关系。综合大中城市的情况，停车需求水平与停车难度存在显著的正相关关系，停车需求水平越高，停车难度越大，中等城市的路径系数为1.228。大城市的停车供给水平与停车难度不存在显著的负相关关系，中等城市的停车供给水平与停车难度存在负相关关系，但不显著，路径系数为0.052，p 值为0.540。结果表明，不断上升的停车需求，是造成城市中心区停车困难的主要原因之一，同时，由于停车位供给的增加，会诱发对私人小汽车出行方式的需求，进一步导致停车难度的增加，因此增加停车供给不是解决停车问题的根本出路，并不能缓解停车压力。停车供给水平对停车难度影响不显著。

停车供求水平与停车价格的关系。在停车需求水平与停车价格的关系方面，对大中城市的研究结果相同，即停车需求水平与停车价格之间存在显著的正相关关系，停车需求越高，停车价格越高，中等城市的路径系数为0.973。在停车供给水平与停车价格的关系方面，大城市的停车供给水平与停车价格之间存在负相关关系，但不显著；中等城市的停车供给水平与停车价格之间存在负相关关系，而且显著，停车供给越高，停车价格越低，路径系数为-0.162。综合以上结果表明，城市停车需求和停车供给对停车价格影响较显著，尤其是停车需求影响更大。城市中心区是停车需求较大的区域，相对于其他地区停车价格较高。国际上解决停车难问题的经验表明，能够反映市场供求关系的停车价格更有效，可以更大地发挥价格调控作用，同时促进停车产业的市场化发展。

停车成本与停车价格的关系。综合大中城市的情况，停车成本与停车价格不存在显著的正相关关系，而中等城市存在显著的负相关关系，路径系数为-0.493，根据经济学理论，停车成本越高，停车价格也应该越高，停车价格应该反映停车成本。出现相反情况的原因，是中等城市停车需求不高，停车市场竞争激烈，且有大量免费路边停车；实证结果体现停车设施的准公共物品属性，一方面停车价格要体现路外停车设施运营者的利益，另一方面还要实现社会效益的最大化原则，考虑居民的承受能力。同时，停车成本与停车价格存在显著负相关关系，还说明中等城市政府对停车价格的管制（城市停车价格一般包括政府定价，政府指导价，市场价），以及路边免费停车政策的实施。这也从另一个侧面表明在中等城市实施停车产业化还存在许多障碍，如需求不足、供给充足、政府定价等，即使鼓励民间投资，也只会因亏损导致其退出市场。所以说，在中等城市实施停车产业化政策，鼓励民间资本投资停车设施的条件尚不成熟，需要政府进行必要的配套改革。

停车难度与停车价格的关系。大城市的停车难度与停车价格存在显著正相关关系，中等城市的停车难度与停车价格存在不显著的负相关关系。从供求关系来说，停车越难，停车价格应该越高，但实证研究的结果并非如此，中等城市的路径系数为 -0.198，表现为停车难度越大，停车价格越低，这符合中等城市的特点，因为在中等城市，人们可供选择的出行方式很多，而且可供选择的停车场也很多，因此如果个别停车场因为停车困难，这些停车者可能会选择停车更加便利的替代停车场进行停车，反而会导致该停车场停车不足，进而降低价格。这也是中等城市停车的一大特点。

③停车需求者。价格承受力与停车需求水平的关系。综合大中城市的情况，价格承受力与停车需求水平之间存在显著的正相关关系。居民价格承受力越高，停车需求水平越高，中等城市的路径系数为 0.690。所以制定停车价格时居民价格承受力这个因素不可忽视，合理的停车价格可以有效地降低停车需求，缓解交通拥堵。

停车时长与停车难度的关系。对大城市而言，停车时长与停车难度之间存在显著的正相关关系，即停车者的停车时间越长，所在区域停车难度越大；而对于中等城市而言，停车时长与停车难度不存在正相关关系，而存在显著的负相关关系，中等城市路径系数为 -1.284，即停车时长越长，所在区域的停车难度越小，这对于中等城市来讲，或许是符合实际的，因为停车时间越长，虽然会降低停车场周转率，降低停车场的供应能力，但是因为停车位供应充足，仍不会加大寻找停车位的难度，不会造成停车困难，而且停车时间长，不会给疏通停车秩序造成障碍，因而，产生停车时长长停车难度反而降低的现象。

④停车制度。停车管理水平与政策完备程度的关系。综合大中城市的情况，停车管理水平越高，停车政策完备程度越高，中等城市的路径系数为1.000。研究表明，越重视停车管理的城市，制定的政策法规越全面，城市停车政策法规越完善。

政策完备程度与停车供给水平的关系。综合大中城市的情况，政策法规越完备，停车供给的水平越高，中等城市的路径系数为1.000。研究表明，制定完善的停车政策法规可以增加停车供给的数量，停车政策、法规越完备，越能吸引更多的民间资本投资于停车产业，加快停车产业化的发展，因此尽快制定停车场建设用地政策、投资鼓励政策、税收减免政策等，可以进一步实现城市停车行业市场化、产业化运作，增加停车供给[137]。

（2）关于停车政策有效性的讨论。

根据以上分析，停车政策有效性的实证分析结果见表5－14。

表5－14　停车政策有效性实证分析结果

政策	政策目标	政策有效性	
		大城市	中等城市
公交优先，提高公交水平	减少长时停车数量	有效果	短期无效，长期有效
	改变出行方式，减少停车需求	有一定效果，但不显著	短期无效，长期有效
增加交通供给，扩大路网容量	满足交通需求，解决停车难	无效果	无效果
增加停车供给	满足停车需求，解决停车难	效果不显著	效果不显著
提高停车价格	抑制停车需求	效果显著	效果显著
	增加停车供给	效果不太显著	效果显著
市场定价	抑制停车需求，增加停车供给	效果显著	效果显著
	提高停车价格，体现停车成本	效果显著	效果不太显著
完善停车法规	增加停车供给	效果显著	效果显著

5.4.2.6　研究结论

①影响停车价格的主要因素是停车需求和停车供给，尤其是停车需求，

停车需求比停车供给缺乏弹性；提高停车价格能够增加停车供给，同时抑制停车需求，尤其对增加停车供给更为有效；要想抑制停车需求，必须大幅提高停车价格；放松对停车市场的价格管制，实行市场竞争价格，对于停车资源缺乏的大城市来讲，在抑制停车需求和增加停车供给方面效果显著，而对于中等城市来讲，由于停车行业竞争激烈和需求的不足，会导致竞争价格偏低，供给不足。②增加交通供给就会陷入“当斯悖论”，诱发更高的交通需求，终不能满足交通需求；增加停车供给将会诱发新的停车需求，并会导致恶性循环，控制停车需求是解决停车问题的根本所在。③公交优先政策作为城市交通发展的战略目标，对于人们改变出行方式，减少停车需求具有一定效果，这就需要政府加强出行方式和出行习惯方面的教育，使“公交优先”的交通发展理念深入人心。④政府对于停车供给的政策扶持会有力地促进停车产业的发展，增加停车供给，合理配置停车资源，实现停车供需的动态平衡。

5.5　停车价格变动对社会公平的影响

停车费用构成交通运输业的成本，停车需求包括家用小汽车停车需求、货运停车需求以及客运停车需求。停车需求是刚性需求，而且三种需求的刚性特征亦有所不同，货运需求和客运需求较家用小汽车的停车需求刚性更大，也就是说必须大幅提高停车价格才能有效控制停车需求。对家用小汽车收费构成了其出行成本，且不能转嫁，因此能够有效控制家用小汽车的出行行为；而对于货运来说，停车收费虽然也构成了其运输成本，但它可以通过向前转嫁的方式，将停车费用向前转嫁给运输客户，相对于运输客户来讲，由于运输行业具有更强的市场势力，因此可以将大部分停车成本转嫁出去；对于客运来说，由于政府对客运价格实行管制，因此客运价格不能随市场自由决定，因此其不具备将停车成本转嫁给乘客的机会[138]。停车收费相当于对交通运输造成的外部性征收的庇古税，对于家用小汽车来讲是公平的，因为它遵循了用者付费的原则，而对于货运来讲，问题就变得复杂了，会造成不公平，因为它直接加重了运输客户的负担，除此之外，停车收费还通过价格波及效应间接影响消费者价格指数和价格总指数，通过价格波及效应，间接增加民众的负担，而这种负担普通民众并不能将其转嫁出去，造成更大的社会不公平，因此有必要研究停车收费对社会公平的影响。对于货运、客运和家用小汽车停车收费的可转嫁性分析及政府政策见表5-15。

表5-15　停车收费转嫁的可能性及政府政策

停车需求方	货物性质或汽车类型	可转嫁性	转嫁方向	影响转嫁因素	收费策略
货运	生产要素	可转嫁	向前转嫁给厂商，厂商再向前转嫁给消费者	1. 运输市场的竞争性，即运输市场的需求弹性较小 2. 运输市场虽竞争激烈，但仍有很强的市场势力 3. 二次转嫁过程，向前转嫁的幅度较大	1. 交通运输业是基础产业 2. 收费的最终归宿主要是消费者，影响社会公平 3. 应免费或少收费，避免转嫁导致的公平问题
	最终产品	可转嫁	向前转嫁给批发或零售商，批发或零售商再向前转嫁给消费者	1. 运输市场的竞争性，即运输市场的需求弹性较小 2. 运输市场虽竞争激烈，但仍有很强的市场势力 3. 一次转嫁过程，向前转嫁的幅度更大	1. 交通运输业是基础产业 2. 收费的最终归宿是基本消费者，影响社会公平 3. 应免费或少收费，避免转嫁导致的公平问题
家用小汽车		不可转嫁	—	1. 停车需求弹性较大 2. 无转嫁对象	1. 控制小汽车的出行，治理交通拥堵 2. 应多收费，提高停车价格

续表

停车需求方	货物性质或汽车类型	可转嫁性	转嫁方向	影响转嫁因素	收费策略
客运	出租车	不可转嫁	—	1. 停车需求弹性较较小 2. 价格管制	1. 价格管制，收费构成出租车成本，利润空间变小，损害出租车利益 2. 应免费
	一般客车	不可转嫁	—	1. 停车需求弹性较小 2. 价格管制	1. 价格管制，收费构成客车成本，利润空间变小，损害客车利益 2. 应免费
	公共汽车	不可转嫁	—	1. 停车需求弹性较小 2. 价格管制	1. 进入管制、价格管制、政府补贴，收费无多大政策意义 2. 应免费

5.5.1　停车价格变动的价格波及效应

上述分析是对于停车收费可转嫁性的规范分析，停车收费转嫁的实质是价格波及效应，并通过这种波及效应最终影响到消费领域，并触发社会公平问题。价格波及效应是指某一产业或某些产业的产品价格的变动对其他产业产品价格变化所造成的直接影响和间接影响。由于国民经济各产业间、产业部门间存在相互联系、相互影响和相互制约的关系，因此，某产业部门中的产品价格发生变化，必然会引起与之有直接关联效应的产业部门产品价格的变动。这些产业部门产品价格的变化，又会引起与之有直接关联效应的产业部门产品价格的变动。如此持续关联下去，最终会引起全部产业部门产品价格的变动。这种意义下的产品价格波及效果分析，就是分析某一个产业部门产品价格的变动会对其他产业部门产品价格产生直接和间接影响的程度。此外，价格波及效应分析还可以是指某个或某些产业的工资、利润、折旧、税费等因素的变动对与之直接关联的产业部门产品价格变动所产生的直接影响。这些产品价格的变动，又会由于产品价格波及效应，最终会引起全部产业部门产品价格的变动。这种意义下的产品价格波及效应分析，就是分析某个或某些产业的工资、利润、折旧、税费等因素的变动对其他产业部门产品价格变动所产生的全部影响。运用投入产出法进行价格波及效应分析，使价格波及效应从逻辑理论变为可测度的现实。

由于停车数据的缺乏，因此研究停车收费对社会公平（用消费者价格指数和价格总指数两个指标来测度）的影响只能通过交通运输业价格上涨及其与其他产业价格上涨所导致的结果进行比较，粗略认识停车价格的上涨所造成的社会不公平。

本节主要研究停车价格变动的价格波及效应，由于停车收费统计数据的不足，加之停车收费构成交通运输业的成本，停车价格的上涨的价格波及效应通过交通运输业的价格上涨来体现，并通过交通运输业这一传导媒介，波及其他产业，进而影响价格指数的变动。因此，本节对于停车价格上涨的波及效应是通过估计交通运输业的价格波及效应来进行的。同时为便于比较，也顺便对其他产业价格变动的波及效应进行了分析。

5.5.2 停车价格变动波及效应的定量分析

5.5.2.1 投入产出价格关联模型

（1）一个部门产品价格变动的价格关联模型。

设第 n 部门产品的价格改变了 ΔP_n，则引起其他 $n-1$ 个部门产品价格变化的模型为[139]：

$$\begin{bmatrix} \Delta P_1 \\ \Delta P_2 \\ \vdots \\ \Delta P_{n-1} \end{bmatrix} = \left[\left(I_{n-1} - A_{n-1} \right)^{-1} \right]^T \begin{bmatrix} a_{n1} \\ a_{n2} \\ \vdots \\ a_{n,n-1} \end{bmatrix} \Delta P_n \tag{5-4}$$

式（5－4）表明，由于第 n 部门产品价格变动了 ΔP_n，而引起其他 $n-1$ 个部门产品价格受到的全部影响 $(\Delta P_1, \Delta P_2, \cdots, \Delta P_n)^T$ 等于直接影响 $(a_{n1}, a_{n1}, \cdots, a_{n1})^T \Delta P_n$ 左乘 $n-1$ 阶列昂惕夫逆矩阵的转置矩阵，反映了对其他 $n-1$ 部门产品价格的完全影响。式（5－4）也可以表示为：

$$\begin{bmatrix} \Delta P_1 \\ \Delta P_2 \\ \vdots \\ \Delta P_{n-1} \end{bmatrix} = \begin{bmatrix} \bar{b}_{n1}/\bar{b}_{nn} \\ \bar{b}_{n2}/\bar{b}_{nn} \\ \vdots \\ \bar{b}_{n,n-1}/\bar{b}_{nn} \end{bmatrix} \Delta P_n \tag{5-5}$$

其中，$\bar{b}_{ij}$ 表示列昂惕夫逆阵中第 i 行第 j 列的元素。

（2）k 个部门产品价格变动的价格关联模型。

将部门价格变动扩展到 K 个部门的情形。首先，用分块矩阵来区分价格变动部门与其他部门，令：

$$\Delta P = \begin{pmatrix} \Delta P_1 \\ \Delta P_2 \end{pmatrix} \tag{5-6}$$

$$\Delta P_1 = \begin{pmatrix} \Delta P_1 \\ \Delta P_2 \\ \vdots \\ \Delta P_{n-k} \end{pmatrix}, \Delta P_2 = \begin{pmatrix} \Delta P_{n-k+1} \\ \Delta P_{n-k+2} \\ \vdots \\ \Delta P_n \end{pmatrix} \tag{5-7}$$

其中，$\Delta P_1, \cdots, \Delta P_{n-k}$ 表示（$n-k$）个部门（产品）受到价格变动影响后的价格变化量；$\Delta P_{n-k+1}, \cdots, \Delta P_n$ 表示 k 种价格变动部门（产品）的价格变化量。则价格关联模型为：

$$\begin{pmatrix} \Delta P_1 \\ \Delta P_2 \\ \vdots \\ \Delta P_{n-k} \end{pmatrix} = [(I-A_{11})^{-1}]^T \begin{pmatrix} a_{n-k+1,1} & \cdots & a_{n,1} \\ \vdots & \ddots & \vdots \\ a_{n-k+1,n-k} & \cdots & a_{n,n-k} \end{pmatrix} \begin{pmatrix} \Delta P_{n-k+1} \\ \Delta P_{n-k+2} \\ \vdots \\ \Delta P_n \end{pmatrix} \tag{5-8}$$

式（5－8）即为 K 个部门价格同时变动对其他部门的价格影响公式。

（3）n 个部门产品价格变动的价格关联模型。

当 n 个部门产品价格都发生变动时，有如下部门产品价格关联模型[139]：

$$\begin{pmatrix} \Delta P_1^* \\ \Delta P_2^* \\ \vdots \\ \Delta P_n^* \end{pmatrix} = \begin{pmatrix} \dfrac{\bar{b}_{11}}{\bar{b}_{11}} & \dfrac{\bar{b}_{21}}{\bar{b}_{22}} & \cdots & \dfrac{\bar{b}_{n1}}{\bar{b}_{nn}} \\ \dfrac{\bar{b}_{12}}{\bar{b}_{11}} & \dfrac{\bar{b}_{22}}{\bar{b}_{22}} & \cdots & \dfrac{\bar{b}_{n2}}{\bar{b}_{nn}} \\ \vdots & \vdots & \ddots & \vdots \\ \dfrac{\bar{b}_{1n}}{\bar{b}_{11}} & \dfrac{\bar{b}_{2n}}{\bar{b}_{11}} & \cdots & \dfrac{\bar{b}_{nn}}{\bar{b}_{nn}} \end{pmatrix} \begin{pmatrix} \Delta P_1 \\ \Delta P_2 \\ \vdots \\ \Delta P_n \end{pmatrix} \tag{5-9}$$

其中，$\Delta P_1^*, \Delta P_2^*, \cdots, \Delta P_n^*$ 是当 n 个部门产品价格分别变动 ΔP_1，$\Delta P_2, \cdots, \Delta P_n$ 时，引起 n 个部门产品价格相应的改变量。

（4）价格指数对部门产品价格变动的敏感性。

某种或某几种商品价格的变动，以及由此而产生的价格关联效应，会引起价格总指数和消费品价格指数的变化，反映了价格指数对价格变动部门价格变动的敏感性。利用投入产出模型，可以计算出上述两个价格指数的变化幅度。其计算公式[140]132为：

$$\pi = \frac{\Delta P^T X}{i^T X} = \frac{(\Delta P_1, \Delta P_2, \cdots, \Delta P_n)\begin{pmatrix} X_1 \\ X_2 \\ \vdots \\ X_n \end{pmatrix}}{(1, 1, \cdots, 1)\begin{pmatrix} X_1 \\ X_2 \\ \vdots \\ X_n \end{pmatrix}} \tag{5-10}$$

$$\pi_c = \frac{\Delta P^T Y_C}{i^T Y_C} = \frac{(\Delta P_1, \Delta P_2, \cdots, \Delta P_n)\begin{pmatrix} Y_{C1} \\ Y_{C2} \\ \vdots \\ Y_{Cn} \end{pmatrix}}{(1,1,\cdots,1)\begin{pmatrix} Y_{C1} \\ Y_{C2} \\ \vdots \\ Y_{Cn} \end{pmatrix}} \tag{5-11}$$

其中，π 为价格总指数变化率；π_c 为消费品价格指数变化率；ΔP^T 为由各种商品价格指数变化率所组成的行向量；X 为计划期各种商品的总产出列向量；Y_c 为计划期最终产品中的总消费列向量；$i^T = (1,1,\cdots,1)$ 为由 n 个 1 组成的行向量。

5.5.2.2　定量测度

为了分析价格变动的关联效应，选择中国 2017 年 42 部门投入产出数据作为分析对象，进行分析。其中 42 个部门及数字代码在第 3 章中已进行了说明，这里不再赘述。

（1）42 部门产品价格分别变动的价格关联效应。

①42 部门产品价格分别变动的价格平均关联效应。根据式（5－4）和式（5－5），对中国 2017 年投入产出表数据进行计算，分别让各部门价格变动（上涨）10%，得到其他部门价格关联效应变动的幅度，然后把其他部门的价格关联效应变动幅度求平均值，并按价格波及效应（平均幅度）大小从高到低排序。其中平均值越大，说明该部门引起的价格关联总效应越大。计算结果如表 5－16 所示。

表 5－16　各部门价格单独变动 10%导致的价格平均关联效应的排序　　单位：%

提价部门代码	平均涨幅	提价部门代码	平均涨幅	提价部门代码	平均涨幅
12	1.3801	19	0.5867	9	0.3585
14	1.2594	10	0.5496	36	0.3416

续表

提价部门代码	平均涨幅	提价部门代码	平均涨幅	提价部门代码	平均涨幅
3	1.0474	4	0.5435	5	0.3345
23	1.0272	17	0.5417	21	0.3149
11	0.9607	31	0.5315	41	0.2970
1	0.9474	34	0.5212	26	0.2928
27	0.9235	13	0.4930	35	0.2809
16	0.8130	7	0.4833	40	0.2762
32	0.7282	22	0.4200	37	0.2745
30	0.7166	20	0.4040	39	0.2729
18	0.6760	29	0.3922	25	0.2723
6	0.6558	38	0.3848	24	0.2680
2	0.6128	8	0.3708	28	0.2575
15	0.5968	33	0.3701	42	0.2429

从表5－16可以看出，其中，化学工业，金属冶炼及压延加工业，石油和天然气开采业，电力及热力的生产和供应业，石油加工、炼焦及核燃料加工业，农林牧渔业，交通运输及仓储业，通用、专用设备制造业，金融业，批发和零售业等10个产业部门价格单独上涨10%，导致所有其他部门价格平均变动幅度分别为1.3801%、1.2594%、1.0474%、1.0272%、0.9607%、0.9474%、0.9235%、0.8130%、0.7282%、0.7166%。其中，交通运输业列第7位，说明其提价所导致的价格波及效应比较大。以上是价格单独变动导致价格关联效应最大的10个部门，这10个部门要么属于上游产业，要么用途广泛，要么前向关联产业多、使用量大、产业链长，所以价格关联效应比较大。另外，公共管理和社会组织，邮政业，燃气生产和供应业，水的生产和供应业，教育、水利、环境和公共设施管理业等6个产业部门价格单独上涨10%，导致所有其他部门价格平均变动幅度分别为0.2429%、0.2575%、0.26805、0.2723%、0.2729%、0.2745%。而且这是价格单独变动导致价格关联效应最小的6个部门，虽然其也与人们生活关系密切，但因消费量相对较小，而且产业链较短，所以价格波及效应较小。其中交通运输业是基础设施产业，其导致所有其他部门价格平均

变动幅度较大，位列 42 个产业中第 7，为 0.9235%。为了更清晰地显示以上结果，绘制图 5-4。

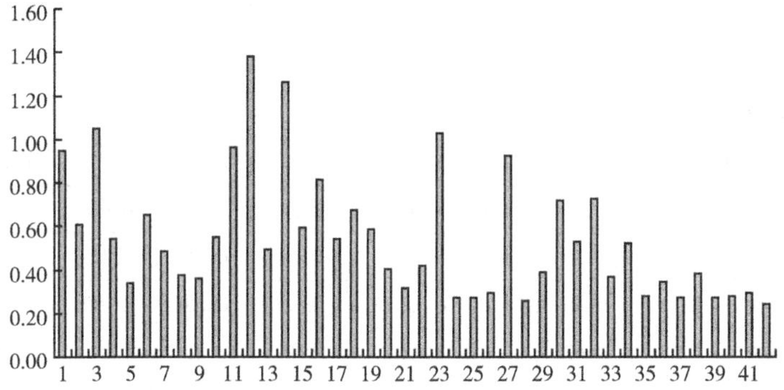

图 5-4　各部门价格单独变动 10%导致的价格平均关联效应

②价格平均关联效应最大的 10 个部门价格变动的关联效应。前面讨论的是价格平均关联效应，是从平均值的角度看哪个产业价格关联效应大，但上述分析并不能具体详细地展示每一产业价格变动对每一个其他产业价格的关联效应，因此有必要进行进一步的具体分析。需计算出每一部门价格变动导致的其他部门价格变动的幅度的列向量。表 5-17 是依据前面价格平均关联效应排名，分别列出第 12、第 14、第 3、第 23、第 11、第 1、第 27、第 16、第 32、第 30 等平均价格提高最多的 10 个部门提价 10%后导致的各部门价格变动的详细结果。

表 5-17　价格关联效应最大的 10 个部门提价后的具体价格关联效应　　单位：%

部门	12	14	3	23	11	1	27	16	32	30
1	1.10	0.22	0.29	0.34	0.38	10.00	0.40	0.22	0.25	0.33
2	0.65	1.23	0.48	1.07	0.65	0.32	0.88	0.95	0.50	0.37
3	0.61	1.04	10.00	1.03	0.74	0.18	0.46	0.84	0.34	0.29
4	1.00	1.02	1.01	1.93	1.25	0.28	0.92	1.15	0.48	0.41
5	1.56	0.79	0.90	1.17	1.04	0.31	1.06	0.95	0.47	0.42
6	1.08	0.32	0.35	0.46	0.45	4.85	0.67	0.26	0.36	0.54
7	2.46	0.46	0.55	0.84	0.65	2.70	0.68	0.49	0.53	0.53
8	1.93	0.44	0.50	0.63	0.61	2.00	0.72	0.42	0.48	0.54

续表

部门	12	14	3	23	11	1	27	16	32	30
9	1.83	0.92	0.53	0.81	0.67	2.06	0.84	0.54	0.49	0.57
10	2.42	0.78	0.57	0.84	0.69	0.97	0.74	0.53	0.49	0.59
11	0.71	0.88	6.15	1.02	10.00	0.22	0.68	0.81	0.40	0.42
12	10.00	0.78	1.41	1.27	1.54	0.83	0.84	0.65	0.55	0.55
13	1.48	1.04	0.81	1.32	1.00	0.34	0.95	0.79	0.62	0.54
14	0.78	10.00	0.96	1.45	1.30	0.25	0.81	0.98	0.53	0.52
15	1.08	4.53	0.74	1.38	0.97	0.33	0.80	1.12	0.49	0.60
16	1.10	3.51	0.66	1.04	0.87	0.30	0.82	10.00	0.49	0.66
17	1.48	2.77	0.62	0.89	0.79	0.36	0.80	1.81	0.48	0.81
18	1.70	4.04	0.72	1.03	0.94	0.35	0.85	1.13	0.55	0.70
19	1.86	1.51	0.56	0.81	0.69	0.35	0.76	0.66	0.79	0.91
20	2.09	1.62	0.60	0.82	0.74	0.39	0.78	0.83	0.55	0.76
21	1.82	1.73	0.58	0.84	0.74	1.76	0.74	0.50	0.47	0.56
22	0.30	0.17	0.09	0.13	0.11	0.05	0.12	0.06	0.08	0.08
23	0.59	0.88	0.84	10.00	1.00	0.23	0.58	0.59	0.81	0.37
24	0.61	0.88	5.52	0.91	0.82	0.23	0.67	0.71	0.56	0.41
25	0.91	0.58	0.46	2.28	0.54	0.25	0.41	0.42	0.85	0.28
26	1.19	2.45	0.76	0.96	1.04	0.38	1.34	0.87	0.52	0.62
27	0.58	0.62	1.42	0.52	2.20	0.36	10.00	0.59	0.74	0.36
28	0.52	0.60	0.55	0.47	0.81	0.23	1.31	0.45	0.37	0.84
29	0.52	0.58	0.24	0.48	0.31	0.20	0.45	0.31	0.37	0.49
30	0.48	0.33	0.30	0.37	0.43	0.28	1.09	0.23	0.61	10.00
31	0.72	0.30	0.33	0.55	0.39	2.76	0.51	0.22	0.43	0.56
32	0.29	0.19	0.18	0.24	0.25	0.23	0.37	0.14	10.00	0.17
33	0.27	0.20	0.15	0.15	0.21	0.11	0.15	0.11	0.32	0.11
34	1.18	0.91	0.58	0.59	0.81	0.59	0.87	0.49	0.76	0.58
35	1.58	0.77	0.46	0.65	0.58	0.76	0.65	0.48	0.35	0.49
36	0.72	0.69	0.40	0.40	0.56	0.32	0.67	0.36	0.53	0.35
37	1.02	0.60	0.48	0.56	0.66	0.78	0.45	0.45	0.60	0.35
38	1.47	0.62	0.48	0.53	0.64	0.57	0.54	0.37	0.50	0.47
39	0.64	0.39	0.33	0.58	0.45	0.42	0.56	0.26	0.57	0.33

续表

部门	12	14	3	23	11	1	27	16	32	30
40	3.93	0.68	0.70	0.82	0.81	0.59	0.59	0.86	0.42	0.74
41	1.09	0.43	0.38	0.49	0.49	0.84	0.63	0.30	0.48	0.52
42	0.62	0.37	0.38	0.45	0.54	0.46	0.60	0.26	0.40	0.34

表 5－17 中，宾项，即列向表示提价部门，其中第 12、第 14、第 3、第 23、第 11、第 1、第 27、第 16、第 32、第 30 分别表示提价部门代码；主项，即横向第 1～42 分别表示受价格波及效应的部门的代码。42 个部门总平均涨幅为 0.548%。从表 5－17 中看出，受交通运输业（27）价格影响在平均值 0.9235% 以上的有 6 个部门，其中影响较大的有：建筑业 1.34%；邮政业 1.31%；批发和零售业 1.09%；非金属矿和其他矿采选业 1.06%；非金属矿物制品业 0.95%；金属矿采选业 0.92%。其中，交通运输业对涉及人们基本生活需要的衣食住行影响也较大，如农林牧渔业，纺织业，纺织服装鞋帽皮革羽绒及其制造业，燃气生产和供应业，电力、热力生产和供应业，建筑业，批发和零售业，教育等产业。受化学工业（12）价格影响在其平均值 1.3801% 以上的有 13 个部门，其中影响较大的有：卫生、社会保障和社会福利业 3.93%；纺织业 2.46%；造纸印刷及文教体育用品制造业 2.42%；仪器仪表及文化办公用机械制造业 2.09%；纺织服装鞋帽皮革羽绒及其制品业 1.93%；通信设备、计算机及其他电子设备制造业 1.86%；木材加工及家具制造业 1.83%；工艺品及其他制造业 1.82%；研究与试验发展业 1.58%；非金属矿及其他矿采选业 1.56%；非金属矿物制品业和交通运输设备制造业 1.48% 等。由此可以看出，化学工业价格变动关联面广，波及幅度大。受金属冶炼及压延加工业（14）价格影响在其平均值 1.2594% 以上的有 8 个部门，其中最大的是金属制品业 4.53%。受石油和天然气开采业（3）价格影响在其平均值 1.0474% 以上的有 3 个部门，其中最大的是石油加工、炼焦及核燃料加工业 6.15%。受电力、热力的生产和供应业（23）价格影响在其平均值 1.0272% 以上的有 11 个部门，其中最大的是水的生产和供应业 2.28%。受石油加工、炼焦及核燃料加工业（11）价格影响最大的是交通运输及仓储业 2.20%。受农林

牧渔业（1）价格影响最大的是食品制造及烟草加工业、纺织业、纺织服装鞋帽皮革羽绒及其制品业、木材加工及家具制造业，分别为 4. 85%、2. 70%、2. 00%、2. 06%。受通用、专用设备制造业（16）价格影响最大的是交通运输设备制造业 1. 81%。金融业（32）和批发和零售业（30）影响力比较分散。

③42 部门产品价格分别变动的价格关联效应的复杂网络可视化分析。为了从整体上认识 42 个部门之间的价格关联效应，将计算的价格关联矩阵的对角线上的自我影响全部改为 0，然后计算新的矩阵中所有值的平均数为 0. 3176。将该矩阵进行二值化处理，凡是大于 0. 3176，表示关联效应显著，取值为 1；凡是小于 0. 3176，表示关联效应不显著，取值为 0，得到邻接矩阵，然后用 UCINET 中的 netdraw 绘制无权有向关联图，如图 5 - 5 所示。

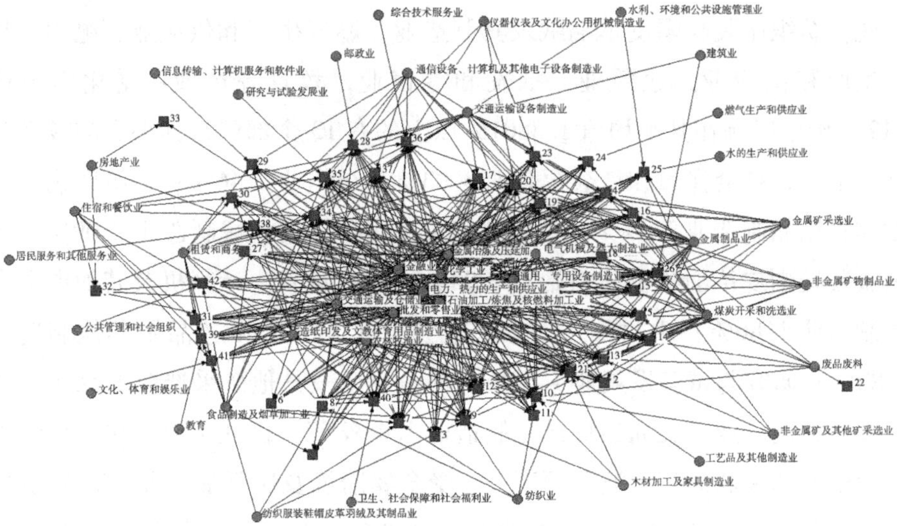

图 5 - 5　价格关联效应的无权有向关联网络

图 5 - 5 中，●表示价格变动部门，■表示价格关联部门。从图 5 - 5 可以看出，中间区域●部门是对其他部门■价格影响比较广泛的部门，从它们发出的有向边比较多，这些部门包括：交通运输业，化学工业，金属冶炼及压延加工业，石油和天然气开采业，电力及热力的生产和供应业，

石油加工、炼焦及核燃料加工业，农林牧渔业，通用、专用设备制造业，金融业，批发和零售业，造纸印刷及文教体育用品制造业，电气机械及器材制造业；边缘区域●部门是对其他部门■价格影响不广泛的部门，从它们发出的有向边比较少，这些部门包括：工艺品及其他制造业，燃气生产和供应业，水的生产和供应，邮政业，研究与试验发展业，综合技术服务业，水利、环境和公共设施管理业，居民服务和其他服务业，教育、卫生、社会保障和社会福利业，文化、体育和娱乐业，公共管理和社会组织。同理，中间区域的■部门是受到波及部门最多的部门，如通信设备、计算机及其他电子设备制造业（19），仪器仪表及文化办公用机械制造业（20）等。边缘区域的■部门是受到波及部门最少的部门，如废品废料（22），电力、热力的生产和供应业（23）。以上分析表明，交通运输业对其他部门的价格波及效应比较广泛，而且影响较为深远。

以上分析，说明了部门价格影响和被影响的范围。以下通过2-模数据的中心性指标：出度中心度和入度中心度，来反映影响和被影响的范围。出度中心度和入度中心度越大，表明影响和受影响范围越广泛。从出度中心度来看，交通运输业为0.810，位列第3，表明其对于其他部门的影响较广泛，如表5-18所示。

表5-18 各部门的中心性分析

部门	出度中心度	部门	出度中心度	部门	入度中心度	部门	入度中心度
农林牧渔业	0.357	废品废料	0.071	1	0.071	22	0.024
煤炭开采和洗选业	0.214	电力、热力的生产和供应业	0.738	2	0.190	23	0.238
石油和天然气开采业	0.571	燃气生产和供应业	0.024	3	0.143	24	0.238
金属矿采选业	0.167	水的生产和供应业	0.024	4	0.238	25	0.167
非金属矿及其他矿采选业	0.048	建筑业	0.024	5	0.214	26	0.333

续表

部门	出度中心度	部门	出度中心度	部门	入度中心度	部门	入度中心度
食品制造及烟草加工业	0.190	交通运输及仓储业	0.810	6	0.119	27	0.214
纺织业	0.071	邮政业	0.024	7	0.238	28	0.190
纺织服装鞋帽皮革羽绒及其制品业	0.024	信息传输、计算机服务和软件业	0.024	8	0.214	29	0.119
木材加工及家具制造业	0.024	批发和零售业	0.524	9	0.262	30	0.095
造纸印刷及文教体育用品制造业	0.119	住宿和餐饮业	0.143	10	0.262	31	0.167
石油加工、炼焦及核燃料加工业	0.762	金融业	0.452	11	0.190	32	0.048
化学工业	0.905	房地产业	0.024	12	0.262	33	0.024
非金属矿物制品业	0.095	租赁和商务服务业	0.071	13	0.310	34	0.405
金属冶炼及压延加工业	0.714	研究与试验发展业	0.024	14	0.286	35	0.238
金属制品业	0.262	综合技术服务业	0.024	15	0.262	36	0.214
通用、专用设备制造业	0.500	水利、环境和公共设施管理业	0.048	16	0.286	37	0.167
交通运输设备制造业	0.119	居民服务和其他服务业	0.024	17	0.286	38	0.214
电气机械及器材制造业	0.286	教育	0.024	18	0.310	39	0.167

续表

部门	出度中心度	部门	出度中心度	部门	入度中心度	部门	入度中心度
通信设备、计算机及其他电子设备制造业	0.214	卫生、社会保障和社会福利业	0.024	19	0.286	40	0.238
仪器仪表及文化办公用机械制造业	0.048	文化、体育和娱乐业	0.024	20	0.333	41	0.190
工艺品及其他制造业	0.024	公共管理和社会组织	0.024	21	0.286	42	0.143

为了更加直观地展示影响和被影响的范围和程度。根据 2 – 模数据绘制中心性图，如图 5 – 6 所示。图中●越大，表示该部门对其他部门影响越广泛，影响程度越大；反之则相反。■越大，表示该部门受其他部门影响越广泛，受影响程度越大；反之则相反。交通运输业，化学工业，金属冶炼及压延加工业，石油和天然气开采业，电力及热力的生产和供应业，石油加工、炼焦及核燃料加工业，通用、专用设备制造业，金融业，批发和零售业等对其他产业价格影响范围大程度高。工艺品及其他制造业，燃气生产和供应业，水的生产和供应，邮政业，研究与试验发展业，综合技术服务业，水利、环境和公共设施管理业，居民服务和其他服务业，教育、卫生、社会保障和社会福利业，文化、体育和娱乐业，公共管理和社会组织等对其他产业价格影响范围小程度低。通信设备、计算机及其他电子设备制造业（19），仪器仪表及文化办公用机械制造业（20）等受到影响范围大程度高。废品废料（22），电力、热力的生产和供应业（23）等受到影响范围小，程度低。

（2）价格指数对部门产品价格变动的敏感性分析。

停车收费是关系到广大拥车者利益的重要政策，同时由于其全部和部分的可转嫁性，停车收费会波及其他行业的产品价格，进而影响国计民生。为了更好地使用停车价格调控停车供求，同时又要确保对停车价格调整不至于引发物价上涨，触发社会公平问题，引起重新分配问题。因此，有必

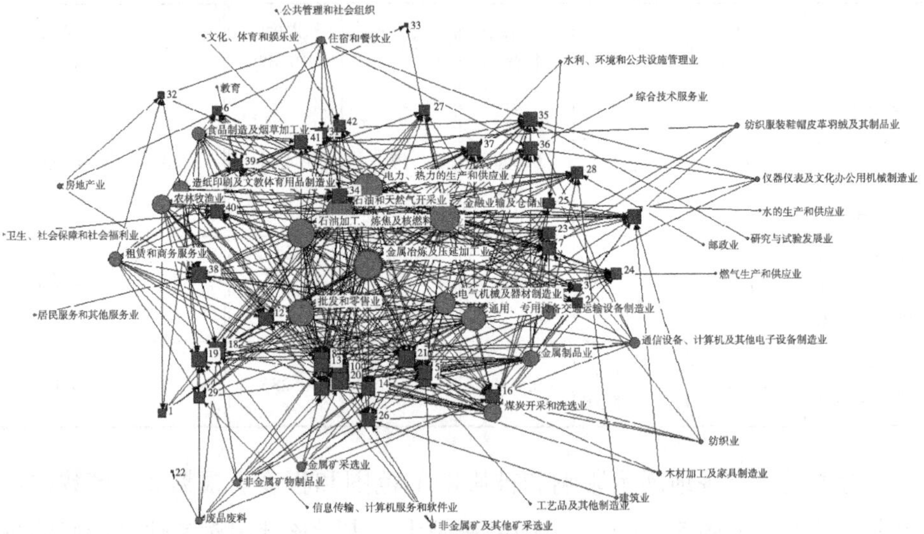

图 5-6　各部门价格关联效应的关联网络中心性分析

要测算交通运输业及其他产业部门价格调整导致的价格总指数和消费品价格指数的变化。

根据式（5-10）和式（5-11），利用中国 2017 年投入产出表数据，计算得到各部门产品价格分别变动（提高）10%对价格总指数和消费价格指数影响的测算结果，其结果如表 5-19 所示。

表 5-19　42 个部门产品价格分别变动对价格总指数和消费价格指数的影响

单位：%

调价 10%的部门	对价格总指数的影响	对消费品价格指数的影响	调价 10%的部门	对价格总指数的影响	对消费品价格指数的影响
1	1.3735	2.0115	8	0.3424	0.5463
2	0.5549	0.2641	9	0.2503	0.1687
3	0.9284	0.4970	10	0.4698	0.4074
4	0.5375	0.1476	11	1.0980	0.6441
5	0.1809	0.0653	12	1.8353	1.3082
6	0.9258	1.7963	13	0.6472	0.1924
7	0.5196	0.3336	14	1.9183	0.5818

续表

调价10%的部门	对价格总指数的影响	对消费品价格指数的影响	调价10%的部门	对价格总指数的影响	对消费品价格指数的影响
15	0.6078	0.2625	29	0.2919	0.3921
16	1.0982	0.4012	30	0.8612	1.0137
17	0.6823	0.4423	31	0.4492	0.7761
18	0.7878	0.4498	32	0.7438	0.7791
19	0.7673	0.3811	33	0.3000	0.7140
20	0.2157	0.1471	34	0.4306	0.4595
21	0.1567	0.1648	35	0.0677	0.0884
22	0.2854	0.1033	36	0.1703	0.1429
23	1.1956	0.7094	37	0.0516	0.1367
24	0.0456	0.0467	38	0.2494	0.4640
25	0.0487	0.0555	39	0.1895	0.9448
26	0.8002	0.1497	40	0.1750	0.8229
27	1.1165	0.8889	41	0.0974	0.1990
28	0.0275	0.0340	42	0.1980	1.1930

从表5－19可以看出，农林牧渔业，化学工业，金属冶炼及压延加工业，电力、热力的生产和供应业，交通运输及仓储业对价格总指数影响比较大。其中交通运输业对价格总指数的影响居42个产业中的第5位，为1.1165%，对消费品价格指数的影响居第6位，为0.8889%。燃气生产和供应业、水的生产和供应业、邮政业对价格总指数影响小。农林牧渔业、食品制造及烟草加工业、化学工业、公共管理和社会组织对消费价格指数影响大。燃气生产和供应业、水的生产和供应业、邮政业对消费价格指数影响小。对两个指数影响都大的是农林牧渔业和化学工业。对两个指数影响都小的是燃气生产和供应业、水的生产和供应业、邮政业。

将表5－19中的对价格总指数的影响进行平均得平均值0.5641，并将表5－19中对消费品价格指数的影响进行平均得平均值0.5078，总平均值为0.5360，以0.5360为分界点对表5－19中的数据进行二值化处理，并将二值化数据变为2－模数据，通过UCINET中的netdraw绘制无权有向中心化图5－7。图中很直观地反映出了对价格总指数和消费价格指数有显著影响的部门。

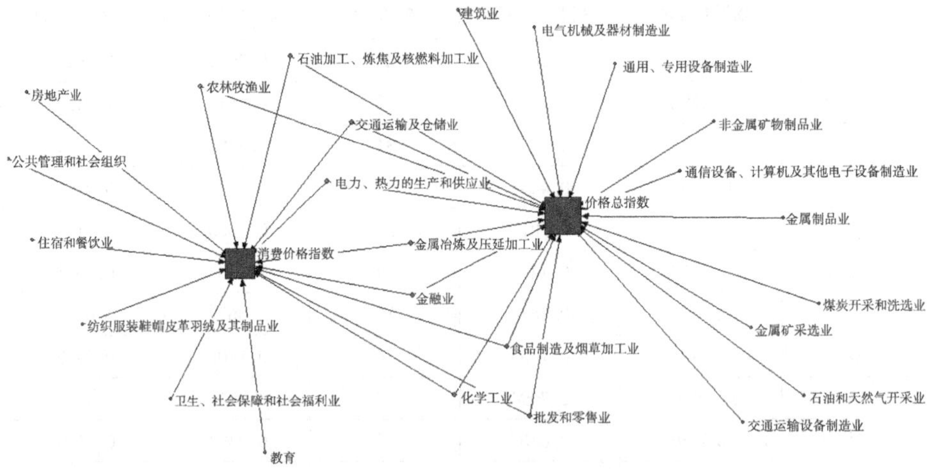

图 5-7 各部门对价格总指数和消费价格指数的影响中心性分析网络

(3) 停车收费的转嫁及对价格水平的波及效应。

以下借助上述分析，具体研究停车收费在多大程度上实现费用的转嫁以及这种转嫁对物价水平的影响程度。停车收费的转嫁如图 5-8 所示。

若向停车费可转嫁类型的车主（运输供给方）收取停车费，假设停车费为 $t=AB$，则该类车主就会将停车费部分或全部转嫁给运输客户（运输需求方）。根据经济学基本理论，收费的最终归宿由供求双方分担，各方分担的具体数量取决于供求双方的价格弹性，供求双方哪一方更缺乏弹性，哪一方就负担更多的费用。

其中，S 表示运输供给方（车主）的运输供给曲线，D 表示运输需求方（运输客户）的运输需求曲线。为了简化分析，假定运输供给曲线和运输需求曲线均为直线，分别为：$Q_s = a + bP$ 和 $Q_d = c - dP$，经计算得到：

$$P_2 = \frac{c-a+bt}{b+d}, P_0 = \frac{c-a}{b+d} \tag{5-12}$$

其中，P_0 表示不收停车费时的运输价格，P_2 表示收取停车费时的运输价格，则车主转嫁给运输需求方的停车费为：

$$Demander's\ burden = P_2 - P_0 = \frac{b}{b+d}t \tag{5-13}$$

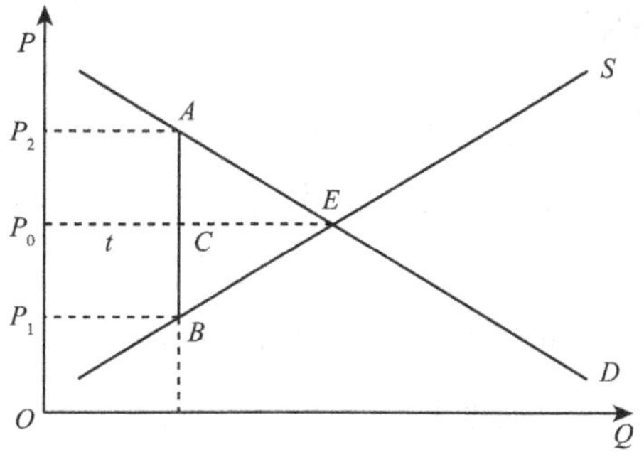

图 5－8　停车收费转嫁示意图

车主自己负担的停车费为：

$$Supplier's\ burden = \frac{dt}{b+d} \tag{5-14}$$

从式（5－13）可以看出，车主转嫁出去的停车费（运输客户承担的停车费）的数量取决于运输供给曲线和需求曲线的斜率绝对值 $1/b$ 和 $1/d$。在供给曲线给定的情况下，即 b 给定的情况下，d 越小，$1/d$ 越大，需求曲线斜率越大，车主转嫁给运输客户的停车费就会越多。两者承担的停车费比例为：$b : d$。实际中，由于运输需求方可以将运输费用轻而易举地转嫁给产品需求方，因而，其相对于运输供给方来讲更加缺乏弹性，因而由其承担的停车费用就相对较多，即停车费用转嫁出去的数量较多。

价格相对于均衡价格的上涨幅度为：

$$\frac{Demander's\ burden}{P_0} = \frac{bt}{c-a} \times 100\% \tag{5-15}$$

则由停车收费诱发社会价格水平的上涨幅度为：

$$Increasing\ rate\ of\ price = \frac{bt}{c-a} \times 10 \times \text{对价格指数的影响}(\%) \tag{5-16}$$

具体来讲，根据式（5－16）和表 5－19 的计算结果，停车收费对价格总指数和消费价格指数的影响分别为：

$$Increasing\ rate\ of\ TPI = \frac{bt}{c-a} \times 10 \times 1.1165(\%) \tag{5-17}$$

$$Increasing\ rate\ of\ CPI = \frac{bt}{c-a} \times 10 \times 0.8889(\%) \tag{5-18}$$

5.5.2.3 研究结论

(1) 价格的波及效应是由产业关联引起的，其基本的传导机制是由于中间投入价格上升，导致产业投入成本的增加，在假定技术条件和初始投入不变的条件下，促使产业产品价格上升，属于成本推动型的价格上升。

(2) 由于各产业之间的关联强度和范围不同，导致产业的价格波及效应不同。价格关联效应的强度和范围取决于以下几个要素：一是在产业链中的位置。如果产业是上游产业，则其价格波及效应就比较强，对价格指数影响比较大；如果产业是下游产业，则其价格波及效应就比较弱，对价格指数的影响比较小。二是用途的广泛性。如果产业产品用途广泛，则其价格波及效应就比较强，对价格指数影响比较大；如果产业产品用途不广泛，则其价格波及效应就比较弱，对价格指数影响比较小。三是关联的方向。是前向关联，还是后向关联，一般来讲，前向关联程度大的产业，对其前向部门的价格波及效应大。

(3) 交通运输业属于公用事业，是基础产业，在产业链中的位置靠前；而且具有用途的广泛性，基本上任何产业都离不开交通运输；由于产业位置靠前，对其他产业的前向波及效应较大。因此交通运输业的价格波及效应较大。如果交通运输业价格上涨10%，将导致所有其他部门价格平均变动幅度为0.9235%，变动较大，位列42个产业中的第7位。受交通运输业价格影响在其平均值0.9235%以上的有6个部门，其中影响较大的有：建筑业1.34%、邮政业1.31%、批发和零售业1.09%、非金属矿和其他矿采选业1.06%、非金属矿物制品业0.95%、金属矿采选业0.92%，其中建筑业和批发零售业是影响人们消费（衣食住行）的主要产业。交通运输业对价格总指数影响比较大。交通运输业对价格总指数的影响居42个产业中第5位，为1.1165%，对消费品价格指数的影响居第6位，为0.8889%。以上数据足以说明交通运输业的价格波及效应是比较大的。

(4) 由于交通运输业的价格波及效应较大，因此提高停车价格是一把"双刃剑"。一方面根据用者付费的原则，可以抑制家用小汽车出行行为，减少停车需求，并增加停车市场的停车供给，这种收费对于家庭小汽车使用者来讲，是公平公正的；另一方面，停车收费也会增加货运和客运的运输成本，并由车主将其费用向前转嫁，导致运输价格上涨，并波及整个社会经济，造成消费品价格指数和价格总指数的上涨，这种价格的波及效应的结果因广大民众不具转嫁能力而只能由其买单，增加了广大普通民众的负担。因此，应依据收费是否具有可转嫁性，对家用汽车和客货运输分别实施不同的停车收费政策，具体来讲，包括如下内容。

其一，对于货运来讲，由于停车收费具有可转嫁性，若运输货物的性质为生产要素，则停车收费可向后转嫁给生产资料的生产厂商，生产资料的生产厂商再向后转嫁给工人（消费者）；同时由于运输市场上运输需求方（厂商）对于运输的需求弹性较小，因此经过二次转嫁过程，向后转嫁的幅度较大，收费的最终归宿主要是消费者，影响社会公平。加之，交通运输业是基础产业，是具有公益性的产业，因此应免费或少收费，避免转嫁导致的公平问题。若运输货物的性质为最终产品，则停车收费可向前转嫁给批发或零售商，批发或零售商再向前转嫁给消费者，同样由于运输市场上运输需求方（厂商）对于运输的需求弹性较小，因此，经过一次转嫁过程，向前转嫁的幅度更大。加之，交通运输业是基础产业，是具有公益性的产业，因此应免费或少收费，避免转嫁导致的公平问题。

其二，对于客运来讲，由于出租车、一般客车、公共汽车不具有完全自主定价的权利，因此，停车收费具有不可转嫁性，而且车费变化和调节缓慢，即具有刚性，同时停车需求弹性较小，停车收费构成出租车、一般客车、公共汽车的成本，利润空间变小，损害出租车、客车、公共汽车的利益。加之，这几种运输方式具有公益性，有利于增进社会福利，因此应免费。

其三，对于家用小汽车来讲，停车收费无转嫁对象，具有不可转嫁性，而且停车需求弹性相对较大。为了有效控制小汽车的出行行为，治理交通拥堵，应多收费，提高停车价格。

本章的研究虽因客观数据缺乏而未能做到极其精确，但仍能给决策者以重大启示，并能为后续研究者的深入研究提供理论借鉴和思想启迪。

5.6 本章小结

停车收费的基本原理是对机动车外部性征收的庇古税。我国停车收费的现状是免费停车占多数，导致停车供给缺乏动力；统一费率，没有体现差别定价，不能有效引导汽车流向，导致某些停车场利用率低等。

停车收费的目的，一方面可以减少机动车出行，控制停车需求；另一方面可以提高停车设施投资者的收益，刺激停车供给，实现停车供求的动态平衡。停车定价一般按停车场的地域差别、时间差别和类型差别，采用差别化定价方法。商业性停车收费采用经济效益分析定价模型，公共性停车收费采用次优定价模型。机动车尤其是家用小轿车，已经成为人们生活的必需品，提高停车价格，除了要考虑控制停车需求和刺激停车供给外，还应考虑停车收费对物价指数和人们福利的影响。在进行停车收费决策时除了要考虑控制停车需求和刺激停车供给外，必须保证物价指数的基本稳定和社会福利不受损失。通过对相关数据的分析发现，停车收费对物价指数和社会福利有一定的影响，政府在做出社会合意的停车收费决策时应考虑这些影响。

规范分析认为影响停车价格的因素包括服务成本、停车需求水平、停车供给水平、停车难度、停车管理水平、政策法规、道路拥挤程度、公共交通水平等。通过对停车价格影响因素的研究发现：①影响停车价格的主要因素是停车需求和停车供给，尤其是停车需求，停车需求比停车供给缺乏弹性；提高停车价格能够增加停车供给，同时抑制停车需求，尤其对增加停车供给更为有效；要想抑制停车需求，必须大幅提高停车价格；放松对停车市场的价格管制，实行市场竞争价格，对于停车资源缺乏的大城市来讲，在抑制停车需求和增加停车供给方面效果显著，而对于中等城市来讲，由于停车行业竞争激烈和需求的不足，会导致竞争价格偏低，供给不足。②增加交通供给就会陷入“当斯悖论”，诱发更高的交通需求，终不能满足交通需求；增加停车供给将会诱发新的停车需求，并会导致恶性循环，控制停车需求是解决停车问题的根本所在。③公交优先政策作为城市交通发展的战略目标，对于人们改变出行方式，减少停车需求具有一定效果，这就需要政府加强出行方式和出行习惯方面的教育，使“公交优先”的交通发展理念深入人心。④政府对于停车供给的政策扶持会有力地促进停车产业的发展，增加停车供给，合理配置停车资源，实现停车供需的动态平衡。

停车费用构成交通运输业的成本，停车需求包括家用小汽车停车需求、货运停车需求以及客运停车需求。停车需求是刚性需求，而且三种需求的刚性特征亦有所不同，货运需求和客运需求较家用小汽车的停车需求刚性更大，也就是说必须大幅提高停车价格才能有效控制停车需求。对家用小汽车收费构成了其出行成本，且不能转嫁，因此能够有效控制家用小汽车的出行行为；而对于货运和客运来说，停车收费虽然也构成了其运输成本，但它可以通过向前转嫁的方式，将停车费用向前转嫁给乘客和运输客户，相对于乘客和客户来讲，由于运输行业具有更强的市场势力，因此可以将大部分停车成本转嫁出去。停车收费相当于对交通运输造成的外部性征收的庇古税，对于家用小汽车来讲是公平的，因为它遵循了用者付费的原则，而对于客运和货运来讲，问题就变得复杂了，会造成不公平，因为它直接加重了客户和乘客的负担，除此之外，停车收费还通过价格波及效应间接影响消费者价格指数和价格总指数，通过价格波及效应，间接增加民众的负担，而这种负担普通民众并不能将其转嫁出去，造成更大的社会不公平。

通过实证分析发现，由于交通运输业的价格波及效应较大，因此提高停车价格是一把“双刃剑”，一方面根据用者付费的原则，可以抑制家用小汽车出行行为，减少停车需求，并增加停车市场的停车供给，这种收费对于家庭小汽车使用者来讲，是公平公正的；另一方面，停车收费也会增加货运和客运的运输成本，并由车主将其费用向前转嫁，导致运输价格上涨，并波及整个社会经济，造成消费品价格指数和价格总指数的上涨，这种价格的波及效应的结果因广大民众不具转嫁能力而只能由其买单，增加了广大普通民众的负担。因此提高停车价格应区分家用汽车、客货运输而不同。

第 6 章　城市停车产业化发展的制度保障机制

大中城市的停车难题带来了一系列问题。车辆寻位停车导致无效交通，车辆滞留道路导致尾气排放和交通污染，车辆乱停乱放导致交通拥堵。停车问题产生的原因在于停车需求的急剧膨胀和停车供给的严重不足。解决停车问题的根本途径应从供给和需求两个方面发力，在着力增加停车供给的同时，还应有效控制停车需求。控制停车需求主要应从价格机制入手，通过提高停车收费价格，进而提高出行者的出行成本，从而有效抑制出行者的出行偏好和出行行为，减少城市停车需求；增加停车供给主要通过停车产业化，即通过充分发挥市场机制在资源配置中的基础作用，通过停车供给的市场化和停车经营的民营化，实现停车资源的有效供给。相比政府主导模式而言，市场化、产业化具有天然的高效率优势，因此在当前停车供需矛盾日益突出的情况下，对于加快停车设施总量供给、提高停车设施利用效率具有非常重要的意义。我国的停车产业化尚处于起步发展阶段，存在问题甚多，停车产业化的模式、发展政策、管理对策仍需深入探究。本章以停车设施的基本属性为出发点，以明晰产权、完全竞争、市场价格、市场准入为参照，以新古典经济学家所强调的市场经济的效率条件为蓝本，按照市场经济的基本要求，探讨停车产业化应遵循的基本模式，构建有利于停车产业化发展的投资激励机制。

6.1　停车产业化模式

停车设施产业化的核心是停车资源的市场化。要积极发挥市场机制在资源配置中的决定作用，积极推动停车资源的市场化供给。根据停车资源产业化、民营化和专业化的基本要求，积极营造良好的停车市场投资环境，积极鼓励民间资本的市场化竞争，构建有利于停车资源时空配置的合理价格体系。依据停车资源的不同类型，积极推进停车资源的市场化供给和市场化经营。通过前面章节的研究和探讨，大部分学者认为停车设施属于准公共产品，应对不同停车设施的不同属性进行相应的分类，以停车设施的经济属性为依据，进一步确定停车资源的提供主体、产业化对象、定价主体等与停车产业化密切相关的问题，其基本的逻辑思路如图 6－1 所示。

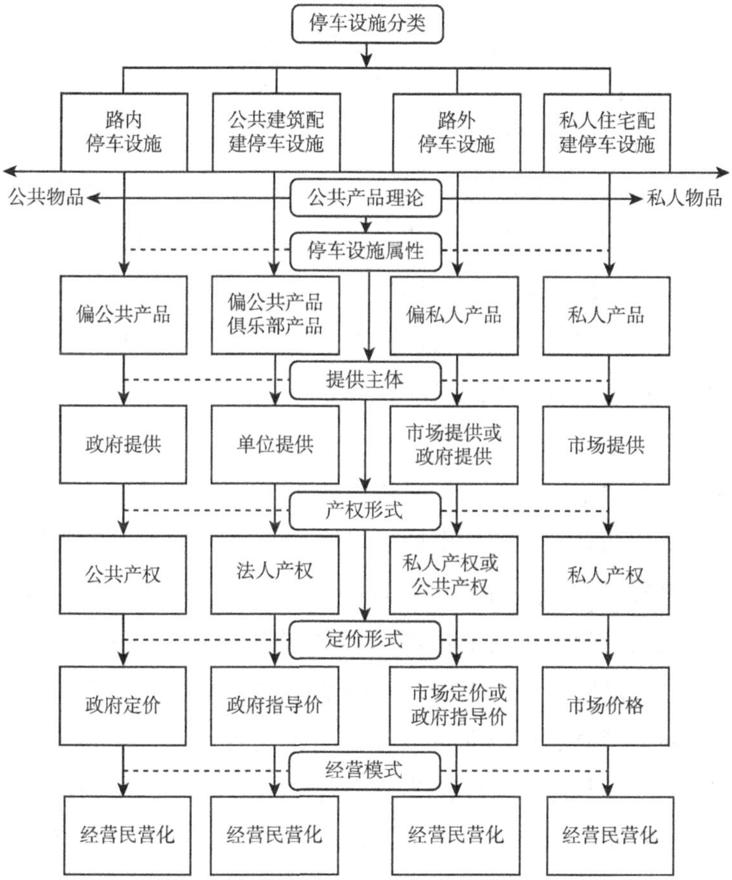

图 6－1　停车设施的属性、产权及其市场化机制

6.1.1 停车设施的市场化供给

从本质上来看，停车设施市场化供给无论从理论上还是在实践中，就是按照市场经济所应具备的条件由市场主体来进行停车设施的投资、建设与经营的过程。一般来说，产品的供给大致有三种模式，即市场模式、政府模式和非营利组织模式。本章所讲的市场化供给即为市场化供给模式，这三种模式的运行都是需要交易成本的，产品供给过程中需要哪一种模式，取决于交易成本的大小。之所以提出停车设施市场化模式，一是出于停车设施的基本经济属性，即路内停车设施偏公共物品属性，路外停车设施偏私人物品属性等；二是出于交易成本相对较低；三是减轻政府财政压力。停车设施如果由市场提供更有效率，就不必由政府提供。正如美国经济学家萨瓦斯所说，不在公营还是私营，关键在于是垄断还是竞争。停车设施的产权包括所有权、使用权、收益权、转让权等。由于产权是可以分割的，因此即使是偏公共产品属性的路内停车设施也可以通过产权的分割并利用特许经营或合同外包的形式，将经营权、收益权转让给私人企业，由私人企业来经营并获得收益。因此停车设施市场化供给是完全可能而且可以实现的[141]。

当然，停车设施市场化供给必须具备健全市场所必备的条件。亚当·斯密认为，市场是有效率的，市场可以通过一只“看不见的手”自发地实现资源的有效配置。以亚当·斯密为代表的古典经济学家以及以马歇尔为代表的新古典经济学家所讲的市场是一种理想的市场，也即今天所讲的完全竞争市场，满足完全竞争市场的一般条件包括：市场有很多买者和卖者；市场上的产品是同质的；企业进入和退出市场容易；信息是完全的；要素可以自由流动。新古典经济理论关于市场的假设往往假定制度是外生给定的，不把制度看作内生变量。完全竞争市场长期竞争的结果必然导致零经济利润。因此保证停车设施市场化供给必须具备三个条件，即多元化的市场竞争主体、合理的停车收费价格和公平的市场竞争环境。政府应该以上述自由市场经济的基本要求为蓝本，为停车企业提供良好的自由竞争的市场环境。

6.1.1.1　多元化的市场竞争主体

多元化的市场竞争主体主要指三大主体，即政府、市场和非营利组织。不同经济属性的停车设施由不同主体提供，这样不仅可以节约成本，而且有助于明确产权。有关提供主体方面的论述前面已作了明确的阐释，即路内停车设施应由政府提供，路外停车设施可由市场提供，配建停车设施可由建筑物所有单位按国家规定的配建标准提供。我国目前停车设施的提供主体主要是政府和国有企业，政府由于财政能力所限，投资力度不大。而发达国家为了促进停车设施投资，广泛吸收民间资本和民营企业介入基础设施行业，突破停车设施产权单一化模式，实现停车设施产权的多元化。多元化的市场竞争主体不仅有利于促进政府内部竞争，而且有利于政府与市场、企业与企业间的竞争，有利于提高停车产业的服务质量和运行效率，扩大服务范围和减轻政府财政负担。因此，应改革落后的不符合现实需要的投融资体制，淘汰通过政府财政以及国有企业以非营利行为为目的的停车设施投资范式。产权问题是事关停车资源的重要问题，无产权则无市场，明确产权是停车资源市场化的基础。从实践的角度看，目前很多地方对停车设施产权的确定进行了有益的尝试。早在 2003 年北京市就规定销售的私人住宅配建停车设施可以视同住宅，参照住宅的有关规定单独颁发房产证，也可以将之与购买的住宅一同统一颁发房产证。2015 年国家发改委等七部门共同发布了《关于加强城市停车设施建设的指导意见》，明确规定投资建设主体依据相关规定取得停车设施的产权。2015 年住建部发布了《关于进一步完善城市停车场规划建设及用地政策的通知》，对办理停车场产权手续进行了规定，并要求按照《不动产登记暂行条例》及其实施细则执行。但这些规定仍较模糊，而且弹性较大，对于路外公共停车设施用地的土地出让方式、项目投资建设、经营权仍然不够明确。产权明晰是市场经济中交易的基础，“所有产权是道德之神”“无产权的地方亦无公正”。一个社会如果没有产权，也就意味着个人没有约束，个人的自利行为将使社会坠入“一切人反对一切人的战争”。因此，在充满交易的人类社会中，人们必须明晰产权，必须尊重产权。

除了界定不同性质的停车设施由不同的主体即政府、市场和非营利组织提供外，还应界定偏公共属性的路内停车设施是否必须由政府经营的问题。由于产权具有连续性，即在由公共产权和私有产权构成两级的产权连续谱系中，好多产品的产权是介于两者之间的，并且公共性和私有性的程度各异。再加上产权内容，即所有权、占有权、收益权和处置权，具有可分割性，因此其投资、建设、经营不必由单一主体进行，可由多元主体（政府、企业、个人）通过合同外包或特许经营的方式，分别负责其中某个环节。目前，较为常见的经营模式有 BOT、TOT、PFI、PPP、ABS 五种模式。BOT（Build – Operate – Transfer）只适用于投资规模较大的基础设施，并要求有较好的收益，但不能用于收益较低或没有收益的非经营性项目；TOT（Transfer – Operate – Transfer）只能用于现存的基础设施，且也要求有良好的收益，而 PPP（Public – Private – Partnership）、PFI（Private – Finance – Initiative）却能够更好地弥补上述不足，不仅能广泛地用于经营性基础设施，还能更好地用于非经营性项目；当以上四种方式还不能解决资金问题时，可用 ABS（Asset – Backed – Securitization）（资产证券化）来弥补建设资金的不足。上述五种方式均采用了市场化的运作模式，不仅有利于划清政府和市场的界限，而且有利于提高停车设施的使用效率和服务水平，促进停车产业化的发展。

6.1.1.2 合理的停车价格体系

由于停车设施的管理长期受计划经济体制的影响，其投资、建设、经营均由政府一手包办，也就是说，停车设施长期被视为公共产品，具有公共产权，建设和经营的目的是方便公众。在此背景下，停车设施的提供和投资主体是政府，价格的制定主体也是政府，停车价格水平往往只是为了弥补停车服务所支付的经营成本，并不包括投资在内的所有成本，所以往往偏低，难以通过价格形成机制获取正常的投资收益。因此，这一政府定价机制难以激励民间资本进入停车产业。目前，虽然政府对停车服务领域的价格管制有所放松，根据实际情况实行市场调节价、政府指导价和政府定价三种价格形成机制，但具体的收费价格和费率体系还有待进一步完善和调整，使价格政策符合停车产业化发展的要求。

6.1.1.3　公平的市场竞争环境

在现代市场经济体系中，公平竞争是实现资源有效配置的必要条件。所谓公平竞争，就是要求所有的市场主体在进入市场方面是平等的，在从事经营活动和交易时也是平等的，也就是说，经济主体在市场进入和经营活动方面是平等的。在进入市场前，企业的准入条件是平等的，企业没有级别之分，只有分工和规模的不同；企业进入市场的目的是基本一致的，都是追求利润最大化；对企业施加的竞争规则是一致的。为此要想实现公平竞争，必须营造真正公平的市场竞争环境，全面放松市场准入限制，使所有企业都具有平等的准入资格，完善相关法律、法规，制定公平的竞争规则。

6.1.2　停车供给的市场化模式

按照学者们已达成的共识，停车设施一般包括三类，路内的、路外的和配建的停车设施。配建的停车设施用于满足人们基本停车需求，一般按照国家建筑物配建标准进行建设，具有特定的国家强制性；路外停车设施和路内停车设施用于满足人们出行停车需求，对于它们的建设不具有强制性。路内公共停车设施由政府提供，具有公共产权，目前政府已将这一公共产权进行分割，部分经营业务实现了民营化。政府运用市场化运作方式，以合同外包或特许经营的形式，将路内停车设施授权给停车管理公司进行管理。路外公共停车设施若由私人提供，则具有私人产权，路外公共停车设施具有可经营性、开放性、公益性的特点，因此完全可以由市场来提供，但其发展难度较大，原因在于建设和管理路外停车设施不仅要有利于社会公众，即实现社会效益，同时还要激发民间资本的投资热情，即实现经济效益，因此，路外公共停车场的规划、布局和管理，对整个停车系统具有重要作用，以下重点探讨已有和新建路外公共停车设施的市场化模式。具体如图 6－2 所示。

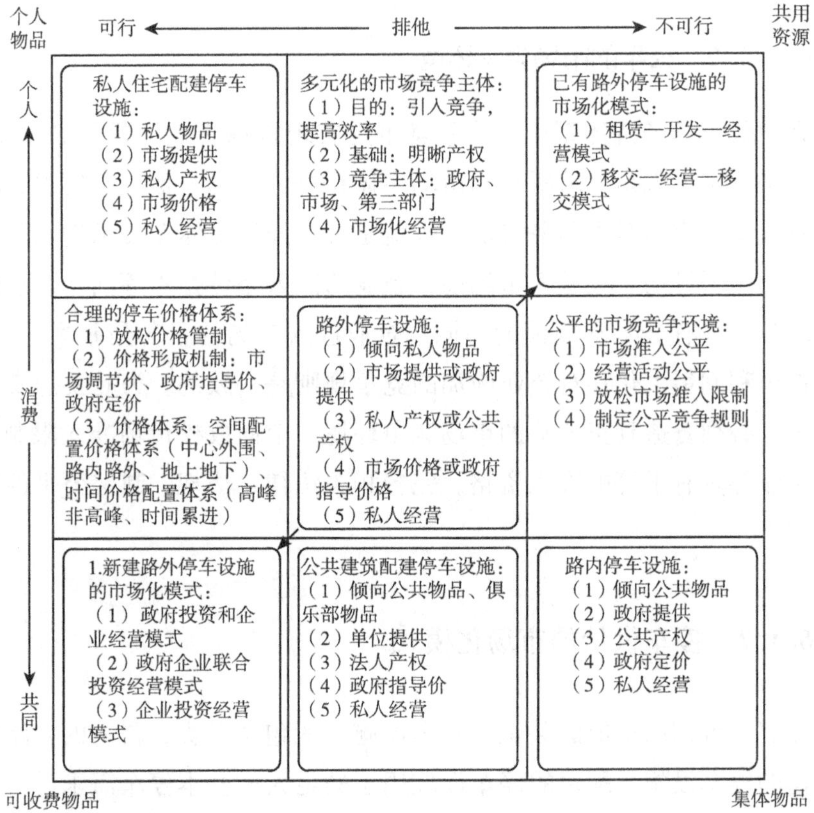

图 6－2　停车供给的市场化模式

6.1.2.1　已有路外公共停车设施的市场化模式

已有路外公共停车设施由政府兴建，其产权归政府所有，但由于产权的可分割性以及政府经营可能出现低效率，同样可以将某些产权分割并将其移交给私人企业，实行民营化经营。已有路外停车设施的投资与经营模式主要涵盖两类，它们具有不同的投资与经营组合模式。（1）租赁—开发—经营模式。该停车设施一般由政府以财政资金出资兴建，而后以合同外包的形式租赁给停车企业进行经营，停车企业上缴一定的租金，剩余利润由自己独享，在租赁期限内企业可以对原有停车设施进行必要的开发和扩建，这种模式的经营风险完全由企业承担，政府可以规避经营风险。(2) 移交—经营—移交模式。借助财政融资，政府首先出资兴建私人不愿投资的路外停车设施，而后政府以特许经营的形式，将停车设施移交给停车企业，由停车企业进行经营，必要时对其折损进行修复工作。在利润和资金方面，停车企业将特许经营费用一次性支付给相关部门。期满之后，停车企业再将该停车设施恢复原样并移交给政府，政府再进行下一轮的相关处理，或自己经营，或继续特许经营。该模式的特点是政府能一次性收回部分资金，增加政府的财政能力和可用资金，以利于政府进行下一轮的投资，解决停车设施投资不足的困境。

6.1.2.2　新建路外公共停车设施的市场化模式

路外公共停车设施的具体属性视具体情况而定，其可以由政府提供，也可以由市场提供。若由政府提供，则具有公共产权属性；若由私人提供，则具有私人产权属性。由于其具有双重属性，因此是倡导停车设施民营化和产业化的主要对象，也是政府退出这一领域的主要原因。政府与民间资本在投资与经营民营化过程中的关系主要涉及三类：第一类是政府主导模式，第二类是政府与企业的合作模式，第三类则是完全的民间资本和企业主导模式。这三种模式体现了政府与市场所分担的职能的不同。

(1) 政府投资和企业经营模式。

由于路外公共停车设施可以由政府或市场来提供，并具有公共产权属性或私人产权属性。因此其投资和建设可以采用第一种方式，即路外公共停车设施由政府作为提供主体并投资建设，待停车设施竣工并投入使用后，政府再以契约的形式将其委托给某个停车企业，由该企业进行具体的经营活动，停车收益全额上缴政府，为了应对日常开支和员工工资，政府从上缴的停车费中抽取一定的比例，然后以资产管理费的形式转交给受委托企业，以此来支付企业的运营费用以及职工工资等。这种模式需要政府提供大量的资金，因此给政府带来不必要的财政负担。政府投资和企业经营模式是我国停车供给市场化的有效途径，该方法借助于政府雄厚的经济实力，能在短期内有效改变公共停车设施供给的不足、填补资金缺口，并对民间资本投资停车设施起到一定的示范和引领作用。

政府投资和企业经营模式的初衷是方便民众，其所建立的停车设施具有很强的公益性，一般收费较低甚至免费，因此主要适用于大型的停车换乘中心，以鼓励停车换乘，有效配合公交优先政策的落实。由于停车换乘中心是为了鼓励人们停车换乘，一般收费较低甚至免费，民间资本对其投资缺乏应有的动力，因此只能由政府投资兴建，规定较低的停车费率。

（2）政府与企业联合投资经营模式。

政府与企业联合投资经营模式的理论依据是路外公共停车设施具有双重经济属性，属于准公共产品，因此，其供给主体既可以是政府也可以是市场，或采取政府与市场联合提供的方式。其基本运作模式是：实行股份制融资，投资主体是政府和企业，政府以土地使用权代替资金出资，企业以实际资金出资，两家共同组建公共停车设施经营管理公司，形成企业出资、政府出地的股份制联合经营模式。在利益分配方面，将经营获得的收益首先用于偿还融资，然后依据政府和企业拥有股份比例分配利润。该模式的优势在于政府和企业风险共担，政府以土地使用权冲抵资金，减少了政府的财政开支，而企业则因此而不必支付土地租金，从而降低了投资成本，提高了民间资本投资公共停车设施的积极性，因此该种模式具有自身独特的优越性

（3）企业独立投资经营模式。

企业独立投资经营模式是以企业为单一提供主体，投资停车设施建设，停车设施建成后仍由投资企业经营管理的市场化模式。投资企业实行公司化运作，使公共停车设施投资和经营更具科学性，但是企业为了追逐更高的停车收费价格或更大的利润空间，往往会将投资集中于城市中心区和次中心区等停车收费价格较高、停车需求旺盛的地区，不利于停车设施的空间有效配置。

以上三种模式按照顺序，展现出政府在停车设施的供应过程中所扮演的角色在逐渐减弱，并逐渐淡出路外停车设施的供给，其本质是政府与市场的职能界限在路外停车设施供给领域的重新划定。随着停车设施民营化和停车设施产业化的发展，路外公共停车设施的提供主体将主要依托民间

资本，而政府的主要工作是制订政策，包括多种补偿、低息贷款、减免税费等，以吸引民间资本投资停车领域，创造良好的投资环境，并适当投资于对民间资本缺乏吸引力的领域，对停车行业的经营活动进行监管。随着更多的企业逐步认识到该行业投资回报稳定、又有优惠政策扶持的有利条件后，它们将由尝试性投资转变为主动性投资，最终形成良性停车设施投资循环。

特别注意的是，在倡导停车设施民营化和产业化，并鼓励民间资本投资停车设施的同时，即有效发挥市场机制供给停车设施的同时，政府仍要发挥在该领域的积极作用。政府要弥补市场的不足，在规范停车管理、引导动态交通以及企业不愿投资的停车领域发挥应有的作用，并担负起补贴公共停车设施建设的任务。

6.2　政府的停车产业化的投资激励机制

从供给侧来讲，增加停车供给可以通过政府机制或市场机制来实现。相对政府机制而言，市场机制具有天然的优势。激励民营企业投资于停车产业，促进停车产业化的发展，其基本激励机制就是利润机制，即成本—收益机制，其中收益机制主要涉及价格机制。其基本分析方法就是成本—收益分析方法。通过价格机制控制和引导供求机制，一方面控制停车需求；另一方面增加停车供给，实现停车资源供求平衡[142]，其基本机制如图6－3所示。为了满足民间资本的逐利需求，必须通过相关政策，在提高民间资本投资收益的同时，进一步降低其投资与经营的成本，使停车企业的投资至少可以获得平均社会投资回报率。

6.2.1　停车企业的收益激励机制

城市基础设施都是无利和微利行业，商业效益差，资金回收周期长，但社会效益好。若要提高停车企业的投资和经营利润，则必须保证停车企

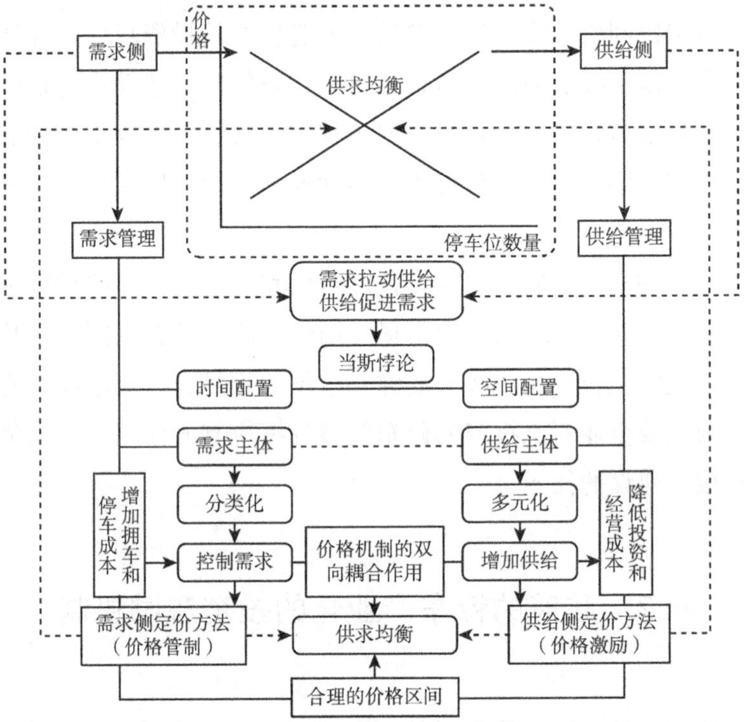

图 6-3　停车资源的供求均衡与投资激励机制

业的合理收益，积极发挥停车企业收益激励机制的作用。停车企业的收益等于停车需求价格和停车需求数量的乘积。即停车企业的收益，一方面取决于停车需求价格，另一方面取决于停车需求数量。而停车需求量等于停车供给数量与停车设施利用率的乘积。就停车收费价格来讲，路外停车设施倾向于私人物品属性。曾有学者倡导实行市场价格，由市场供求关系自发决定。但是由于停车设施不具有时空可流动性，导致其很容易形成空间上的垄断和时间上的垄断，出现天价停车费，损害消费者的利益。因此，政府应该对该类停车设施实行价格管制，实行市场指导价比较合适。市场指导价的合理区间应以停车企业获得相应的利润、维护消费者合法权益、有效控制停车需求进而有效控制交通流量为目的。政府要处理好城市基础设施服务价格问题，让投资者有利可图，有长期稳定收益。有效提高停车收益还需要提高停车设施的利用率，欲提高其利用率，则必先增加其需求量，欲增加其需求量，则必须提高其替代品即附近路内停车设施的停车价格，以合理的价格体系引导停车资源合理空间配置和有效利用。

目前，我国城市的路外公共停车供给数量有限，即便如此，其利用率往往不足，经常闲置。究其原因，一方面是有些城市对于乱停车行为管理不严；另一方面则是路内和路外两种停车设施是替代品，两者存在价格竞争，若价格体系设计不合理，出现路内停车价格等于或低于路外停车价格，导致路外停车设施利用率降低，投资者亏损严重，入不敷出，挫伤了民间资本的投资积极性。为此，应构建合理的停车收费价格体系，处理好路内停车和路外停车的关系。国内外一些城市在停车设施规划方面限制在路外停车设施附近设置路内停车设施，避免两者之间的相互替代性所导致的无谓竞争，合理引导出行者的出行行为和停车行为，通过价格机制和合理的价格体系实现路外停车资源的有效配置和利用。

6.2.2　停车企业的成本控制机制

若要提高停车企业的投资和经营利润，则必须控制停车企业的投资和经营成本，积极发挥停车企业成本控制机制的作用。降低停车企业的投资和经营成本是提高停车企业利润的有效途径，其主要成本包括：（1）土地拆迁与使用费。停车设施的建设需要占用一定的土地资源，因此，投资建设停车设施必须由投资建设单位先行支付一定的土地资源使用费以及对土地上已有建筑物的拆迁补偿费。其拆迁可采取政府拆迁、企业出资的方式。相较而言，市中心的拆迁费用远远高于边缘地区，占到停车设施总投资成本的一半以上，甚至更多。（2）停车设施建设固定成本，包括停车设施建筑建造费用、停车机械设备的购置费用、管理设备的购置费用、设备安装费用等。（3）停车设施经营可变成本。停车场的可变成本包括设备运行和维修费、水电费、勤杂费、保险、税费、治安管理费与人员工资等，其中营业税是日常开支的主要内容[101][74]。

对固定成本和可变成本的划分对推进停车设施的产业化发展是非常重要的。因为，产业化阶段的停车设施建设资金主要来源于企业，如果投资回收期过长，其不确定性就会增加，企业就缺乏投资积极性，停车设施的供给就会不足，严重影响城市的发展。只有对停车设施建设和经营成本进行细分，才能促使政府在降低停车设施建设和经营成本上给予企业更多优惠政策，促进停车投资的增加和停车产业的发展。

降低停车企业的投资和经营成本可以相对提高停车企业的利润。降低停车企业投资和经营成本的相关制度安排主要包括：（1）土地出让金优惠。土地要素是停车设施建设的基本构成要素，也是构成投资成本的最主要部分，在总成本中占有很大的比重。政府为了促进民间资本投资停车设施的积极性，应该做好顶层设计，从降低土地出让金入手，从根本上降低民间资本的投资成本。停车行业的投资固定成本较大，沉没成本较高，导致停车企业进入和退出该行业相对困难。再加之，如果停车企业的投资收益无法得到保障，则其对于停车投资将会望而却步。为此，政府一方面应在价格体系的构建上保障停车企业的投资收益，另一方面应该通过土地出让优惠政策降低停车企业的投资成本。土地开发费和房屋开发费构成了停车企业的最主要投资成本。而土地出让优惠政策可以有效降低停车企业的土地开发费用，在停车收费价格既定的情况下，通过降低投资成本来提高停车企业的利润，进而激发民间资本投资的积极性，促进停车产业化的发展。（2）降低或减免税费。前面曾涉及路外停车设施的经济属性，其基本经济属性即决定了其供给完全可以实现市场化，而其经营也可以完全实现民营化。私人企业进入停车市场后，在建设和经营环节需要向国家缴纳各种税费，具体涉及建设环节的各种规费和经营环节的营业税、所得税等。国外许多国家在停车设施产业化和民营化方面，为了降低停车企业的投资和经营成本，均对建设和经营环节的税费有不同程度的减免。（3）资金补助。为了促进停车供给的市场化和停车经营的民营化，国际上一般对停车企业的投资行为采取财政补贴和停车位奖励的相关政策。位于东亚的日本，停车资源市场化程度很高，其在该方面对公共部门投资的停车位和私人部门投资的停车位均采取补助或补贴的措施，补助金额约为投资总额的1/3，受益对象约占25%。全国各大城市为了鼓励民间资本的投资，大多采取了停车位奖励制度，已达成预期目标。（4）低息贷款。由于停车产业具有沉没成本高和资金需求量大的特点，单靠停车企业的自有资金难以为继，因此必须寻求金融机构的融资和帮助。低息贷款可以有效降低停车企业的投资成本。日本政府在停车产业化方面，通过动用政府的道路开发资金和发行地方政府债券来为停车设施的投资进行融资。金融机构向私人停车企业提供低息贷款，利率一般为 2% ~2.5%，而对政府投资建设的公共停车设施一般采取免息措施。(5) 设立机动车停车发展基金。除上述降低停车企业成本的措施之外，还应通过其他方式扩大融资范围。为了保障停车设施投资和建设的稳定性，国内外学者倡导设立停车发展基金，以此满足公共停车投资和私人停车投资的资金保障。发展基金的来源构成主要涉及以下几个方面：(1) 地方财政拨款，主要指财政拨款中所包含的用于停车设施建设或与停车设施建设相关的具体项目。这些财政拨款项目主要涉及土地有偿使用费、建设维护费、道路养护费，这些财政拨款具体项目中可抽取一部分作为停车设施建设费。(2) 共同投资利润分成，主要指政府和企业通过公私部门的合作投资和经营关系在停车市场上所获得的停车经营利润中属于政府投资分成的部分。(3) 与停车收费相关的收入，主要涉及各类停车设施经营的税收收入、政府投资兴建的停车设施的经营收入、违章停车的罚没收入以及其他涉及乱停乱放的处罚收入。(4) 停车发展基金的利息收入。上述由地方政府筹集的用于停车设施建设的基金所产生的利息。

综上所述，政府可以通过上述政策有效降低停车企业的投资和经营成本，相对提高停车企业的投资和经营利润，激发民间资本投资停车设施的积极性，促进停车设施市场化和民营化的发展，进而促进城市的可持续发展。其投资激励机制归纳如图 6-4 所示。

6.3　停车产业化政策的顶层设计

停车产业化动力机制的构建促成了停车产业化政策的出台，并构成了停车产业化政策的基础。2015 年 8 月，国家发改委等七部委联合出台了《关于加强城市停车设施建设的指导意见》(以下简称《指导意见》)，明确

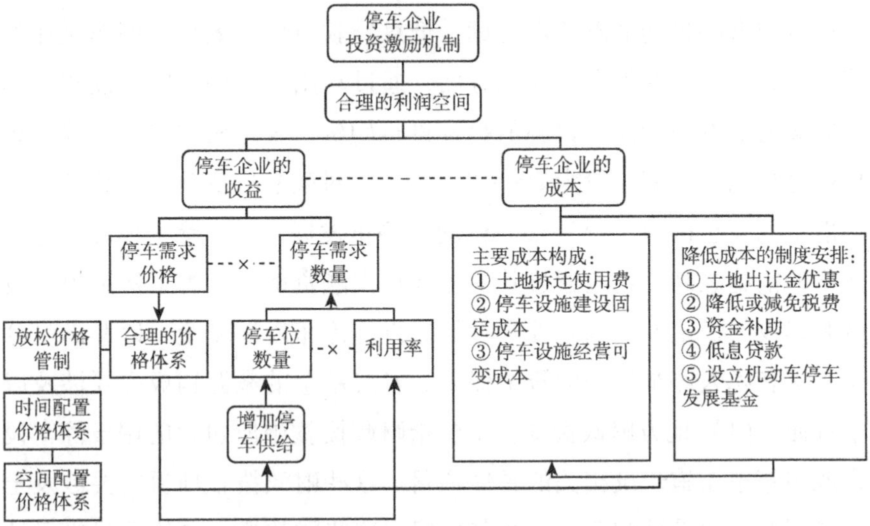

图 6－4　停车企业的投资激励机制

提出吸引社会资本、推进停车产业化是解决城市停车难问题的重要途径。其他相关部委从城市停车规划、设计、建设、管理不同环节也出台了相关政策。总体来看，以七部委共同发布的《指导意见》为引领，逐步形成了国家层面的停车政策体系，目前已经基本完善。2021 年 5 月，发改委、住建部、公安部、自然资源部联合出台了《关于推动城市停车设施发展的意见》，提出规范运用政府和社会资本合作（PPP）等模式推动共同投资运营停车设施，停车产业化又向前迈进了一步（见表 6－1）。

表 6－1　国家顶层设计的停车产业化政策

涉及环节	发布时间	发布单位	文件名称
规划设计方面	2016 年	住建部	《城市停车规划规范》
	2015 年	住建部	《城市停车设施规划导则》
	2015 年	住建部	《车库建筑设计标准》
建设方面	2015 年	住建部	《城市停车设施建设指南》

续表

涉及环节	发布时间	发布单位	文件名称
管理方面	2021 年	发改委、住建部、公安部、自然资源部	《关于推动城市停车设施发展的意见》
	2015 年	住建部	《关于加强城市停车设施管理的通知》
	2015 年	公安部	《城市道路路内停车管理实施应用指南》
土地方面	2016 年	住建部与国土部	《关于进一步完善城市停车场建设及用地政策的通知》
投融资方面	2015 年	发改委	《城市停车场建设专项债券发行指引》
收费方面	2015 年	发改委	《关于进一步完善机动车停放服务收费政策的指导意见》
信息化方面	2016 年	公安部	《停车服务与管理信息系统通用技术条件》

各省区市和城市人民政府按照中央精神，结合自身实际，也都出台了停车管理和停车产业化方面的政策。据统计，全国各省区市和 80 多个城市共出台了 150 多个停车政策文件。例如，北京市的《西城区居住区周边停车管理实施细则》、大连市的《大连市停车位登记暂行办法》、潍坊市的《潍坊市住宅小区停车管理办法》、上海市的《关于促进本市停车资源共享利用的指导意见》等。国家发改委综合运输研究所的程世东还对 2015 年以来中央和地方出台的有关停车问题的相关政策进行了汇编，出版了《中国城市停车政策发展报告 2017》和《中国城市停车政策发展报告 2018》。上述促进停车产业化的顶层设计，有力地促进了停车产业化的发展和停车设施的供给。截至 2020 年 12 月底，浙江省停车位总数为 450. 7 万个，其中可对外开放停车位为 190. 7 万个；杭州市停车位数量 130. 3 万个，其中可对外开放停车位为 75. 6 万个。2018 年、2019 年、2020 年，“城市主城区新增停车位 10 万个”连续三年列入省政府为民办实事之一，其中 2020 年设区市主城区新增停车位 14. 2 万个。计划“十四五”期间，每年新增停车位 10 万个，并进一步加大县城停车位的建设力度。停车产业化发展的制度保障机制已初见成效。

6.4 本章小结

本章对停车资源产业化的模式及其投资激励机制进行了系统、深入的经济学阐释，以经济学独特的视角阐明了城市公用基础设施提供背后所潜藏的经济学道理，诠释了其中所蕴含的市场经济规律等规范性问题。停车产业化的目的就是要明确界定政府、市场和社会三者的边界，加强停车领域的供给侧结构性改革。在停车资源供给问题上，要积极发挥市场机制在资源配中的决定作用，政府要有效弥补“市场失灵”领域，积极引导和规范私人资本的停车投资、建设和经营行为。

从供给侧来讲，增加停车供给可以通过政府机制或市场机制来实现。相对政府机制而言，市场机制具有天然的优势。要积极发挥市场机制在资源配置中的基础作用，积极推动停车资源的市场化供给。根据停车设施产业化、民营化、专业化的基本要求，积极营造良好的停车市场投资环境，积极鼓励民间资本的市场化竞争，构建有利于停车资源时空配置的合理价格体系。依据停车资源的不同类型，积极推进停车资源的市场化供给和市场化经营。并在考虑停车设施建设和经营成本的基础上，制定合理的停车收费价格体系，以民间资本的投资和经营利润为激励机制，促进停车产业化的发展，进而促进城市的可持续发展。

停车资源产业化的本质就是停车设施投资的市场化、停车设施经营的民营化、规模化和专业化。停车产业化的根本目的就是实现停车设施供给的市场化。根据停车设施的经济属性，即倾向公共物品与私人物品的程度，确定路内、路外、公共配建、私人配建停车设施的提供主体，进而确定相应的、合适的投资主体。对于经营主体来讲，由于各种停车设施都具有产权可分割性，故其均可由私人部门经营，即经营主体的民营化。要实现停车设施投资与经营的效率，必须鼓励市场竞争，培育多元化的市场竞争主体；要实现停车投资和经营的收益，必须制定合理的停车收费价格体系，除了可以保证投资主体的收益外，还可以引导驾车者的出行行为和停车行为。同时还要营造公平的市场竞争环境，以利于多元主体的市场竞争。

为了确保停车设施的市场化供给，按照停车设施的不同类型及其不同经济属性，确定其相应的产权类型和市场化模式。对已有的停车设施可以采取政府投资提供、停车企业开发经营的模式，也可以采取政府移交给停车企业由停车企业自主经营的模式。对于即将投资建设的路外停车设施，根据民间投资为主、政府投资为辅的原则，依据民间资本的投资意愿，采取不同模式。对于盈利微薄、投资风险较大的路外停车设施，可采取政府投资建设与民间资本经营的模式；对于盈利条件尚可、投资风险不大的路外停车设施，可采取政府与民间资本联合投资建设并由停车企业经营的模式；对于盈利相对丰厚、投资风险较小的路外停车设施，可采取民间资本投资建设并由民间资本经营的模式，积极鼓励私人部门介入停车设施的投资、建设与经营。对于私人部门由于盈利微薄和投资风险较大而不愿投资的停车设施，政府公共部门应作为补充，介入该领域的投资和建设。

立足停车企业的收益激励机制和成本控制机制，为了鼓励私人部门介入停车建设领域，必须保证提高其投资和经营的收益，并降低其投资和经营的成本，在实现私人部门一定经济利益的同时，实现社会福利的最大化。提高停车企业的投资和经营收益，必须构建合理的价格体系；降低停车企业的投资和经营成本，必须考虑实施土地出让优惠、降低或减免税费、低息贷款以及建立停车发展基金等相关措施，以此构建停车资源产业化的投资激励机制，促进城市的可持续发展。

研究结论

本书主要探讨了停车设施的属性、产权及有效供给模式，提出了实现停车资源有效供给的途径是实行停车产业化，即实现停车资源供给的市场化、规模化和民营化，并提出了促进停车产业化发展的三大动力机制，即经济社会压力机制、价格激励机制和制度保障机制。具体研究结论归结如下。

（1）不同类型的停车设施具有不同的经济属性、产权属性和有效供给模式。本书通过对四类停车设施的经济属性进行分析，从公共产品的角度界定了不同类型停车设施的经济属性。这四类停车设施的公共属性由强到弱依次为路内停车设施、公建配建停车设施、路外停车设施和私人配建停车设施。

本书在明确停车设施经济属性的基础上，根据停车设施的分类，提出停车设施可供选择的供给模式可以归结为市场机制供给模式、政府机制供给模式以及非营利组织供给模式，其中以前两种模式为主。由于路内停车设施在一维坐标系中的位置更倾向于较强的公共产品属性，因此一般由政府机制提供；路外停车设施在一维坐标系中的位置更倾向于私人产品属性，因此一般由市场机制提供；公建配建停车设施在一维坐标系中的位置介于路内停车设施和路外停车设施之间，且更倾向于公共产品，既适合政府提供，也适合市场提供，一般属于俱乐部产品，适合单位提供；住宅配建停车设施在一维坐标系中的位置更倾向于私人产品，一般与房产搭配销售，具有消费的排他性和竞争性，属于私人产品，适合市场提供。

本书在明确停车设施经济属性和供给主体的基础上，进一步明确了各类停车设施的产权属性。路内停车设施具有更强的公共产品属性，适于政府提供，具有公共产权；路外停车设施具有较强的私人物品属性，适于政府提供或市场提供，具有公共产权或私人产权，视具体情况而定；公共建筑配建停车设施具有较强的公共产品属性，适于单位提供，具有俱乐部或法人产权；私人建筑配建停车设施具有较强的私人物品属性，适于市场提供，具有私人产权。明晰产权是提高停车资源配置效率的基础。

鉴于停车设施属性的不同，停车收费定价主体也应有所不同。路内停车实行政府定价，路外停车实行市场价格或政府指导价，公共建筑配建停车设施实行政府指导价，私人建筑配建停车设施实行市场价格。

（2）本书提出了促进停车产业化发展的动力机制包括经济社会压力机制、价格激励机制和制度保障机制。我国大城市停车产业化发展的基本现状是，汽车产业快速发展和停车需求急剧膨胀，停车设施供给严重不足，停车产业发展仍存短板。因此，需要为停车产业化发展注入新的动力，促进停车产业化的快速发展。

停车产业化发展的经济社会压力机制是通过交通运输业与其他产业的关联关系以及动态交通对静态交通的依赖性来体现的。交通运输业属于基础产业，对于其他产业的前向推动作用极其巨大，因此为了促进国民经济的持续快速增长，必须促进交通运输业的健康发展，而停车产业是交通运输业的派生需求产业，或者也可以说是互补产业，停车产业的利润构成了交通运输业的成本，因此，交通运输业和停车产业是孪生姐妹，密不可分。没有停车产业的健康发展，也就没有交通运输业的健康发展，而其他产业对于交通运输业的巨大需求，也就间接构成了对停车产业的需求。目前，由于停车需求的急剧膨胀和停车供给的严重不足，势必会对交通运输业的健康发展带来不良影响，进而危及整个国民经济的发展，带来诸多社会问题。这种经济社会发展所派生出的压力，促使政府相关部门出台相关政策，促进停车供给，满足停车需求，促进停车产业化的健康发展。

供求机制、价格机制是市场经济的基本机制，价格机制是引导市场供求关系的基本信号，因此，价格机制对于供求关系具有激励作用，其具体表现就是供求原理。当价格高于市场均衡价格时，供给大于需求，供过于求；当价格低于市场均衡价格时，需求大于供给，供不应求。在目前停车需求大于停车供给的情况下，政府可以通过对停车价格进行管制，实行最低限价政策，并保证停车价格高于停车成本，使停车投资企业有利可图，从而一方面抑制停车需求，另一方面增加停车供给，从而刺激民间资本进入停车产业，促进停车产业化的发展。此举不仅能够实现市场供给对于政府供给的替代，减轻政府的财政负担，而且能够促进投资主体的多元化、运营的市场化和民营化。

制度是在文化、风俗习惯等积淀的基础上人为地制定出来的、用以调整人与人之间相互关系的约束规则。制度由正式规则、非正式规则及其实施机制构成。制度决定了社会和经济的激励与约束结构，制度的功能包括：降低交易成本；为合作创造条件；提供激励机制；约束人的机会主义行为等。停车产业化发展的制度保障机制包括：①消除民间资本的产业进入壁垒，鼓励市场机制实现有效供给；②确定合理有效的停车收费价格，激励民间资本投资停车设施；③实施停车建设的投资优惠政策，激励民间资本的投资和运营；④设立公共停车设施的发展基金，保障政府机制的有效供给。

（3）停车产业化发展的经济社会压力机制是通过交通运输业与其他产业的关联关系以及动态交通对静态交通的依赖性来体现的。停车产业化发展的经济社会压力机制是指由于宏观经济是一个大的系统，产业之间存在各种关联关系，停车产业与交通运输业关系密切，其兴衰会影响交通运输业的发展，进而通过交通运输业波及国民经济其他部门的发展，因此国民经济的快速发展对交通运输业的发展提出了更高的要求，交通运输业的发展对停车产业的发展提出配套要求，国民经济的快速发展间接对停车产业提出了更高的发展要求，这一发展要求构成了对停车产业化发展的经济和社会压力机制。

本书基于投入产出法定量研究了动态交通的重要性以及动态交通对静态交通的依赖性。动态交通的重要性体现在交通运输业对经济和就业的影响方面。通过对北京市交通运输业经济效应的测算发现，任何一个产业的经济效应的大小不仅取决于其直接经济效应，也取决于其间接经济效应。经济效应的大小取决于其在产业链中的位置、与其他支柱产业的关联程度和与其他支柱产业的产业距离。产业位置靠前，其拉动效应小于推动效应；

产业位置靠后，其拉动效应大于推动效应。经济效应的大小还取决于其对其他产业产品需求的大小以及其他产业对该产业产品需求的大小。交通运输业作为基础产业，对国民经济影响巨大，因此应该强化交通运输业或动静交通的基础地位，积极发挥其对国民经济的后向拉动作用，尤其是其更大的前向推动作用。

（4）停车价格的制定既要考虑供给效率问题，又要考虑社会公平问题，停车收费应坚持高价格，同时要考虑停车收费的转嫁所引发的社会公平问题，停车定价应按照不同的运输类型分类实施。停车收费是对机动车外部性征收的庇古税。停车收费的目的，一方面可以减少机动车的出行行为，控制停车需求；另一方面可以提高停车设施投资者的收益，刺激停车供给，实现停车供求的动态平衡。停车定价一般按停车场的地域差别、时间差别和类型差别，采用差别化定价方法。

要有效控制停车需求和增加停车供给必须明确影响各停车价格的因素，如服务成本、停车需求水平、停车供给水平、停车难度、停车管理水平、政策法规、道路拥挤程度、公共交通水平等。本书通过结构方程模型对以上影响停车价格的因素进行分析后发现：①影响停车价格的主要因素是停车需求和停车供给，尤其是停车需求，停车需求比停车供给缺乏弹性；提高停车价格能够增加停车供给，同时抑制停车需求，尤其对增加停车供给更为有效；要想抑制停车需求，必须大幅提高停车价格；放松对停车市场的价格管制，实行市场竞争价格，对于停车资源缺乏的大城市来讲，在抑制停车需求和增加停车供给方面效果显著，而对于中等城市来讲，由于停车行业竞争激烈和需求的不足，会导致竞争价格偏低，供给不足。②增加交通供给就会陷入“当斯悖论”，诱发更高的交通需求，终不能满足交通需求；增加停车供给将会诱发新的停车需求，并会导致恶性循环，控制停车需求是解决停车问题的根本所在。③公交优先政策作为城市交通发展的战略目标，对于人们改变出行方式，减少停车需求具有一定效果，这就需要政府加强出行方式和出行习惯方面的教育，使“公交优先”的交通发展理念深入人心。④政府对于停车供给的政策扶持会有力地促进停车产业的发展，增加停车供给，合理配置停车资源，实现停车供需的动态平衡。

机动车尤其是家用小轿车，已经从奢侈品变成了人们生活的必需品，提高停车价格，除了要考虑控制停车需求和刺激停车供给外，还应考虑停车收费对物价指数和人们福利的影响。在进行停车收费决策时除了要考虑控制停车需求和刺激停车供给外，必须考虑停车收费的转嫁和波及效应，并保证物价指数的基本稳定和社会公平。通过分析停车价格的波及效应，研究停车收费对社会公平的影响，发现停车收费对物价指数和社会公平有一定的影响，建议按照不同的运输类型实施停车定价，做出社会合意的停车收费决策，确保收费的社会公平。

（5）增加停车供给，促进停车产业化发展的根本出路在于政府提供相应的制度安排，优化市场环境，提高停车投资收益，降低停车投资成本。本书认为，政府应该按照市场经济的基本要求，优化停车市场的供给环境，包括鼓励多元化的投资主体参与市场竞争，构建合理的停车价格体系，以及营造公平的市场竞争环境。在停车产业化的模式方面，对已有和新建路外公共停车设施采取恰当的市场化模式。已有路外公共停车设施的市场化模式包括租赁开发经营模式、移交—经营—移交模式。新建路外公共停车设施的市场化模式依据产权的可分割性包括政府投资和企业经营模式、政府企业联合投资经营模式、企业投资经营模式。

为了促进停车产业的发展，鼓励民间资本投资于停车产业，必须使投资于停车产业的民间资本获得合理的利润，因此，必须一方面提高停车收费价格；另一方面降低停车建设和经营成本，以满足民间资本进入停车行业的利益诉求。为此，必须明晰停车设施的建设和经营成本。停车设施建设和经营成本主要包括土地拆迁与使用费、停车设施建设固定成本、停车设施经营可变成本。只有明确停车设施建设和经营成本，才能促使政府在降低停车设施建设和经营成本上给予企业更多的优惠政策，促进停车投资的增加和停车产业的发展。

在停车产业化的政策方面，政府应从两个方面发力，一方面提高投资收益，另一方面降低投资成本。提高投资收益的政策包括停车定价政策和优化停车经营条件政策，而降低投资成本的政策包括土地出让优惠政策、降低或减免税费政策、资金补助政策、低息贷款政策、设立机动车停车设施发展基金政策等，这些产业政策的出台将会大大促进停车产业化的进程，吸引社会资本进入停车行业，促进停车产业供给。通过消除进入壁垒、调整停车定价收费、停车建设投资优惠等措施，鼓励民间资本进入；通过设立停车发展基金和停车违章处罚政策，改善政府财政资金不足，促进停车产业化的健康发展。

参考文献

[1] 吴涛．城市停车设施的性质与分类探讨［J］．现代城市研究，1999(04)：45-48，63.

[2] 沈党云，关宏志．停车产业化政策研究［J］．城市交通，2005 (03)：41-44.

[3] 莫秀丽，牛学勤，曹洪双．我国城市停车产业化可行性研究［J］．新西部（下半月），2007 (09)：23-24.

[4] 刘雪莲，焦新龙．城市机动车停车产业化发展对策研究［J］．公路交通科技（应用技术版），2012，8 (11)：354-356.

[5] 魏幼芳，刘雪莲，焦新龙，等．城市机动车停车产业化发展保障体系设计［J］．公路交通科技（应用技术版），2014，10 (01)：278-282.

[6] 李慧．公共产品供给过程中的市场机制［D］．天津：南开大学，2010.

[7] Highway Research Board. Parking principles, special report 125 [R]. Washington D. C., 1971.

[8] 关宏志，任军，姚胜永．发达国家机动化早中期的城市停车对策［J］．城市规划，2002 (10)：81-84.

[9] Robert H B, Edward G M. Parking [M]. Foundation for Highway Traffic Control, Inc, 1957.

[10] Smith W. Parking in the City Center [J]. Automobile Manufacture, 1965 (6): 87-90.

[11] Highway Research Board. Parking principles, special report 136 [R]. Washington D. C., 1971.

[12] Scully W J. Parking management in a small community: back to basics [J]. ITE Journal, 1988 (11): 38-45.

[13] Arnott H. Applications of economics in parking [J]. Evolution Program, 1999 (9): 123 - 132.
[14] 朱忠裕. 停车产业化发展必须处理好的十个关系 [J]. 城市交通, 2003, 1: 55 - 58.
[15] 何峻岭. 推动停车产业化发展的两个关键问题分析 [J]. 交通与运输, 2006 (06): 52 - 53.
[16] 刘雪莲. 城市机动车停车产业化研究 [D]. 长安大学, 2012.
[17] 关宏志, 严海, 王兆荣, 等. 停车产业化政策分析及建议——以北京市为例 [J]. 城市交通, 2009, 7 (02): 7 - 12.
[18] 高宁, 沈党云. 北京市停车产业化分析研究 [J]. 道路交通与安全, 2007 (05): 8 - 12.
[19] 文德立. 我国城市停车服务产业化市场环境及动力机制研究 [D]. 长安大学, 2004.
[20] 李长波, 戴继锋, 王宇, 等. 城市停车产业化政策的核心问题及对策 [J]. 城市交通, 2016, 14 (04): 9 - 12.
[21] 程世东, 王淑伟. 我国城市停车产业化政策体系发展现状 [J]. 交通工程, 2017, 17 (05): 1 - 4.
[22] 滕生强, 严海, 左天福. 上海市路内停车存在问题及其对策 [J]. 上海建设科技, 2003 (04): 38 - 39.
[23] 吕北岳, 张晓春. 深圳市路内停车泊位设置研究 [J]. 城市交通, 2009, 7 (02): 19 - 21, 35.
[24] 裴玉龙, 杨中良. 基于广义费用最小的城市路边停车规划模型 [J]. 哈尔滨工业大学学报, 2003 (07): 879 - 882.
[25] 安实, 马天超, 尹缙瑞. 我国城市停车收费定价模型研究 [J]. 哈尔滨工业大学学报, 2000 (02): 65 - 69.
[26] 吴涛, 晏克非, 李枫. 城市公共停车收费定价的研究 [J]. 上海铁道大学学报 (理工辑), 1999 (12): 16 - 20.
[27] 王富, 殷燕芳, 熊烈强. 城市路外停车场停车费率计算模型 [J]. 武汉理工大学学报 (交通科学与工程版), 2006 (03): 471 - 473.

[28] Edward C, Stef P. Regulating on – street parking [J]. Regional Science & Urban Economics, 2006, 36 (1): 29 – 48.

[29] Andrew K, Clinch J P. Temporal variance of revealed preference on – street parking price elasticity [J]. Transport Policy, 2009 (4): 193 – 199.

[30] Andrew L D, Mariano G, Montella B. Optimization models for the urban parking pricing problem [J]. Transport Policy, 2006 (1): 13 – 48.

[31] Edward C, Proost S. Regulation outside parking [J]. Regional Science and Urban Economics, 2006 (1): 50 – 52.

[32] Simon P A, and Andre D P. The economics of parking pricing [J]. Journal of Urban Economics, 2004, 55 (1): 6 – 20.

[33] Arnott R, Rowse J. Modeling parking [J]. Journal of Urban Economics, 1999 (1): 97 – 124.

[34] Calthrop E, Proost S, Dender K V, Parking policies and road pricing [J]. Urban Studies, 2000, 37 (1): 63 – 76.

[35] 章亚南．城市路边泊车行为与管理政策理论研究 [D]. 南京理工大学, 2005.

[36] 安实, 王健．企业管理模式下的中国城市路边停车定价方法与应用研究 [J]. 中国公路学报, 2002 (02): 116 – 119.

[37] 冯焕焕, 朱从坤．我国城市中心区路边停车收费定价模型研究 [J]. 交通运输系统工程与信息, 2008, (5): 129 – 135.

[38] 李进龙, 罗霞, 张年, 等．协同路外停车费率的路内停车定价模型 [J]. 城市交通, 2018, 16 (05): 99 – 104.

[39] 肖玲, 张小宁, 王华．停车企业合作与竞争经营的停车定价模型 [J]. 系统管理学报, 2018, 27 (06): 1109 – 1115.

[40] 范文博．用户均衡条件下 3 类停车设施收费定价模型 [J]. 重庆交通大学学报 (自然科学版), 2013, 32 (04): 656 – 658, 667.

[41] 张鸣昊, 朱建君, 袁竞峰．城市停车设施 PPP 项目停车收费定价模型应用及价格调整因素研究 [J]. 中国物价, 2020 (03): 42 – 45.

[42] 胡晓伟，李重慧，安实．考虑多主体利益的城市停车 PPP 项目定价模型 [J]．交通运输工程与信息学报，2023，21 (01)：113 - 124.

[43] 李聪颖，任博冉，周勋朝，等．基于 Stackelberg 博弈的公共停车场停车收费定价模型构建 [J]．交通运输工程与信息学报，2023，21 (04)：1 - 13.

[44] 郑士源．信息不完全时公共停车场停车费和规模优化 [J]．交通运输工程学报，2010，10 (05)：81 - 89.

[45] 李志纯，李熠坤．不同市场经营机制下停车设施定价模型 [J]．中国公路学报，2011，24 (04)：80 - 86.

[46] 王健，洪麟琳，何建平．基于可变泊位容量的停车收费定价模型研究 [J]．武汉理工大学学报（交通科学与工程版），2013，37 (03)：517 - 520.

[47] 刘灿奇．现代交通规划学 [M]．北京：人民交通出版社，2001.

[48] Richard W W. Estimating the demand effects travel and parking of employer - paid parking [J]. Regional Science and Urban Economies, 1992 (22): 133 - 145.

[49] Transportation Research Board, National Research Council. Strategies to attract auto users to public transportation [M]. National Academy Press, Washington D. C., 1998.

[50] Daniel B H. The effect of free parking on commuter mode choice: evidence from travel diary data [J]. Transportation Research, 2001 (5): 35 - 42.

[51] Raquel E, Juan D O. Conception Roman understanding suburban travel demand: flexible modeling with revealed and stated choice data [J]. Transportation Research Part A. Policy and Practice, 2007 (41): 899 - 912.

[52] David A H, and Jenny K. Parking Demand and Responsiveness to Supply Pricing and Location in the Sydney Central Business District [J]. Trans-

portation Research, 2001 (3): 177 - 196.

[53] Ben S, David S. Parking restraint policy and urban vitality. http://www.etudes.ccip.fr/archrap/pd}9/lem9905a.pdf.

[54] Dimitrios A T. Parking fare thresholds: a policy tool [J]. Transport Poliey, 2001 (8): 115 - 124.

[55] Gila A, David M. Congestion tolls and parking fees: a comparison of the potential effect on travel behavior [J]. Transport Policy, 2006 (13): 496 - 502.

[56] Papaeostas C S. Analysis of parking fee on travel behavior in a downtown district [C]. TDIBP Meeting, 2008.

[57] 罗良鑫. 小汽车停车收费影响研究 [D]. 西南交通大学, 2005.

[58] 吴涛. 停车需求与停车政策研究 [D]. 同济大学, 1999.

[59] 刘学军. 城市停车收费政策对城市交通的影响研究 [D]. 武汉大学, 2005.

[60] 姜涛. 城市机动车停车收费问题研究 [D]. 长安大学, 2006.

[61] 赵路敏. 停车收费对出行方式选择的影响研究 [D]. 北京交通大学, 2008.

[62] 李珊珊. 基于交通需求管理的城市机动车停车收费费率研究 [D]. 昆明理工大学, 2008.

[63] 关宏志, 李洋, 秦焕美等. 基于 TDM 概念调节大城市繁华区域出行方式的调查分析——以停车收费价格调节出行方式为例 [J]. 北京工业大学学报, 2006 (04): 338 - 342.

[64] 符韦苇. 广州市停车收费对居民出行方式选择的影响研究 [D]. 华南理工大学, 2011.

[65] 田琼, 黄海军, 杨海. 瓶颈处停车换乘 Logit 随机均衡选择模型 [J]. 管理科学学报, 2005 (01): 1 - 6.

[66] 秦焕美, 刘聪, 杨修涵. 基于浮动式停车收费的寻泊与出行意向分析 [J]. 交通运输工程与信息学报, 2017, 15 (01): 40 - 46.

[67] 王建, 朱森来, 陆丽丽, 等. 面向城市路网拥堵管理的区域停车收费

协同定价优化方法［J］. 现代交通与冶金材料，2022，2（03）：74－83.
［68］吴娇蓉，朱启政，林子旸. 基于城市综合体分类的停车收费政策预评估［J］. 城市交通，2017，15（03）：74－81.
［69］薛松. 城市中心区停车价格对市民出行成本的影响研究［D］. 北京交通大学，2007.
［70］王伟. 基于交通需求管理的北京市停车收费问题研究［D］. 北京交通大学，2008.
［71］楼齐峰，马晓龙，叶盈，等. 基于出行成本的停车收费和供给政策影响分析［J］. 浙江大学学报（工学版），2016，50（02）：257－264，270.
［72］张泉，黄富民，等. 城市停车设施规划［M］. 北京：中国建筑工业出版社，2009.
［73］贺崇明. 城市停车规划研究与应用［M］. 北京：中国建筑工业出版社，2006.
［74］张秀媛，董苏华，等. 城市停车规划与管理［M］. 北京：中国建筑工业出版社，2006.
［75］李盼道，李洋. 配置效率驱动下停车资源的属性、产权及供给模式［J］. 西南石油大学学报（社会科学版），2018，20（02）：27－38.
［76］郑林. 产业化的含义与“农业产业化”概念的辨误［J］. 经济经纬，1999（01）：67－68.
［77］赵玉林，汪芳. 产业经济学：原理及案例［M］. 北京：中国人民大学出版社，2020.
［78］张昆仑. “产业”的定义与产业化——从马克思的“产业”思想论起［J］. 学术界，2006，116（1）：106－108.
［79］苏东水. 产业经济学［M］. 北京：高等教育出版社，2015.
［80］王俊豪. 产业经济学［M］. 北京：高等教育出版社，2016.
［81］李峰，王春艳. 关于破解城市停车难问题的路径选择—金融机构介入停车产业投资模式的探讨［J］. 价格理论与实践，2017（04）：

144－146.

［82］刘佳丽，谢地．PPP 背景下我国城市公用事业市场化与政府监管面临的新课题［J］．经济学家，2016（09）：42－49.

［83］李盼道，李洋．停车产业化发展的现状及其动力机制研究［J］．新疆大学学报（哲学·人文社会科学版），2019，47（01）：1－15.

［84］何峻岭．大城市机动车停车产业化发展关键问题研究［D］．东南大学，2006.

［85］Blundell R. Consumer Behaviour：Theory and emperical evidence［J］. Economic Journal，1990，100（4）：48－56.

［86］James B. An Economic Theory of clubs［J］. Economics，1965，32（3）：2－11.

［87］曼昆．经济学原理（上册）［M］．梁小民译．北京：机械工业出版社，2003.

［88］迈克尔·麦金尼斯．多中心体制与地方公共经济［M］．上海：三联书店，2000.

［89］David L W，Aidan R V. Policy analysis：concepts and practice［M］. Pretice－Hall，1992.

［90］E. S. 萨瓦斯．民营化与公私部门的伙伴关系［M］．周志忍译．北京：中国人民大学出版社，2002.

［91］Samuelson P A. The pure theory of public expenditure［J］. Review of Economics and Statistics，1954（7）：387－390.

［92］科斯．论生产的制度结构［M］．上海：上海三联书店，1994.

［93］史蒂文斯．集体选择经济学［M］．杨晓维等译．上海：上海三联书店，1999.

［94］W. A. 尼斯坎南．官僚制与公共经济学［M］．北京：中国青年出版社，2004.

［95］戴维·奥斯本，特德．盖布勒．改革政府——企业精神如何改革着公营部门［M］．上海：上海译文出版社，1996.

［96］李盼道，徐芙蓉．公共产品供给的理论逻辑与实践［J］．西安石油

大学学报（社会科学版），2019，28（04）：15－27.

[97] Daniel A P. Pay as you go [J]. World Cogeneration，1997（3）：17.

[98] Barbara J S. Comparing public and private－sector productive efficiency：an analysis of eight activities [J]. National Productivity Review，1984（4）：39－46.

[99] Ken J H. Privatization in America [M]. Washington D C：Touche Ross & Co.，1987.

[100] 世界银行．为发展提供基础设施 [R]. 1994 年发展报告．北京：中国财政经济出版社，1994.

[101] 尚炜，戴帅，刘金广．城市停车政策与管理 [M]. 北京：中国建筑工业出版社，2014.

[102] 高鸿业．西方经济学 [M]. 北京：中国人民大学出版社，2014.

[103] 卢现祥．西方新制度经济学 [M]. 北京：中国发展出版社，2003.

[104] 康芒斯．制度经济学（上册）[M]. 北京：商务印书馆，1962.

[105] 汪洪涛．制度经济学——制度及制度变迁性质解释 [M]. 上海：复旦大学出版社，2003.

[106] [日] 青木昌彦．比较制度分析 [M]. 上海：上海远东出版社，2001.

[107] 科斯，等．财产权利与制度变迁 [M]. 上海：上海三联书店，1991.

[108] 高新才，滕堂伟．新比较经济学四大学派的形成及其发展 [J]. 经济学动态，2005（12）：19－24.

[109] 李盼道．制度创新：反腐败斗争的历史思考与现实选择 [D]. 电子科技大学，2005.

[110] 汪传旭．交通运输业对国民经济贡献的衡量方法 [J]. 中国公路学报，2004（01）：98－101.

[111] 庞宇征．公路运输业对国民经济的贡献研究 [D]. 吉林大学，2006.

[112] 任倩．铁路运输业发展对我国就业的影响研究 [D]. 北京交通大学，2012.

[113] 刘起运，程卫平．宏观经济预测与规划［M］．北京：中国物价出版社，1998.
[114] 刘起运．投入产出分析［M］．北京：中国人民大学出版社，2006.
[115] 刘水杏．北京市房地产业的社会经济效应［M］．北京：中国建筑工业出版社，2011.
[116] 宗刚，李盼道．关联网络视角下北京市交通运输业就业效应研究［J］．重庆大学学报（社会科学版），2015，21（06）：60－70.
[117] 管廷华．河北交通运输业与国民经济发展的相互关系研究［D］．河北经贸大学，2007.
[118] 张孟陶．基于投入产出的我国交通运输业发展对策研究［D］．大连海事大学，2007.
[119] 黄凌鹤．基于投入产出模型的中国铁路运输业产业关联度测算研究［D］．北京交通大学，2012.
[120] 闫振华．山西省交通运输业与经济发展关系研究［D］．山西财经大学，2010.
[121] 胡盛楠．河北交通运输与经济发展关系的分析［J］．黑龙江对外经贸，2009（12）：110－111.
[122] 郭晓明．河北省交通运输业发展对经济的贡献度研究［D］．河北科技大学，2012.
[123] 傅宗琛，李卫东．铁路运输业与国民经济其他部门投入产出关系研究——基于2002年投入产出表资料的分析［J］．郑州航空工业管理学院学报，2006（06）：44－47.
[124] 李盼道，宗刚．产业关联视角下北京市交通运输业经济效应测算研究［J］．重庆大学学报（社会科学版），2016，22（02）：24－31.
[125] Kenneth Button. 运输经济学［M］．李晶等译．北京：机械工业出版社，2012.
[126] 程铁信，马泽，崔苗．城市中心商业区停车需求管理［M］．北京：中国电力出版社，2013.
[127] Allen P A. Driver response to parking guidance and information systems

[J]. Traffic Engineering and Control, 1993, 34 (06): 302 - 307.

[128] 张祥永. 城市公共交通对城市空间的引导作用分析 [D]. 中南大学, 2011.

[129] 殷兆进. 城市中心区公共停车供应策略与规划研究 [D]. 东南大学, 2004.

[130] 关宏志, 王鑫, 王雪. 停车需求预测方法研究 [J]. 北京工业大学学报, 2006 (07): 600 - 604.

[131] Ye Z, Liu C, Gui N. Research on different parking supply in Beijing [J]. Journal of Transportation Systems Engineering and Information Technology, 2009 (6): 47 - 51.

[132] 梅振宇, 项贻强, 陈峻, 等. 基于停车选择行为的路内停车价格优化模型 [J]. 交通运输系统工程与信息, 2010, 10 (01): 99 - 104.

[133] David A H, and Jenny K. Parking demand and responsiveness to supply, pricing and location in the Sydney central business District [J]. Transportation Research Part A, 2001, 35 (3): 177 - 196.

[134] 关宏志, 刘兰辉. 大城市商业区停车行为调查及初步分析——以北京市西单地区为例 [J]. 北京工业大学学报, 2003 (01): 47 - 50.

[135] 姚胜永, 李艳敏. 城市中心商务区停车收费与停车行为关系研究 [J]. 河北工业大学学报, 2008 (05): 110 - 114.

[136] 安实, 王健, 丁文桓. 我国城市路外停车场收费定价研究 [J]. 企业经济, 2001 (04): 73 - 74.

[137] 宗刚, 李盼道. 停车价格影响因素及停车政策有效性研究 [J]. 北京社会科学, 2016 (01): 65 - 74.

[138] 李盼道. 停车收费的转嫁及价格波及效应研究 [J]. 西安财经学院学报, 2019, 32 (02): 27 - 36.

[139] 李盼道, 宗刚. 基于投入产出模型的价格关联效应和关联网络分析 [J]. 统计与决策, 2015 (07): 83 - 87.

[140] 袁建文. 投入产出分析实验教程 [M]. 上海: 格致出版社, 2011.

[141] 李盼道. 城市停车产业化的投资激励机制探索 [J]. 西南石油大学学报（社会科学版），2023，25（01）：9－19.

[142] 丁瑞瑞，李盼道. 配置效率目标下停车产业化政策研究 [J]. 合作经济与科技，2020（04）：36－37.

后　记

本书的完成得到了相关领导和老师的支持与帮助，对他们的辛勤付出表示由衷的感谢。同时，还要感谢参考文献中的研究者为停车问题的研究提供了丰富的参考文献，为我的研究提供了丰富的理论素材。

本书得到了德州学院培育基金项目“城市交通系统的公共规制政策及其系统动力学建模与仿真研究”（2019xjpy07）、德州学院横向课题“中小企业产业发展模式与经营模式研究”（LHBX－2018086）、山东省高校人文社科计划项目“停车资源的有效供给及其停车产业化发展的动力机制研究”（J17RA227）的资助，在此表示感谢。

同时，还要感谢中国财政经济出版社对于本书的出版给予的支持和帮助。

城市建设和城市问题的研究任重而道远，城市停车资源的有效供给构成了城市建设的重要组成部分，希望本书能够为城市建设和城市停车问题的有效解决提供新的思路和新的方法，在为城市发展的研究和实践中贡献自己的绵薄之力。

李盼道

2024 年 1 月